用于国家职业技能鉴定
国家职业资格培训教程
YONGYU GUOJIA ZHIYE JINENG JIANDING • GUOJIA ZHIYE ZIGE PEIXUN JIAOCHENG

智能楼宇管理员

编审委员会

主　任　刘　康
副主任　陈李翔　宋　建
委　员　（按姓氏笔画排序）
牛云陞　王平健　仲　静　张　伟　李奇一
陈　蕾　孟昭鹏　赵　欢　徐　强　徐庆继
黄佩君　康立红

本书编写人员

主　编　牛云陞
副主编　徐庆继　黄佩君
编　者　（编者按姓氏笔画排序）
牛云陞　王平健　仲　静　李奇一　张　勇
赵晓波　徐庆继　黄佩君　董明忠　戴维兴

ZHINENG
LOUYU
GUANLIYUAN

中国劳动社会保障出版社

图书在版编目(CIP)数据

智能楼宇管理员/中国就业培训技术指导中心组织编写．—北京：中国劳动社会保障出版社，2007

国家职业资格培训教程

ISBN 978-7-5045-5913-5

Ⅰ．智…　Ⅱ．中…　Ⅲ．智能建筑-管理-技术培训-教材　Ⅳ．TU855

中国版本图书馆 CIP 数据核字(2007)第 053953 号

中国劳动社会保障出版社出版发行

（北京市惠新东街 1 号　邮政编码：100029）

出 版 人：张梦欣

*

北京市科星印刷有限责任公司印刷装订　新华书店经销

787 毫米 ×1092 毫米　16 开本　15.25 印张　226 千字

2007 年 4 月第 1 版　2024 年 4 月第 19 次印刷

定价：28.00 元

营销中心电话：400-606-6496

出版社网址：http://www.class.com.cn

前　　言

为推动智能楼宇管理师职业培训和职业技能鉴定工作的开展，在智能楼宇管理从业人员中推行国家职业资格证书制度，中国就业培训技术指导中心在完成《国家职业标准——智能楼宇管理师（试行）》（以下简称《标准》）制定工作的基础上，组织参加《标准》编写和审定的专家及其他有关专家，编写了《国家职业资格培训教程——智能楼宇管理师》（以下简称《教程》）。

《教程》紧贴《标准》，内容上，力求体现“以职业活动为导向，以职业能力为核心”的指导思想，突出职业培训特色；结构上，针对智能楼宇管理师职业活动的领域，按照模块化的方式，分级别进行编写。《教程》的基础知识部分内容涵盖《标准》的“基本要求”；技能部分的章对应于《标准》的“职业功能”，节对应于《标准》的“工作内容”，节中阐述的内容对应于《标准》的“技能要求”和“相关知识”。

《国家职业资格培训教程——智能楼宇管理员》适用于智能楼宇管理员的培训，是职业技能鉴定推荐辅导用书。

本书共分五章，第一章由徐庆继编写；第二章由黄佩君编写；第三章的第一节由戴维兴编写，第二节由董明忠、张勇编写；第四章的第一节由李奇一编写，第二节由牛云陞编写；第五章由王平健编写，赵晓波参加了第四章部分内容的编写。其中牛云陞作为主编负责了全书的统稿，徐庆继完成部分章节的统稿。

本书是在国家职业资格培训鉴定实验基地（天津）有关人员的大量工作和积极支持下完成的。与此同时，在编写过程中得到了天津中德职业技术学院、清华同方股份有限公司等单位的大力支持与协助，在此一并表示衷心的感谢。

由于时间仓促，不足之处实所难免。欢迎读者提出宝贵意见和建议。

中国就业培训技术指导中心

目 录

CONTENTS 《国家职业资格培训教程》

第一章 综合布线系统的安装 …………………………………………（1）

第一节 管线的敷设 …………………………………………（1）

第二节 设备的安装 …………………………………………（21）

第二章 火灾自动报警及消防联动系统的运行值机 ……………（31）

第一节 读识控制器信息及填写值班记录 ……………………（31）

第二节 火灾报警后的应急行动 ……………………………（44）

第三章 通信网络系统的安装与维护 ………………………（62）

第一节 程控交换机的安装与数据制作 ………………………（62）

第二节 有线电视用户分配网的安装与维护 …………………（83）

第四章 建筑设备监控系统的安装与运行 ……………………（112）

第一节 传感器和驱动器的安装与连接 ………………………（112）

第二节 直接数字控制器（DDC）的安装与连接 ……………（138）

第三节 中央控制室的运行值机 ……………………………（164）

第五章 安全防范系统的安装与运行 ………………………（176）

第一节 视频监控系统前端设备的安装与维护…………………（176）

第二节 入侵报警系统前端设备的安装与维护…………………（198）

第三节 门禁系统用户端设备的安装与维护 …………………（210）

第四节 安全防范系统的运行值机 …………………………（220）

参考文献 …………………………………………………（237）

第一章 综合布线系统的安装

第一节 管线的敷设

学习目标

通过学习，能够读懂综合布线系统平面图，掌握管线的分类知识、管槽的安装方法及缆线的敷设方法，能够完成施工前的准备工作。

相关知识

一、系统图例符号和标识

1. 图例符号

综合布线系统工程常用的图例符号见表1—1。

表1—1 **图例符号**

图符	说明	图符	说明
[符号]	设备机架、屏、盘	[符号]	双面列架
形式1 [符号] 形式2 [符号]	列架一般符号 注：当同时存在单、双面列架时，用“形式1”表示单面列架	[符号]	楼层配线架（FD） 建筑群配线架（CD） 建筑物配线架（BD） 总配线架（MDF） 光纤配线架（ODF）

续表

图符	说明	图符	说明
	中间配线架		光纤或光缆
	配线箱（柜）		壁挂交接箱
	综合布线系统的交接		架空交接箱
	综合布线系统的互连		落地交接箱
	走线架（梯架）		壁龛交接箱
	槽道（桥架）		TO：信息插座 TP：电话插座 TD：计算机插座
	走线槽（明槽）		人孔
	走线槽（暗槽）		手孔

2. 色标规定

为了便于综合布线系统的维护管理，在设备间、交接间和二级交接间均采取统一的色标规定（见表 1—2）。

表 1—2　　统一色标规定

序号	颜色	设备间	交接间	二级交接间
1	绿	网络接口的进线侧。即来自电信局的输入中继线或网络接口的设备侧		
2	紫	来自系统公用设备（如分组交换机或网络设备）的连接线路	来自系统公用设备（如分组交换机或网络设备）的连接线路	来自系统公用设备（如分组交换机或网络设备）的连接线路
3	蓝	设备间至工作区或用户终端线路	交接间至工作区的线路	交接间至工作区的线路

续表

序号	颜色	设备间	交接间	二级交接间
4	黄	电话交换机的用户引出线或辅助装置的连接线路		
5	白	干线电缆和建筑群电缆	来自设备间的干线电缆端	来自设备间的干线电缆端
6	橙	多路复用设备引来的线路	多路复用设备的线路	多路复用设备的线路
7	灰		至二级交接间的线路	来自干线交接间的线路
8	棕	建筑群干线电缆		

3. 系统平面图举例

某写字楼一层综合布线平面图如图 1—1 所示。

从图 1—1 中我们可以看到，综合布线系统在商店设置了 3 个信息点；在总服务台设置了 8 个信息点；在大堂设置了 4 个信息点；在中餐厅及西餐厅的服务台各设置了 4 个信息点。电缆采用吊顶线槽与墙壁暗管相结合的敷设方式。

二、管槽的分类

1. 线管的分类

综合布线系统所用线管主要有钢管、塑料管和混凝土管。

（1）钢管

钢管按规格分为水管和电管两种。水管的管壁厚、机械强度高、价格高，主要用于上升管道及受压力较大地段。电管管壁薄、重量轻、价格低，常用于室内的管路敷设。

（2）塑料管

塑料管按管材的不同分为聚氯乙烯管（PVC－U 管）、聚乙烯管（PE 管）、聚丙烯管（PP 管）、无规共聚聚丙烯管（PP－R 管）、铝塑复合管、交联聚乙烯管等。其中聚乙烯管又分为高密度聚乙烯管（HDPE 管）和低密度聚乙烯管（LDPE 管）。

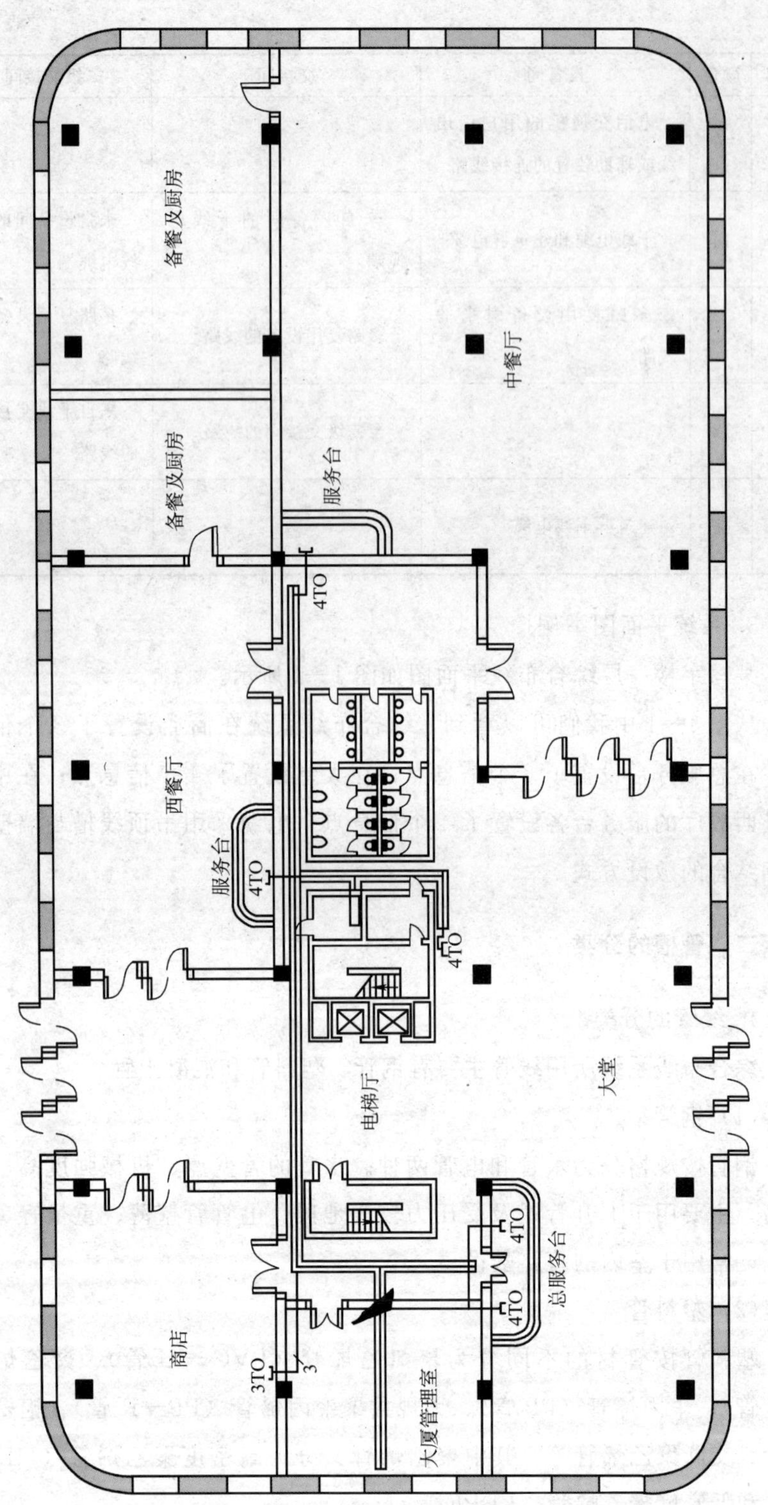

图 1—1　写字楼一层综合布线平面图

（3）混凝土管

混凝土管分为干打管和湿打管两种，由于湿打管制造成本高、养护时间长，因此在电信通信施工中不常使用。在电信通信施工中常常使用的是干打管。

2. 槽道的分类

槽道按材料的不同划分为金属材料槽道和非金属材料槽道两大类。金属材料槽道又分为以下几种类型：

（1）无孔托盘槽道

无孔托盘槽道又称槽式槽道（桥架），如图 1—2 所示。其侧边和底板由整块钢板弯制而成，配上盖板可成为全封闭金属壳体，因此具有屏蔽功能，并能防止外界气体或液体的侵入。

（2）有孔托盘槽道

有孔托盘槽道简称托盘式槽道或托盘式桥架，如图 1—3 所示。它由带孔的底板和无孔的侧边构成，适用于外界环境较好，无需进行屏蔽保护的场合。

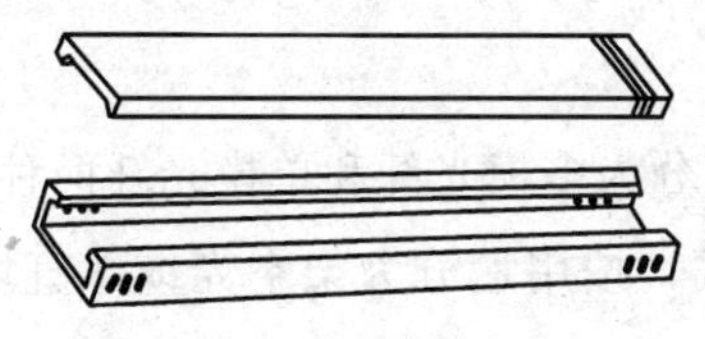

图 1—2　槽式桥架

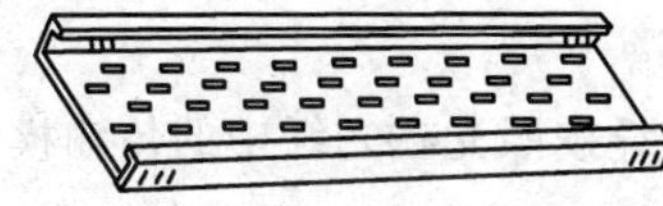

图 1—3　托盘式桥架

（3）梯架式槽道

梯架式槽道又称梯架式桥架，如图 1—4 所示。它由两侧边及若干横挡组装而成，适用于外界环境较好的场合。不适用于在有防火要求、易受外界机械损伤及有腐蚀性气体或液体的场合使用。

（4）组装式托盘槽道

组装式托盘槽道又称组合式桥架，如图 1—5 所示。它由若干个可任意组合的有孔零部件用配套的螺栓连接或接插连接组成，适用于电缆根数多、线缆截面积较大场合。

（5）大跨距电缆桥架

和一般的电缆桥架相比，大跨距电缆桥架支撑跨度大、设计精巧、承载能力大，可以在多种场合使用。

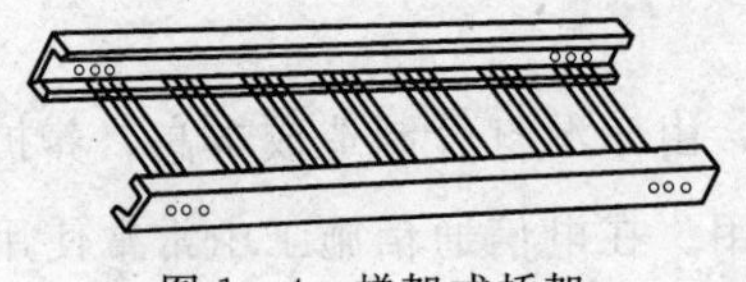
图 1—4　梯架式桥架

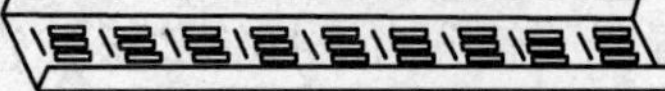
图 1—5　组合式桥架

三、传输介质的分类

综合布线系统中常用的传输介质是对绞线和光纤。

1. 对绞线的分类

对绞线是由两根绝缘导线按一定节距互相扭绞而成，对绞线扭绞的目的是降低信号干扰的程度。对绞线按有无外覆屏蔽层分为非屏蔽对绞线（UTP）和屏蔽对绞线（STP）。

1995 年 EIA/TIA（美国电子和通信工业委员会）定义了 5 种对绞线的型号，随着技术的发展，又增加了超 5 类线、6 类线和 7 类线。

2. 光纤的分类

光纤由非金属材料制成，重量轻、体积小、传输距离远、容量大、信号衰减小、抗电磁干扰好，是目前综合布线系统中不可缺少的一种传输介质。

光纤按照光在光纤中的传输模式不同分为多模光纤和单模光纤两种；按结构分为中心束管式、层绞式和带状式；按用途分为架空光缆、直埋光缆、管道光缆、海底光缆和无金属光缆。

四、施工前的准备工作

在综合布线系统施工前，各项准备工作必须做好，它是安装施工的前期工作，对于确保综合布线系统施工的进度和工程质量非常重要。

1. 平面布置图的识读

施工人员进入施工现场敷设管线之前必须要对工程平面布置图进行详细的识读，对其中的设计说明、工程概算等认真核对。对于工程概算部分重点是核对工程量有无缺项或漏项，概算的费率有无用错，设备和材料的规格和数量有无错误等。如发现施工图样上有交代不清的地方或有疑问之处，应及时向设计单位提出。

施工前应到施工现场实地考察施工条件，调查了解建筑结构，掌握施工的可操作性和难易程度。同时复核缆线敷设路由设计和设备安装位置是否正确适宜，发现问题及时会同有关单位进行协调解决。

2. 施工工具的准备

施工工具是进行综合布线系统工程安装施工的必要条件。因施工环境和安装工序的不同，所用工具的类型和品种也有所不同。因此，必须要根据施工环境和工序对施工工具进行充分的准备，以保证现场施工的顺利进行。

建筑群子系统的缆线敷设是室外施工，主要用到挖掘沟槽的工具，如：铁锹、十字镐、电镐和电动蛤蟆夯等。室内、室外施工的工具主要有登高工具，如：梯子、高凳等；牵引缆线工具，如：牵引绳索、牵引缆套、拉线转环、滑车轮和防磨装置（俗称铜瓦，置于管孔口以防牵引电缆时外护套受损）、人工牵引器（又称钢绳鬼爪或紧线器）和电动牵引绞车等；电缆或光缆的接续工具，如：剥线器、电缆芯线接线机、光缆切断器、光纤磨光机、光纤熔接机、各种手动剪钳等；安装工具，如：射钉枪、切割机、电钻和活动扳手等。

在安装施工前应对上述各种工具进行清点和检验，以免在施工过程中因这些工具的失效造成人身安全事故或影响施工进程。

3. 施工器材的准备

在安装施工前必须认真检验、核对和测试综合布线系统工程中所需的器材，做好一切准备工作。

（1）器材检验的一般要求

1）施工前应对工程中所用缆线和器材的规格、型号、数量和质量进行检查，无出厂检验合格证明的或与设计文件规定不符的器材不得在工程中安装使用。

2）缆线和主要器材的数量必须满足连续施工的要求，主要缆线和关键性的器材应全部备齐，以免因器材不到位而影响整个工程的施工进度。

3）经检验的器材应做好记录，对不符合标准要求的缆线和器材应单独存放，以备核查与处理，并不允许在工程中使用。

（2）线缆的检验要求

1）工程中使用的对绞线电缆和光缆的型号、规格及数量应符合设计中的规定和合同要求。

2）线缆的包装标志或标签，要求内容应齐全，字迹清晰。外包装应注明电缆或光缆的型号、规格、线径（芯数）、端别、盘号和盘长等情况，并要与出厂产品质量合格证上标明的一致。

对绞线电缆上的识别标记有电缆标志和标签两种。

电缆标志直接印在电缆外护套上，以 1 m 的间隔标明生产厂家名称或其代号以及电缆型号，有时还标明产品生产年份。

标签放置在外包装或标记在电缆盘上，标有电缆型号、生产厂家名称或专用标志、制造年份和电缆长度。

光缆的识别标记也有上述类似的做法。

3）电缆和光缆的外包装及外护套需完整无损，外包装有严重损坏或外护套有损伤时，要在测试合格后才允许在工程中使用，并应详细记录，以备核查。电缆和光缆应附有出厂质量检验合格证。如用户需要电缆的电气性能检验报告，生产厂家应负责为用户提供。

4）电缆电气性能的测试，是从同批量电缆的任意 3 盘中分别截出 100 m 长度进行抽样测试。

5）对于电缆或光缆有端别要求时，应剥开缆头，分清 A、B 端别，并在电缆或光缆的两端外部标记出端别和序号，以便敷设时予以识别。

6）光缆开盘后应检查光缆外表有无损伤，光缆端头封装是否良好。并根据产品质量检验合格证和测试记录审核光纤的几何、光学和传输特性及机械物理性能是否符合设计要求。光缆检查测试完毕后，光缆端头应密封固定，恢复外包装以便保护。

（3）型材、管材和铁件的检验要求

1）各种型材、管材和铁件的材质、规格、型号均应符合设计文件的规定，表面应光滑平整，无变形、断裂、破损现象。管材的管身应光滑均匀，无伤痕和变形。管孔内壁应光滑，孔径和壁厚应符合设计要求。

2）建筑群子系统中如采用水泥管块，其管材质量应符合中华人民共和国信息产业部批准发布的《通信管道工程施工及验收技术规范》（YD 5103—2003）中有关水泥制品的规定。如采用双壁波纹管时，其管材质量应符合原邮电部批准发布的《地下通信管道用塑料管》（YD/T 841—1996）中的有关规定要求。

3）各种铁件的材质和规格均应符合原邮电部发布的通信行业标准《架空通信线路铁件》（YD/T 206.1—1997）至（YD/T 206.29—1997）中规定的质量要求，以满足施工需要。

能力要求

一、管槽的安装

1. 线管的安装

(1) 硬塑料管的安装

硬塑料管一般适用于在室内和有酸碱等腐蚀性介质的场所进行敷设，但不适于在易受机械损伤的场所进行明敷。

1) 明敷。所谓明敷就是用线卡将线管固定在墙壁上、楼板下、支架上或吊杆上。

①固定。硬塑料管明敷的固定间距如图 1—6 所示。

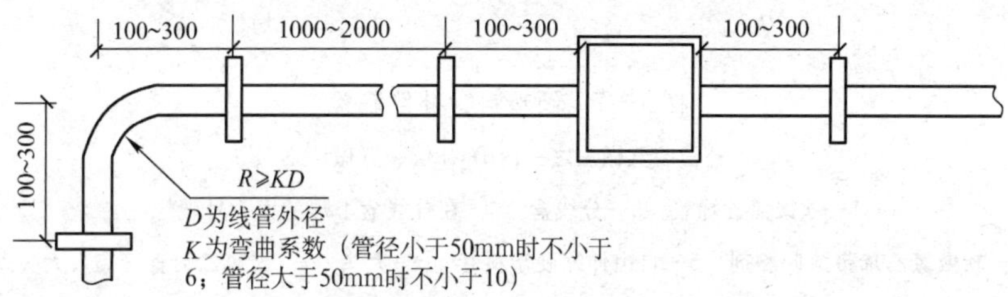

图 1—6　硬塑料管明敷的固定间距（单位：mm）

不同管径的线管在进行直线敷设时，固定点的间距不同，见表 1—3。

明管沿墙或楼板固定时，应先确定线管的路由，再确定固定点的位置，然后用电钻在墙上打孔，用塑料胀管将管卡固定住，把线管压入管卡的开口处内部。

线管吊装敷设时，要先将吊杆按规定的间距用金属胀管固定在楼板下，然后再将线管固定在吊杆上，也可借用吊顶装修所用的轻钢龙骨吊杆进行线管固定。

多管敷设时，先在墙上或楼板下固定支架或吊架，再把夹板式管卡固定在支架或吊架上。

表 1—3　　　硬塑料管直线敷设固定点间的最大距离

敷设方式 \ 最大距离（m） \ 管内径（mm）	⩽20	25～40	⩾50
沿墙、支架或吊杆敷设	1.0	1.5	2.0

②连接。硬塑料管的管与管之间或管与盒之间的连接一般用专用的管接头和管卡头，连接处结合面要涂专用胶合剂。

③分线盒。分线盒的主要作用是分线，但当线管敷设距离过长时，为了便于穿线，也要在相关位置设置分线盒。无弯曲转角时，不超过30 m需安装一个分线盒；有一个弯曲转角时，不超过20 m需安装一个分线盒；有两个弯曲转角时，不超过15 m需安装一个分线盒。

④补偿装置。硬塑料管明敷时，应在直线段上每隔30 m装设补偿装置（支架敷设除外），如图1—7所示。

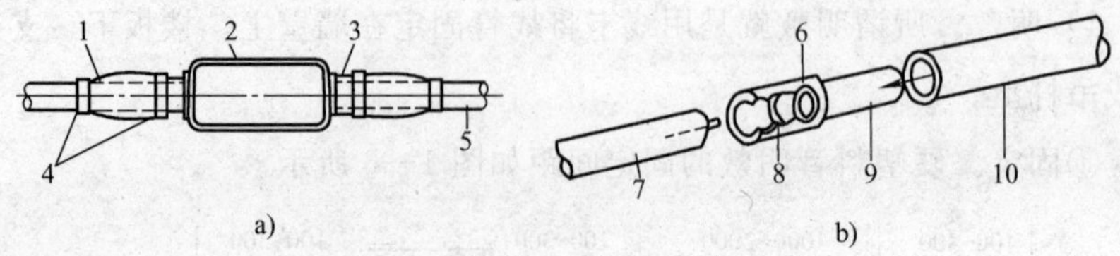

图1—7　硬塑料管补偿装置

a）补偿装置做法之一　b）补偿装置做法之二

1—软聚氯乙烯管　2—分线盒　3—在分线盒上焊的大一号硬管

4—软聚氯乙烯带涂胶黏剂　5—自由伸缩硬塑料管　6—大头　7—聚氯乙烯直管套入大头内

8—卡环　9—小头　10—套入小头粘牢

2）暗敷。硬塑料管的暗敷是指将线管直接埋入混凝土楼板或墙体中。预埋在墙体中间的暗管内径不宜超过50 mm，楼板中的暗管内径宜为15～25 mm。

在现浇混凝土柱内敷设硬塑料管时，把线管放在柱中部，与主筋的绑筋每隔1 m及距线盒30 mm处进行绑扎固定。

在现浇混凝土墙内敷设线管时，把线管放在两层钢筋网中间，每隔1 m与内壁钢筋进行绑扎。多管并敷时，管间距离要求不小于25 mm。

在现浇混凝土楼板内布管，线管应放在两层钢筋中间，与混凝土表面距离应不小于15 mm。并列敷设的线管间距不小于25 mm。

在框架结构空心砖墙内敷设线管时，线管由空心砖的空心洞穿过，并与空心砖与砖之间的钢筋进行拉结固定。

在框架结构加轻质砌块隔墙内布管，剔槽的宽度应不大于管外径加15 mm，深度应不小于管外径加15 mm，每隔0.5 m进行固定。

在楼面垫层布管，保护层的厚度应不小于15 mm。

暗管管口出墙面或地面时，伸出长度应为25～50 mm。

硬塑料管暗敷通过建筑物变形缝时，要在变形缝两侧各埋一个接线盒作为补偿装置。在两个接线盒之间穿一根内径大于塑料管外径 2 倍的钢管作为保护管，一端与盒固定，另一端在盒上开长孔，可自由伸缩，如图 1—8 所示。

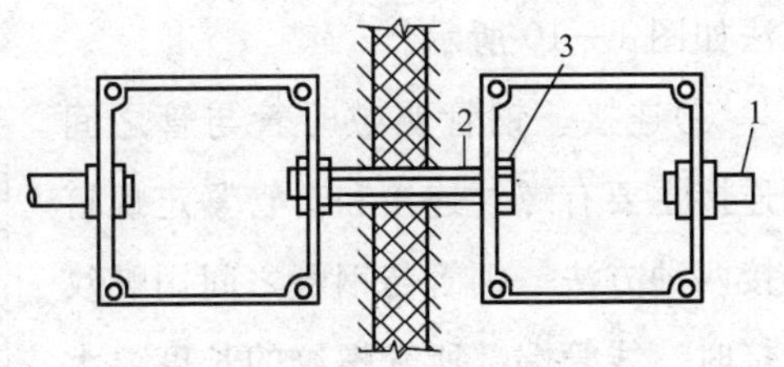

图 1—8 暗管变形缝补偿装置

1—硬塑料管 2—钢保护管 3—盒上开长孔处

(2) 钢管的安装

钢管具有机械强度高、密封性好、抗弯、抗拉和抗压能力强等特点，并具有屏蔽电磁干扰的特性，适用于室内、室外场所的敷设，但在有严重腐蚀的场所则不宜采用。

1) 明敷。钢管敷设在潮湿场所时应采用水管，敷设在干燥场所时可采用电管。

①固定。钢管明敷的固定间距如图 1—9 所示。

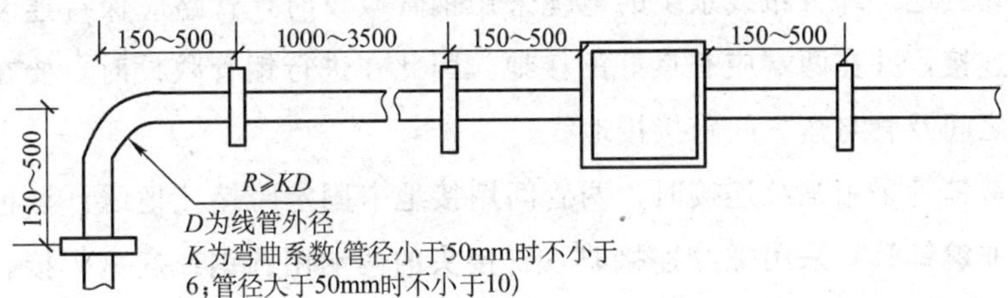

图 1—9 钢管明敷的固定间距（单位：mm）

不同管径的线管在进行直线敷设时，固定点的间距不同，见表 1—4。

表 1—4　钢管直线敷设固定点间的最大距离

敷设方式	钢管种类	钢管直径（mm）			
		15～20	25～30	40～50	65 以上
		管卡间最大距离（m）			
沿墙、支架或吊杆敷设	薄壁钢管（电管）	1.5	2.0	2.5	3.5
	厚壁钢管（水管）	1.0	1.5	2.0	—

钢管沿墙、支架或吊杆敷设的方法和硬塑料管的敷设方法相同。沿楼板下敷设时，要先固定一块底板，再在底板上用管卡固定钢管，固定

方法如图 1—10 所示。

②连接。钢管明敷时管与管之间的连接主要有螺纹连接和套管紧定螺钉连接两种方法。钢管与钢管之间用螺纹连接时，线管端部所套螺纹的长度要大于管接头长度的一半，连接后螺纹宜外露 2～3 扣。钢管与钢管之间用套管紧定螺钉连接时，应拧紧螺钉。

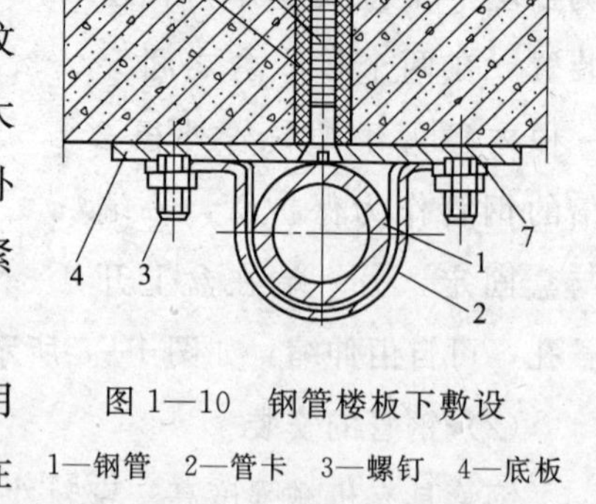

图 1—10　钢管楼板下敷设

1—钢管　2—管卡　3—螺钉　4—底板　5—木螺钉　6—塑料胀管　7—焊点

钢管与线盒之间的连接一般也采用上述两种方法。采用螺纹连接时，先在管段套螺纹，然后拧上一个锁紧螺母，把管放进线盒上一个口径合适的敲落孔中，再用一个锁紧螺母将线管与线盒固定。线盒内锁紧螺母锁紧后螺纹宜外露 2～3 扣。采用套管紧定螺钉连接时，先把套管用锁紧螺母固定在线盒上，再把线管插入套管中用螺钉拧紧。

③接地。综合布线系统的电缆采用钢管敷设时，管路应保持连续的电气连接，并在两端应有良好的接地。因此在进行钢管敷设时，要在管与管之间及管与盒之间跨接接地线。

镀锌管采用螺纹连接时，两管间用接地卡固定跨接接地线。黑色钢管（非镀锌管）采用螺纹连接时，管接头的两端用圆钢或扁钢焊接。电管间进行电气连接时，可用铜绑线将一根直径不小于 5 mm 的铜线固定在两管间，再将铜绑线进行锡焊。

④补偿装置。明敷钢管在通过建筑物伸缩缝和沉降缝时应做补偿装置。一般有两种做法：一种是在伸缩缝和沉降缝间用软金属管连接，软金属管要求有一定的富余长度；另一种是在伸缩缝和沉降缝的一侧装一个分线盒，另一侧的钢管则直接插入分线盒的长孔。

2）暗敷。钢管在现浇混凝土框架结构中、在楼（屋）面垫层内、地面内、预制空心楼板内、轻质砌块墙内的敷设方法与硬塑料管基本相同。

钢管暗敷时应尽量使用镀锌钢管。除了埋入混凝土内的钢管外壁不需防腐处理外，钢管内外壁均应涂一遍防腐油。

敷设在焦渣层中的钢管，要用厚度不小于 50 mm 的水泥沙浆进行保护。

直埋在土层内的钢管应刷两层沥青漆并用厚度不小于 50 mm 的混凝土保护层保护。

埋入有腐蚀性土层内的钢管应先刷一遍沥青油，然后缠上麻（玻璃丝）布，最后再在外面刷一道沥青油进行防腐处理。使用镀锌钢管时，在镀锌层剥落处，也应涂防腐漆。

3）注意事项。钢管的敷设有以下注意事项：

①金属管应符合设计文件的规定，布管前要检查所用线管有无裂纹和明显的凹凸不平，管内是否平滑，管口是否有毛刺。在易受机械损伤的地方和在受力较大处直埋时，应采用足够强度的管材。

②在裁管时要按照先长后短的原则，即先裁长尺寸的线管，后裁短尺寸的线管，这样能减少线管的损耗率。管子的切割可使用钢锯、管道切割刀或电动切管机，严禁用气割。切割完毕后要将毛刺锉光，使管口保持光滑。

③金属管连接应牢靠，密封应良好，两管口应对准。金属管的连接采用短套接时，施工简单方便；采用管接头螺纹连接则较美观，可保证金属管连接后的强度。

④敷设完的线管要保证管口光滑、护口齐全，以免穿线时线缆受到伤害。

⑤金属管内应安置牵引线或拉线。

⑥金属管的两端应有标记，记录管道所在建筑物、楼层、房间和长度。

⑦光缆与电缆同管敷设时，应在金属管内预置塑料子管。将光缆敷设在子管内，使光缆和电缆分开布放，子管的内径应为光缆外径的 2.5 倍。

2. 槽道（桥架和线槽）的安装

槽道在综合布线系统的施工中经常要用到。槽道有水平安装、垂直安装及地面暗装等多种安装形式，其中水平安装又分吊装和壁装等形式。水平安装和地面暗装主要用于水平布线系统，垂直安装主要用于干线系统。

进行槽道的安装施工时，槽道的规格尺寸、组装方式及安装位置均应符合设计规定和施工图样要求。

（1）水平安装

1）槽道安装位置应符合施工图样规定，宜高出地面 2.2 m 以上。

2）槽道左右偏差视环境而定，最大不应超过 50 mm，水平度偏差每米不应超过 2 mm。

3）槽道节与节间用接头连接板拼接，螺钉应拧紧。两线槽拼接处水平度偏差不应超过 2 mm。

4）槽道转弯半径不应小于其槽内的线缆最小允许弯曲半径。

5）槽道在吊顶内设置时，槽道和桥架顶部距吊顶上的楼板或其他障碍物不应小于 0.30 m，如为封闭型槽道，其槽盖开启需有一定垂直净空，要求应有 80 mm 的操作空间，以便槽盖开启和盖合。

6）槽道水平敷设时，在直线段不大于 3 m 处、槽道接头处、槽道两端口 0.5 m 处及转弯处设置支架或吊架。

7）直线段钢制槽道超过 30 m 时，应有伸缩缝，其连接采用伸缩板连接。

槽道的吊装方法如图 1—11 所示。

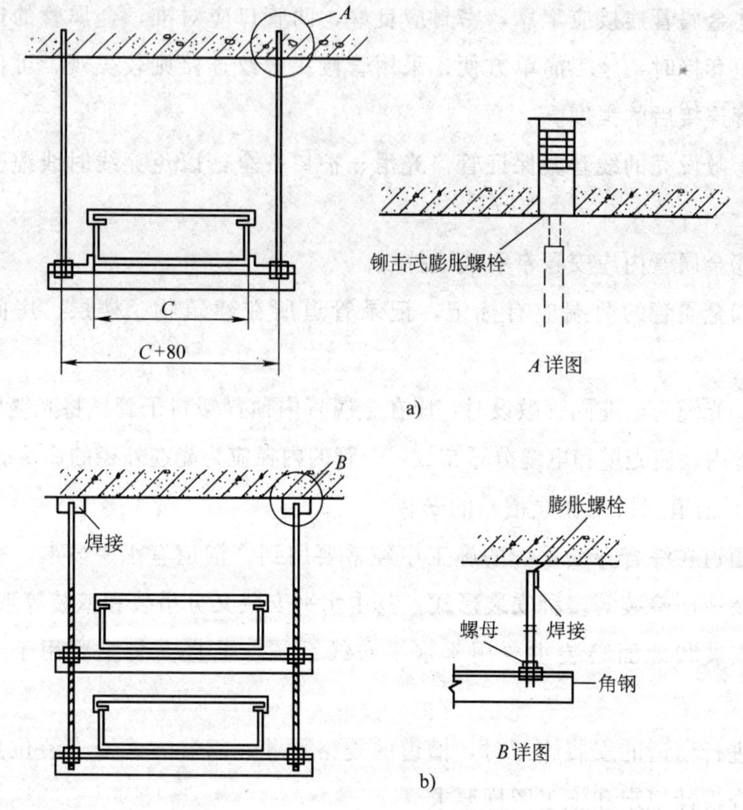

图 1—11　槽道的吊装方法

a）方法一　b）方法二

槽道进行壁装时，要先在墙壁上的相应位置固定托臂，再把槽道固定在托臂上。固定点的位置要求和吊装一致。

如图 1—12 所示，图 1—12a 表示的是槽道转弯固定位置，图 1—12b 表示的是槽道分支连接的固定位置。

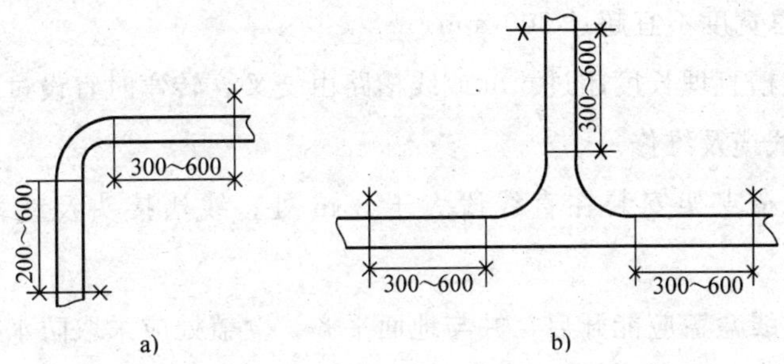

图 1—12　槽道转弯及分支连接的固定位置（单位：mm）

a）槽道转弯固定位置　b）槽道分支连接固定位置

（2）垂直安装

槽道垂直安装主要在电缆竖井中沿墙采用壁装方式，方法如图 1—13 所示。

槽道垂直安装时，应与地面保持垂直，垂直偏差不应超过 3 mm。在建筑物墙体上的固定装置间距不宜大于 2 m。

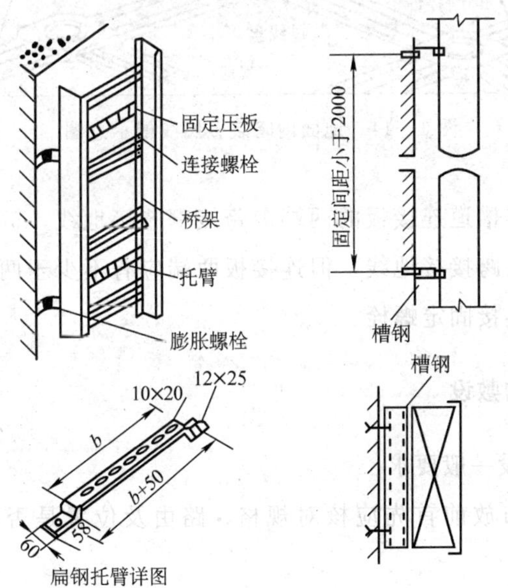

图 1—13　槽道垂直安装示意图（单位：mm）

(3) 地面暗装

地面内暗装金属线槽布线适用于大开间办公场所，线槽一般直埋在厚度不小于 70 mm 的地面垫层中，用支架进行固定。地面暗装金属线槽应符合下列要求：

1) 每一路由的线槽不应超过 3 根线，线槽截面高度不宜超过 25 mm，总宽度不宜超过 300 mm。

2) 线槽直埋长度超过 6 m 或线槽路由交叉、转弯时宜设过线盒，以便于布放线缆及维修。

3) 线槽支架安装在直线段大于 3 m 处、线槽接头及线槽距线盒 200 mm处。

4) 过线盒盖应能开启，并与地面平齐，盒盖处应采取防水措施。

如图 1—14 所示为地面内暗装金属线槽示意图。

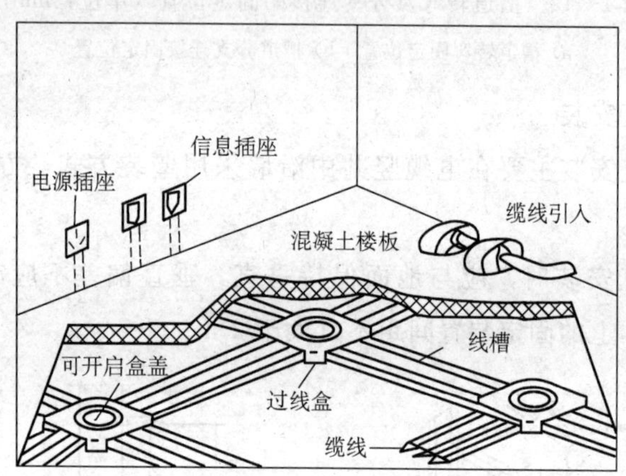

图 1—14　地面内暗装金属线槽示意图

(4) 接地

非镀锌金属槽道连接板的两端需跨接铜芯接地线，镀锌槽道间的连接板的两端不需跨接接地线，但连接板两端应有不少于两处有防松螺母或防松垫圈的连接固定螺栓。

二、缆线的敷设

1. 缆线敷设一般要求

(1) 缆线布放前首先应核对规格、路由及位置是否与设计规定相符合。

(2) 布放的缆线两端要做好标签，标明起始和终端位置以及信息点的标号。

(3) 缆线布放时应保证布放的缆线平直，不能出现扭绞、打圈等现象及受到外力挤压和损伤。

(4) 布放的缆线应有足够的冗余。一般在二级交接间、设备间预留3～6 m，在工作区预留0.3～0.5 m。特殊要求的应按设计要求预留，绝对不能出现缆线不够长的现象。

(5) 缆线布放过程中为避免受力和扭曲，应制作合格的牵引端头。如果采用机械牵引，应根据缆线布放环境、牵引的长度、牵引张力等因素选用集中牵引或分散牵引等方式。

2. 缆线在线管中的敷设

(1) 缆线穿管前，要先检查线管中有无拉线，如果没有则要先把拉线穿上。

(2) 把缆线绑扎在拉线上，牵引拉线，将缆线穿入线管中。在线管中拉线时，要求慢速而平稳，如果拉线速度过快会造成线的缠绕或被绊住。

(3) 穿线时如果牵引力过大容易造成线缆变形，引起线缆传输性能下降。线缆最大允许拉力如下：

1) 一根4对对绞线电缆拉力为98 N。

2) 两根4对对绞线电缆拉力为147 N。

3) 三根4对对绞线电缆拉力为196 N。

4) N根对绞线电缆拉力为N×0.5+49 N。

5) 不管多少根电缆，最大拉力不能超过392 N。

(4) 在线管布线中，直线管道的管径利用率应为50%～60%，弯管道为40%～50%。暗管布放4对对绞线电缆或4芯以下光缆时，管道的截面利用率应为25%～30%。

(5) 线缆敷设时，两端应做好标签，填好放线记录表。

(6) 水平线缆在信息输出口处应预留300～500 mm。

3. 缆线在槽道中的敷设

(1) 线槽内缆线布放应顺直，尽量不交叉，在缆线进出线槽部位、转弯处应绑扎固定，其水平部分缆线可以不绑扎。垂直线槽布放缆线应每隔1.5 m进行固定。

(2) 在电缆桥架内缆线垂直敷设时，在缆线的上端和每隔1.5 m处应固定在桥架的支架上；水平敷设时，在缆线的首、尾、转弯及每间隔5～10 m处进行固定。

（3）槽道的截面利用率不应超过50％。

（4）在水平、垂直桥架和垂直线槽中敷设缆线时，应对缆线进行绑扎。对绞线电缆、光缆及其他信号电缆应根据缆线的类别、数量、缆径、缆线芯数分束绑扎。绑扎间距不宜大于1.5 m，间距应均匀，松紧适度。

（5）楼内光缆宜在金属线槽中敷设，在桥架敷设时应在绑扎固定段加装垫套。

（6）线缆敷设时，两端应做好标签，填好放线记录表。

4. 缆线在建筑物间的敷设

在综合布线系统中，建筑物间的缆线通常指建筑群子系统的缆线。建筑物间的缆线一般有架空敷设、直埋敷设、地下管道敷设和巷道敷设等4种敷设方法，在实际应用中，要根据具体的情况采用这4种敷设方式的任意组合进行缆线敷设。

（1）架空敷设

架空敷设，就是用电线杆支撑电缆在建筑物之间悬空敷设，电线杆间距30～50 m，敷设时先将钢丝绳接好，然后用挂钩以0.5 m的间隔将电缆挂到钢丝绳上。还可用自承式电缆直接架空敷设。这种布线方法成本较低，但影响美观、保密性、安全性和灵活性较差，不是理想的布线方式。

（2）直埋敷设

缆线直埋敷设有以下原则：

1）直埋缆线一般采用铠装缆线或塑料直埋缆线。当坡度大于30°或缆线可能承受张力的地段，宜采用钢丝铠装缆线，并采取加固措施。

2）直埋缆线应在直埋段每隔200～300 m，缆线接续点、分支点、盘留点，缆线路由方向改变处及与其他专业管道的交叉处等处所设置缆线标志。

3）直埋缆线应避免在土壤有腐蚀性介质的地区及预留发展用地和规划未定用地敷设。

4）直埋缆线在通过建筑基础墙、公路、铁路、广场、货场、堆场时应穿管保护，保护管两端口要注意密封。

5）直埋缆线引入室内时，应将铠装层脱去后穿管引入。

6）直埋缆线应埋在离地面 600 mm 以下的地方，或按照当地有关法规操作。

如图 1—15 为缆线直埋敷设的地沟图。

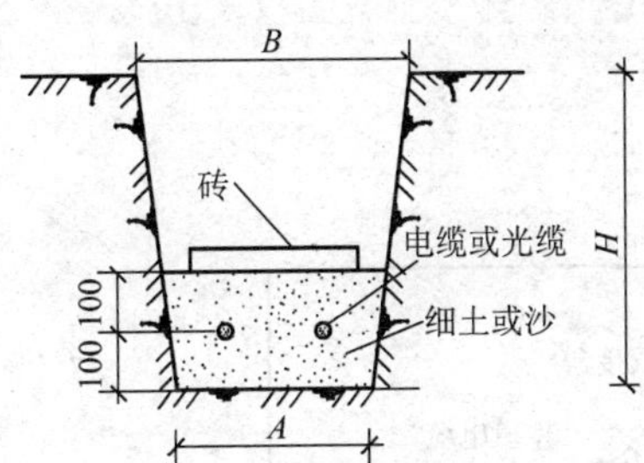

缆线根数	地沟尺寸（m）			
	A	B		
		$H<0.8$	$0.8\leqslant H\leqslant 1.2$	$1.2\leqslant H\leqslant 1.5$
1～2	0.4	0.55	0.55	0.6
3	0.5	0.55	0.6	0.65
4	0.5	0.6	0.6	0.7

图 1—15　缆线直埋敷设的地沟图

（3）地下管道敷设

所谓地下管道敷设就是通过管道和接合井（人孔）完成地下布线。管道一般采用混凝土管、塑料管、石棉水泥管等耐腐蚀管道，如果使用钢管则要进行防腐处理。混凝土管的管孔内径一般为 70 mm 或 90 mm；塑料管、钢管或石棉水泥管用作主干管时可采用内径大于 70 mm 的管子，用作支线时可用内径大于 50 mm 的管子。如图 1—16 所示为地下管道敷设示意图。

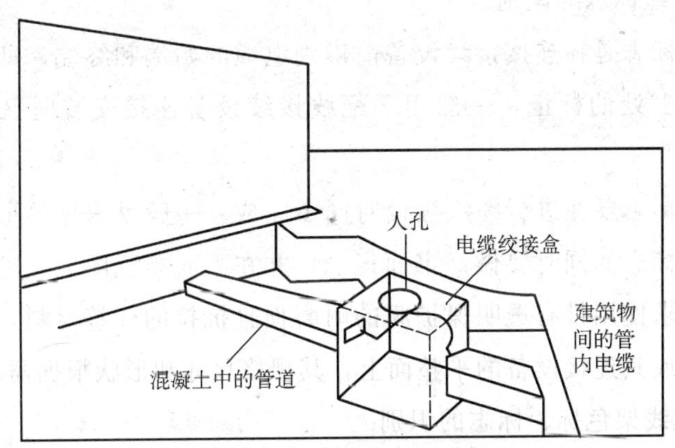

图 1—16　地下管道敷设示意图

一般来说，埋设的管道起码要低于地面约 500 mm，或者应符合本地有关标准规定的深度。在电源人孔和通信人孔共用的情况下，通信电缆不要在人孔里进行端接。通信管道与电力管道必须至少用 80 mm 的混凝土或 300 mm 的压实土层隔开。安装时至少应埋设一个备用管道，并在备用管道中放一根拉线供以后使用。

(4) 巷道敷设

巷道敷设就是在砌筑的电缆通道内安装支架，然后将缆线布放在金属支架上。这种敷设方法便于缆线的维护、更换和扩充，适用于电缆数量非常多的场合。缆线巷道敷设如图 1—17 所示。

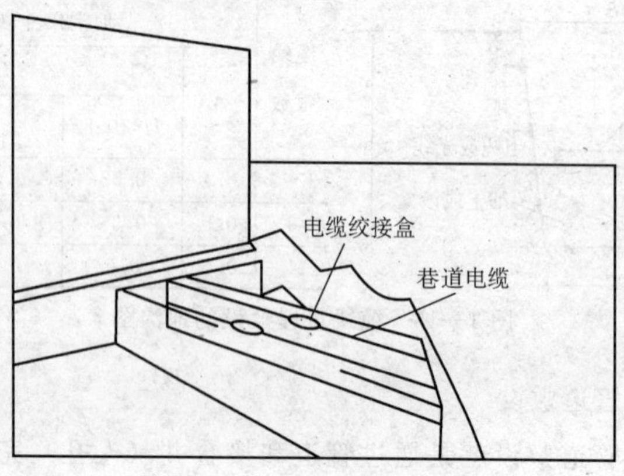

图 1—17　缆线巷道敷设法

三、色标与标志的识别

为了方便综合布线系统的维护管理，提高工作效率，在进行综合布线系统施工时，宜由施工人员安装各种标志。

1. 电缆标志的识别

电缆标志是在连接接续设备前辨别电缆的始端和终端，即表示电缆的来源和去处的标记，一般用于配线接续设备连接安装时区别电缆的用途。

电缆标志要在进行缆线敷设时同步完成，一般以编号的形式进行标记。在做标志的同时要做好书面记录，并在平面布置图上反映出来。电缆标记要求使用带有透明保护膜的耐磨损且抗拉的标签材料，可以直接贴在电缆或其连接设备的平整面上，其规格尺寸和形状根据需要来定。

2. 配线架色标、标志的识别

为了便于系统的管理，在设备间、交接间的配线架上宜采用统一的色标来区别接续设备连接电缆的区域范围。典型综合布线系统电缆的连接及其色标如图 1—18 所示。

还可以在配线架上使用插入式标记条，以字母和数字的形式表示出信息点所在的楼幢号、楼层号、工作区号、房间号、房内信息序号、信息类型号等。

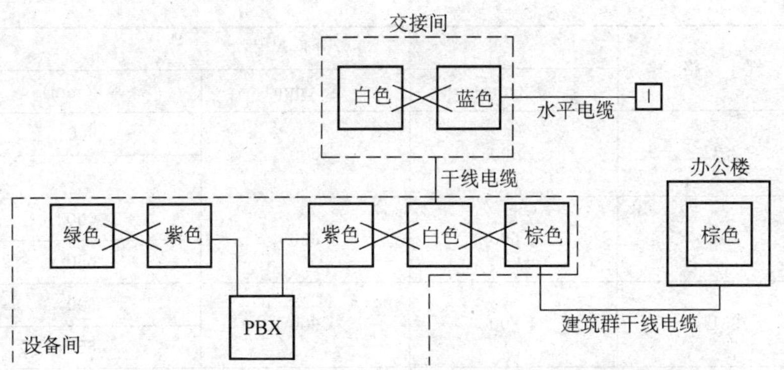

图 1—18　典型综合布线系统电缆的连接及其色标

第二节　设备的安装

学习目标

通过学习，了解机架、信息插座的种类，掌握机架设备和信息插座的安装技术，熟练使用综合布线专用工具。

相关知识

一、机架（柜）的分类与接地方法

1. 机架（柜）的分类

(1) 19 in 标准机架（柜）规格见表 1—5。

表 1—5　　19 in 标准机架（柜）规格

规　　格	外形尺寸		
	高（mm）	宽（mm）	厚（mm）
15U	1 000	600	600
			650
20U	1 200	600	600
			650

续表

规格	外形尺寸		
	高（mm）	宽（mm）	厚（mm）
25U	1 400	600	600
			650
30U	1 600	600	600
			650
35U	1 800	600	600
			650
40U	2 000	600	600
			650

注：1U＝44.45 mm。

（2）19 in 标准配线箱规格见表 1—6。

表 1—6　　19 in 标准配线箱规格

规格	外形尺寸		
	高（mm）	宽（mm）	厚（mm）
6U	320	570	450
8U	410	570	450
10U	500	570	450
12U	590	570	450

（3）110 配线箱规格见表 1—7。

表 1—7　　110 配线箱规格

规格	外形尺寸		
	高（mm）	宽（mm）	厚（mm）
200 对	450	400	200
300 对	650	400	200
500 对	850	400	200
700 对	1 050	400	200

（4）IDC（绝缘压穿连接）暗装配线箱规格见表 1—8。

表 1—8　　IDC（绝缘压穿连接）暗装配线箱规格

规格	外形尺寸（mm）				
	B（总高）	b（箱体高）	H（总宽）	h（箱体宽）	d（箱体深度）
125 对	340	300	340	300	111.5
250 对	340	300	460	420	111.5

2. 机架（柜）的接地

为了保证系统安全，综合布线系统的机架（柜）应有可靠的接地。如果采用联合接地方式，接地体的电阻不应大于 1 Ω。如果采用单独接地方式，接地体的电阻不应大于 4 Ω。

二、信息插座的分类与结构

1. 信息插座的分类

信息插座按照其面板外形尺寸的不同有 K86 和 MK120 两个系列，K86 系列的外形尺寸是 86 mm×86 mm，MK120 系列的外形尺寸是 120 mm×75 mm。

信息插座按照安装方式的不同分为明装和暗装，其中又包括墙面型、地板型和桌面型等。

2. 信息插座的结构

信息插座由信息插座面板、信息插座底盒和信息模块等三部分组成。

信息插座面板有单孔、双孔和四孔等多种结构，具体选用哪种取决于每个信息插座有几个信息点。

信息插座底盒有明装盒和暗装盒两种结构，底盒类型的选择取决于水平电缆的敷设方式。如果水平子系统采用明敷方式，应选用明装底盒。如果水平子系统采用暗敷方式，应选用暗装底盒。信息插座底盒按照深度的不同有 40 mm、50 mm、60 mm 等规格。

信息模块按其性能的不同目前有 3 类、5 类、超 5 类、6 类等多种类型，其中以超 5 类模块使用得最多。信息模块又有屏蔽和非屏蔽之分。

三、接续工具介绍

下面介绍几种综合布线系统施工中要用到的专用工具。

1. 压线钳

如图 1—19a 所示为一款压线钳的外形图，它除了能完成 RJ45 接头和对绞线电缆的端接外，还有切断电缆和剥除电缆外护套的功能。

2. 打线器

打线器的作用是把埋在墙中的 4 对 8 芯对绞线电缆按规定卡入信息模块的对应线槽中，使终端设备通过信息插座接入到综合布线系统中。

图 1—19b 所示的是单线打线器，图 1—19c 所示的是多对打线器。多对打线器通常用于配线架网线芯线的安装。

3. 打线保护装置

打线保护装置能够在进行信息模块端接时很方便地把网线卡入到信息模块中并能防止手被划伤。图 1—19d 所示的是一款打线保护装置。

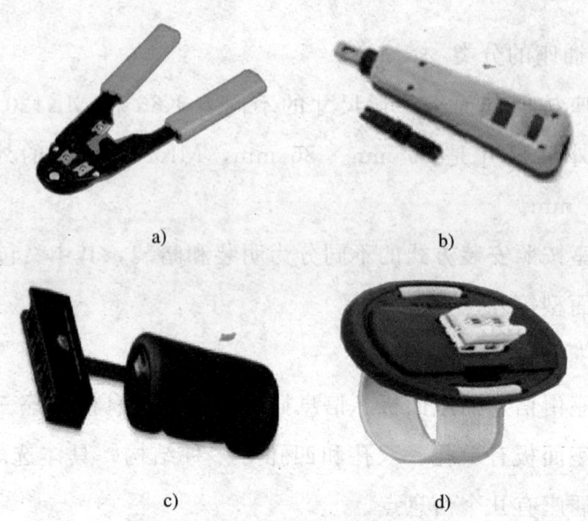

a)　　b)

c)　　d)

图 1—19　综合布线系统几种专用工具

a) 压线钳　b) 单对打线器　c) 多对打线器　d) 打线保护装置

能力要求

一、机架（柜）设备的安装

综合布线系统的机架（柜）一般使用 19 in（1 in＝2.54 cm）标准结构，用以安装配线架、集线器、交换机等设备。

1. 立式机架（柜）的安装

立式机架（柜）的安装宜符合以下规定：

（1）机架（柜）前面的净空间不应小于 1.5 m，后面的净空间不应小于 0.8 m，机架（柜）侧面距墙不应小于 0.5 m。当需要维修检测时，机架（柜）侧面距墙不应小于 1.2 m。

（2）当安装两排机架（柜）时，两相对机架（柜）正面之间的距离不应小于 0.5 m。

(3) 安装设备时应保证设备间主要通道净宽不小于 1.2 m。

(4) 机架（柜）安装后，各直列上下两端垂直差度应不大于 3 mm，底座水平误差每平方米不应大于 2 mm。

(5) 机架（柜）上的零部件不得脱落或碰坏，漆面如有脱落应予以补漆，各种标志应完整、清晰。

(6) 机架（柜）的安装应牢固，如有抗震要求时，应按施工图样的抗震设计进行加固。

(7) 采用下走线方式时，架（柜）底位置应与电缆上线孔相对应。

2. 壁挂式机箱（配线箱）的安装

壁挂式机箱适用于安装环境面积较小的场合，一般用于中小型综合布线系统或楼层管理间。壁挂式机箱的安装宜符合以下规定：

(1) 机箱的安装应牢固，安装位置应易于接线操作。

(2) 机箱底部距地面的高度宜为 300～800 mm。

(3) 机箱埋装在墙壁内时，应预留安装墙洞，底部距地面的高度宜为 500～1 000 mm。

19 in 标准机柜的安装示意图（见图 1—20）。

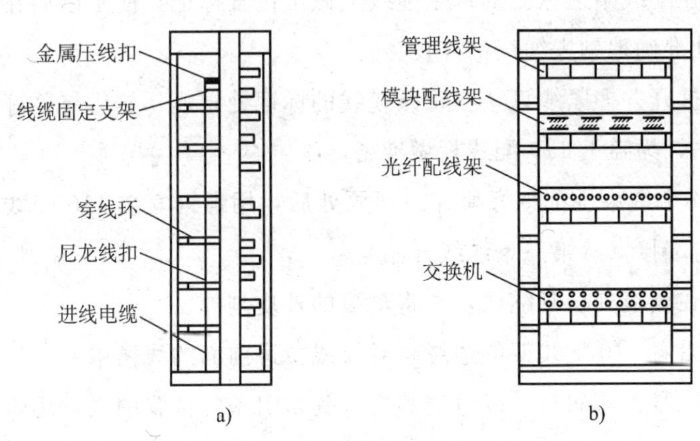

图 1—20　19 in 标准机柜安装示意图

a）机柜侧面　b）机柜正面

3. 铜缆的端接

综合布线系统铜缆的端接在对绞线配线架上进行，对绞线配线架是安装在机架或配线箱上的具体单元。对绞线配线架目前有模块配线架和 110 配线架两个系列，如图 1—21 所示。

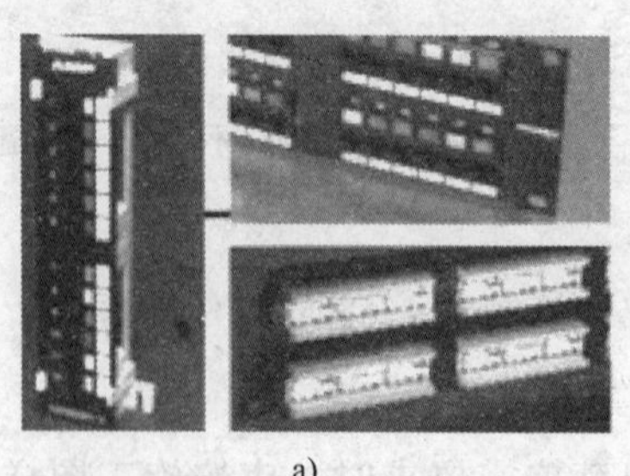
a)

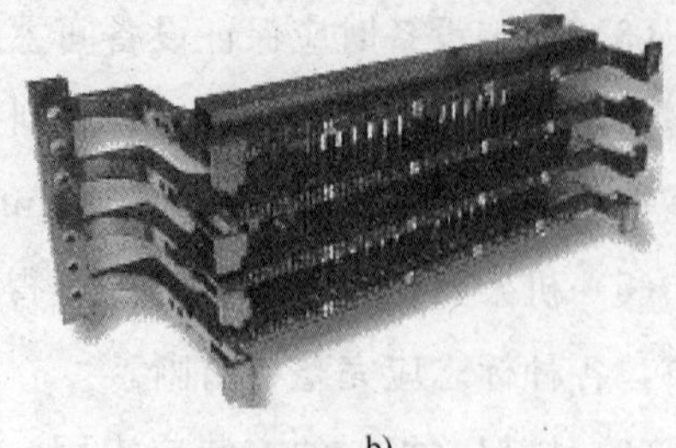
b)

图 1—21 配线架

a）模块配线架 b）110 配线架

(1) 对绞线与 110 配线架的端接

对绞线与 110 配线架的端接步骤如图 1—22 所示。

对绞线电缆在 110 配线架上的端接方法如下：

1）将第 1 个 110 配线架上要端接的 24 条对绞线电缆牵拉到位，每个配线槽中放 6 条。左边的对绞线电缆端接在配线架的左半部分，右边的对绞线电缆端接在配线架的右半部分。

2）在配线架的边缘处将对绞线电缆松弛地捆起来，以保证缆线不会滑出配线架槽，避免出现缆束松弛和不整齐的现象。

3）在配线架边缘处的每条缆线上做出位置标记，便于以后在配线架的边缘处准确地剥去缆线的外皮。

4）拆开并握紧缆束，在每条缆线的标记处划痕，然后将刻好痕的缆束放回去，为盖上 110 配线板做准备。

5）4 个缆束全都刻好痕并放回原处后，用螺钉安装 110 配线架，并开始进行端接（从第一条缆线开始）。

6）在刻痕处切割缆线，并将刻痕的外皮划掉。

7）沿着 110 配线架的边缘将对绞线拉进前面的线槽中。

8）拉紧并弯曲每一线对使其进入到索引条的位置中去，用索引条上的高齿将一对对绞线分开，在索引条最终弯曲处提供适当的压力使线对的变形最小。

9）当上面两个索引条的线对安放好，并使其就位及切割后，再进行下面两个索引条的线对安置。在所有 4 个索引条都就位后，应先检查线对是否安放正确（按颜色编码检查），再安装 110 连接模块。

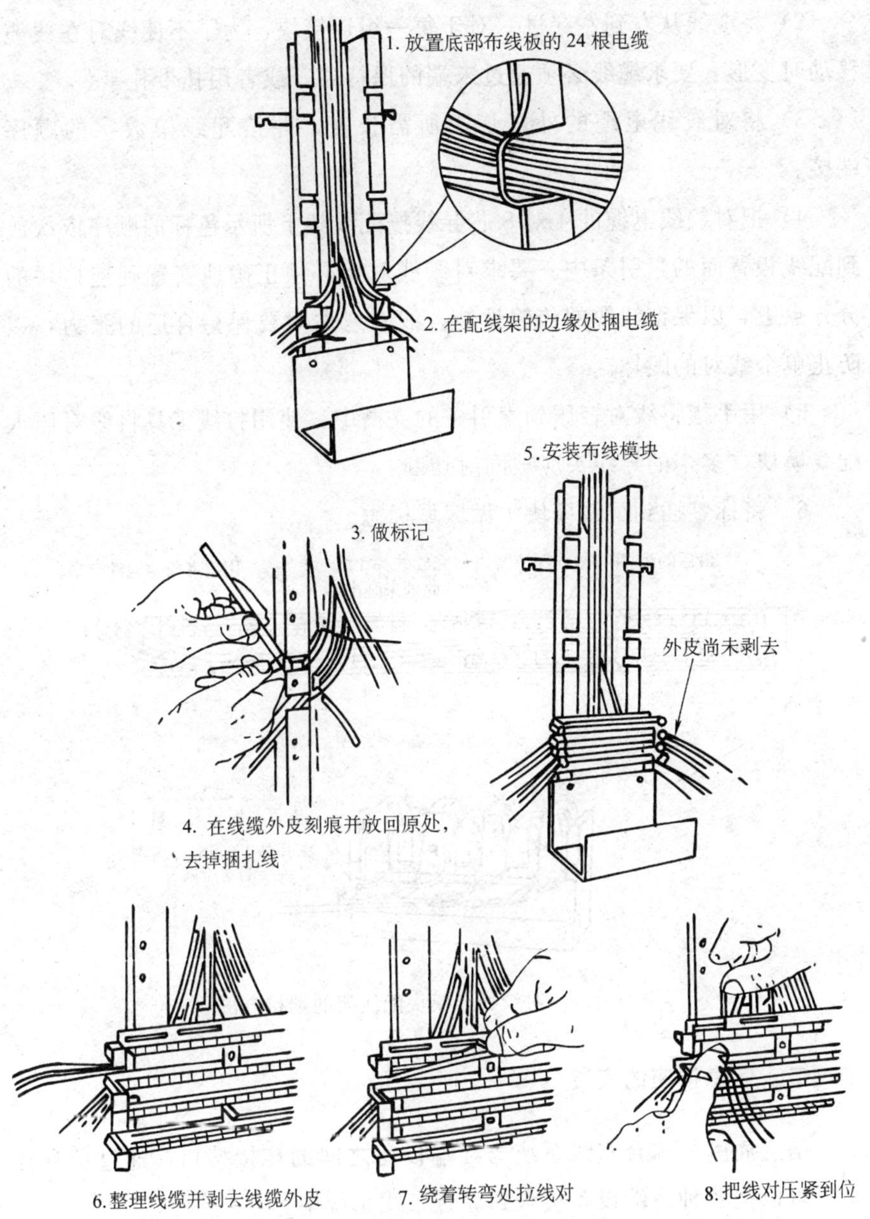

图1—22　110配线架的端接步骤

(2) 对绞线与模块配线架的端接

对绞线与模块配线架的端接方法如图1—23所示。

1) 在端接线对之前，先用扎带将对绞线电缆固定在配线板的导入边缘上，最好是将缆线固定在垂直通道的挂架上，以避免在缆线移动时线对产生变形。

2）将缆线从右到左穿过。对于每一组连接块，为了不使线对在线缆移动时变形，要求缆线必须通过末端的保持器，或者用扎带扎紧。

3）将对绞线电缆的外皮切去所需长度，并按配线架数字的顺序端接。

4）把对绞线电缆的 4 对 8 芯导线按配线架上所示色标的顺序依次放到配线板背面的索引条中。要求对绞线对捻必须正确地安置到连接块的分开点上，以保证线缆的传输性能。线对弯曲时要保持合适的张力，以防止单个线对的毁坏。

5）用手指将线对轻压到索引条的夹槽中，使用打线工具将线对压入配线模块，多余的导线头应被同时切断。

6）将标签插到配线模块中做区域标志。

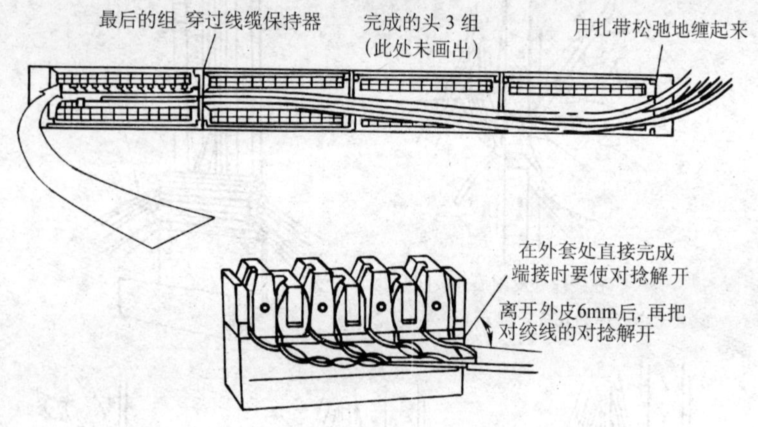

图 1—23　对绞线与模块配线架的端接方法

二、信息插座的安装

信息插座是综合布线系统与终端设备之间的连接接口，通过信息插座，可以把各种终端设备接入到综合布线系统中。

1. 信息插座安装要求

信息插座的安装有如下要求：

（1）信息插座应安装在平坦的地方。

（2）安装在墙体上的插座应高出地面 300 mm。在确定插座安装高度时，应先了解地面装修完成后的最终高度，再确定插座的高度。

（3）信息插座应有标签，以颜色、图形、文字等形式表示所接终端设备的类型。

(4) 按照 T568A 或 T568B 标准接线。在同一个工程中只能采用一种标准接线，两种标准不能混用。我国一般采用 T568B 标准接线。

2. 信息插座底盒的安装

在新建的智能建筑中，信息插座宜采用暗装的方式，一般以墙面暗装和地面暗装为主，即将底盒预埋在墙面或地面。如图 1—24 所示为信息插座底盒暗装的几种方法。

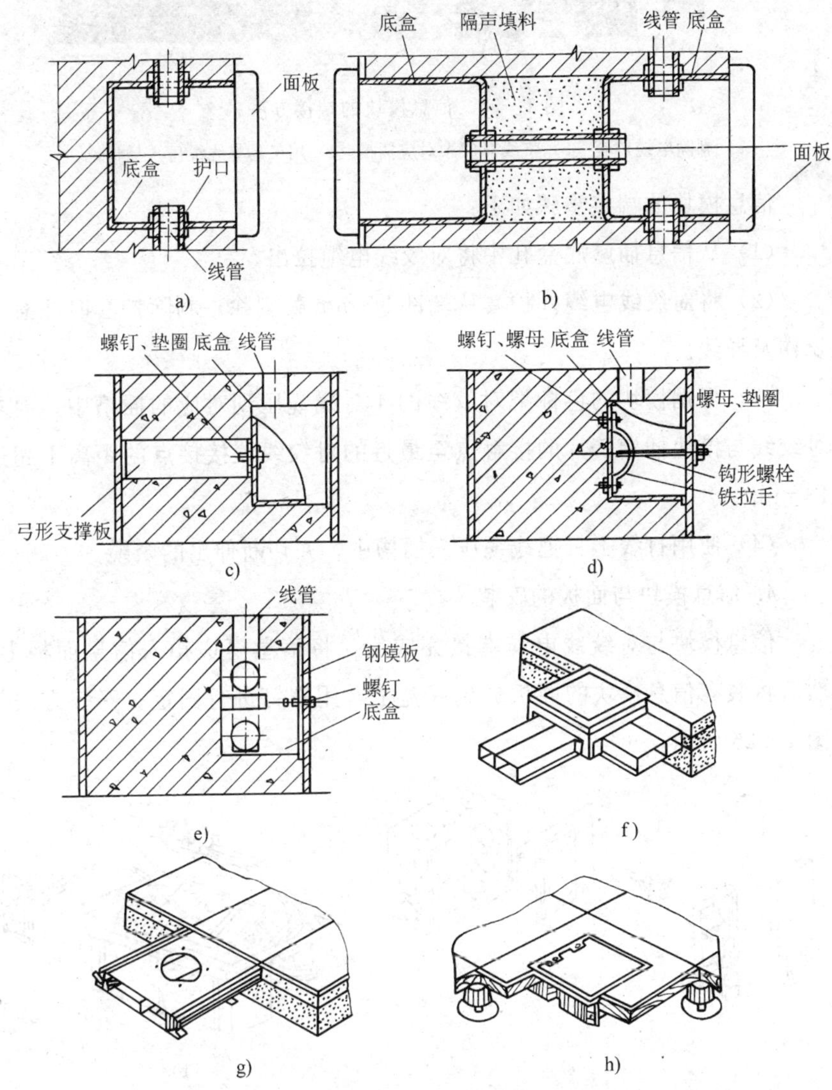

图 1—24　信息插座底盒的暗装方法

a) 插座底盒在实墙上的暗装　b) 插座底盒在实墙上的背靠背暗装
c) 插座底盒在现浇墙内的暗装（弓形板支撑）　d) 插座底盒在现浇墙内的暗装（铁拉手固定）
e) 插座底盒在现浇墙内的暗装（螺钉固定）　f) 插座底盒在地面的安装（盒与地面平齐）
g) 插座底盒在地面的安装（线槽盖与地面平齐）　h) 插座底盒在地面的安装（盒与活动地面平齐）

3. 信息模块的端接

信息模块的端接方法如图 1—25 所示。

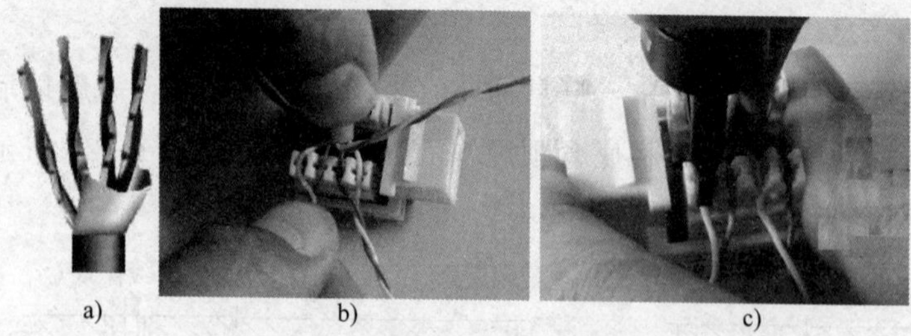

图 1—25　信息模块的端接方法

a）剥除电缆护套　b）将线对放入对应插槽　c）用工具将线缆压入插槽

信息模块的端接步骤如下：

（1）从信息插座底盒孔中将对绞线电缆拉出。

（2）将对绞线电缆外护套从端部 30 mm 处剥除，剥除护套时注意不要伤及导线。

（3）根据模块的色标把对绞线的 4 对线缆压到对应的插槽中，要求对绞线与模块插槽簧片的接触点至最近的对绞线绞接接点的距离不超过 13 mm。

（4）使用打线工具把线缆压入插槽中，并切断伸出的余缆。

4. 信息模块与面板的安装

信息模块与对绞线电缆端接完成后，将信息模块扣入信息面板上，然后将装有信息模块的面板放到底盒上，用螺钉进行固定。安装方法如图 1—26 所示。

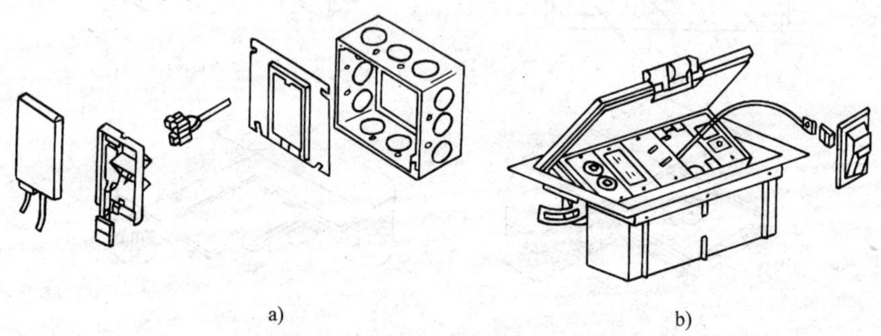

图 1—26　信息插座的安装方法

a）墙上信息插座的安装　b）地面信息插座的安装

第二章

火灾自动报警及消防联动系统的运行值机

第一节 读识控制器信息及填写值班记录

学习目标

通过学习，使学员能够熟悉火灾报警控制器显示的各种报警信息，掌握运行值班的检查内容及值班记录填写的内容和方法。

相关知识

一、火灾自动报警系统

1. 系统构成示意图

智能楼宇内的火灾自动报警系统及消防联动系统的各个设备组成，如图 2—1 所示。从所处位置来说，它们分为现场设备和控制室设备；从功能来说，它们分为报警、灭火、减灾三方面功能。

2. 消防控制室主要设备及功能

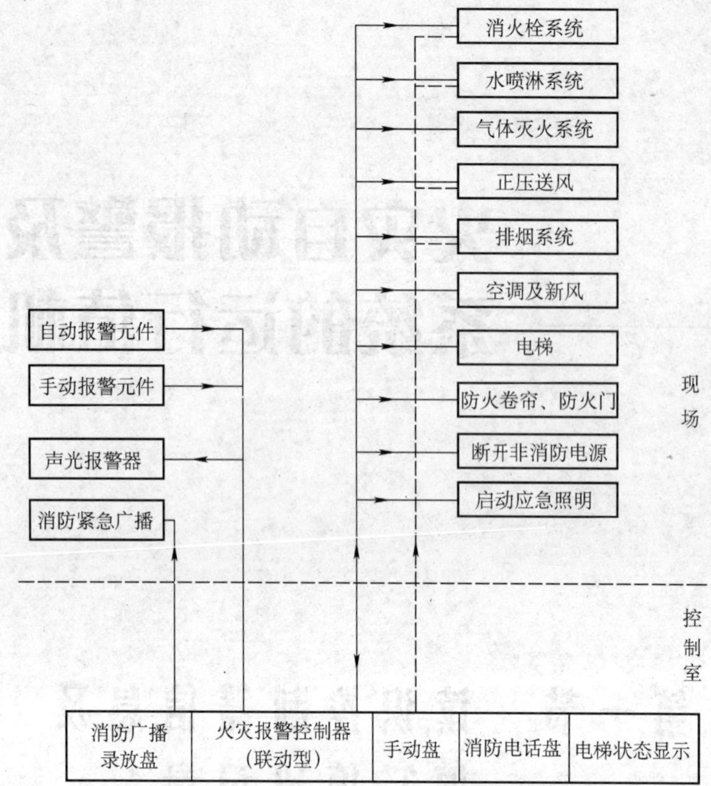

图 2—1 消防系统构成示意图

(1) 火灾报警控制器

火灾报警控制器是火灾报警系统中的核心组成部分，它为火灾探测器提供稳定的工作电源，监视火灾探测器及系统自身的工作状态，接受、转换、处理火灾探测器输出的报警信号，进行声光报警，指示报警的具体部位及时间，同时执行相应辅助控制等诸多任务。

1) 火灾报警控制器的分类

①按系统组成分类，火灾报警控制器可分为区域火灾报警控制器、集中火灾报警控制器和带联动功能的火灾报警控制器三种基本类型。

区域报警控制器是完成简单功能的火灾自动报警控制器，用于较小范围的保护。它的主要特点是控制器直接连接火灾探测器，处理各种报警信息。

集中报警控制器用于较大范围内多个区域的保护，其主要特点是：它不是与火灾探测器相连，而是与区域火灾报警控制器相连，处理区域火灾报警控制器送来信号，常使用在较大型系统中。

控制中心报警控制系统是在集中报警控制器的基础上，增加联动功能。

近年来，随着火灾报警探测技术的发展和模拟量、总线制、智能化火灾探测报警系统的逐渐应用，对消防系统的要求提高，即使较小的系统，有的也带部分联动功能。在许多场合，火灾报警控制器已不再分为三种类型，而统称为火灾报警控制器（以下简称控制器）。

②从接线方式上分类，可分为多线式火灾报警控制器和总线式火灾报警控制器。

多线式火灾报警控制器的主要特点是其探测器与控制器的连接采用一一对应方式。其连线较多，仅适用于小型火灾报警控制器系统。我国早期开发的火灾报警系统基本上都属于这种类型。

总线式火灾报警控制器的主要特点是控制器与探测器用总线方式连接。所有探测器均并联在总线上，线少，具有安装、调试、使用方便的特点。现行的火灾报警控制器系统基本上都属于这种类型。

③从外形上分类，可分为壁挂式、立柜式和琴台式。

壁挂式用于系统较小、控制功能简单、控制点数少的情况。一般区域火灾报警控制器采用此种形式。

立柜式用于大中型工程；琴台式用于大型工程，对控制室面积有较大的要求。立柜式和琴台式柜体尺寸的标准都为国际通用 19 in 标准机柜，提供的安装空间以多少 U 表示其大小。

2）火灾报警控制器的主要功能

①接收火灾报警信息，进行转换、处理、判断，发出火灾声光报警，指示报警的具体部位及时间，并有火灾报警记忆功能，报警优先级别处理功能。

②接收输入的故障信号，对系统进行自动巡检、判断，显示故障位置，发出声光报警。

③带联动功能的火灾报警控制器，能按预先设定的程序，当达到程序预定的条件时，发出动作命令，带动相关联动设备动作。

④控制器容量为 N 个回路的集成，每回路总线可接若干个编码点。以 GK601 控制器为例，控制器标准容量为 10 块 GK6014 智能回路卡，每块回路卡带 2 个回路，每回路总线可接 127 个编码点，标准容量即为 2 540 个编码点。单机容量最大可通过总线网络系统扩展，组成 32 台

GK601 控制器，可达 1 920 个回路，243 840 个编码点的超大系统。

⑤黑匣子功能能储存 256～1 024 条事件记录。

⑥屏幕全中文液晶显示，也可连接 CRT 图形显示系统。

3）电源控制盘

电源控制盘是火灾报警控制器的重要组成部分，它为整个系统提供稳定的工作电源。以 GT1692 联动电源为例。有主电、备电自动转换功能，备用电源充电功能，电源故障监测功能，电源工作状态指示。它为控制回路、广播系统（录放单元）、总线电话提供稳定可靠的直流电压和直流电流。输入电压为 VC 220 V，输出电压 DC 24 V。

浮充电源是与电源控制盘配套的备用电源，为免维护蓄电池，一般单节额定电压 DC 12 V，单节额定容量有 7 Ah，10 Ah，24 Ah 等，视工程的需要选择不同的容量。

（2）消防广播录放盘

消防广播录放盘接收控制主机的命令，按防火分区进行紧急广播。消防广播录放盘主要包括：

1）录放单元。是为火灾事故广播提供声音录放功能。完成电子语音、外线输入、话筒、录音机四种播音方式下的事故广播，并能自动将话筒和外线输入的播音信号进行录音。平时也可实现一般的背景音乐广播。

2）功放单元。功率放大器容量有 150 W，250 W，500 W 等多种规格，接 220 V 电源、以 120 V 定压式输出音频。

3）广播分配单元。根据工程的需要，广播应分成多个回路输出，每一个回路带一定数量的扬声器。例如 GT1505 广播分配单元可提供高达 40 路可控的独立广播输出，每路广播独立使用时，输出功率为 50 W。既能按路广播，也能按区广播，如分为 10 个区域，每区可控制四路广播。

（3）消防电话盘

消防电话盘构成独立的消防电话系统。有多线制、总线制两种形式，主机与任一分机可相互呼叫、通话。主机可群呼分机，可同时与多部分机通话，可对通话过程录音，可快速拨发“119”到市话。它所带的分机有重要部门的直拨电话，也有电话插孔。

（4）手动盘

手动盘又叫直启盘，对重要的设备，除有控制器联动启动外，还可以在控制室直接手动启动。现代楼宇中，消防水泵、防烟和排烟风机的启、停，除自动控制外，应能手动直接控制。由手动盘到各个被控电机一一对应，多线控制。

(5) 电梯状态显示

电梯状态显示便于火灾时值班人员对电梯运行状态进行监视。但它不是必须列入火灾自动报警系统中的。很多工程是将它列入建筑设备监控系统中。

二、消防控制室值机制度

1. 消防控制室值机人员配备

(1) 由于各单位消防控制室大小不一，系统功能差别较大，对人数没有统一的规定。但是每班至少两人，其中一人为领班。一旦出现报警信号，一人在控制室坚守岗位，另一人去现场确认。在控制室里不能无人或找非专业人员代替。

(2) 应保证 24 小时有专人监控，以便及早发现火情。每班连续工作时间不应超过 12 小时。

(3) 对人员素质的要求，上岗人员必须经过培训，具有高中以上文化程度和良好的身体素质。年龄宜在 18～45 岁之间。热爱本职工作，有高度的工作责任感。

2. 消防控制室值机人员工作守则

(1) 负责对各项消防控制设备的监视和使用，不得擅自离开工作岗位。

(2) 熟悉本系统消防设施的基本原理、功能、操作技术，消防值班人员不得随意拆卸或停用消防控制室设备。

(3) 掌握和了解消防设施的运行、误报警、故障等有关情况，及时发现运行中的问题。对于故障要严格按制度进行登记、汇报。

(4) 负责对消防设施的每日检查，并认真填写《消防控制室值班记录》和《系统每日运行登记表》。配合本单位的维护计划，定期对各种消防设施进行检查，保证自动消防设施的完好有效。

(5) 熟练掌握《消防控制室火灾事故紧急处理程序》，火灾情况下能够按照程序开展灭火救援工作。发生火灾报警时要尽快确认，及时、准确地启动有关消防设备；直接向“119”报警，不得迟报或隐瞒；正确有效地组织人员疏散，给领导当好参谋。消防队员到场后，要如实报告情况，协助消防队员工作，并保护好现场及原始记录。

（6）宣传贯彻消防法规，遵守防火安全管理制度。积极参加学习及培训，不断提高业务水平，以高度的责任感完成各项技术工作和日常管理工作。

能力要求

一、处理火灾报警控制器的报警信息

消防报警控制器上设有各类状态显示信号灯和操作键，以便于值机人员的观察和操作。控制器面板上常有的显示灯和操作键，见表 2—1。

表 2—1　控制器面板上的显示灯和操作键

名称	数量	颜色	名称	数量	颜色
总火警灯	1 个	红色	联动灯	1 个	红色
故障灯	1 个	黄色	自动方式灯	1 个	绿色
隔离灯	1 个	黄色	测试灯	1 个	绿色
消音灯	1 个	绿色	主电源运行灯	1 个	绿色
请求灯	8 个	绿色	启动灯	8 个	红色
回答灯	8 个	绿色	故障灯	8 个	黄色
复位键	1 个		消音键	1 个	
自检键	1 个		确认键	1 个	
功能键（F1～F6）	6 个		数字键（0～9）	10 个	
液晶显示器	1 块		热敏打印机	1 台	

在没有火警、联动、故障发生或每次复位之后，报警主机显示正常运行画面（以国泰 GK601 控制器为例），如图 2—2 所示。

图 2—2　GK601 控制器报警主机正常运行

功能键说明：

F1—设置：可执行查询、打印、网络、回路、控制矩阵等项编程操作；

F2—数据：可观察指定器件的动态跟踪曲线；

F3，F4—当前事件查询；

F5—切换：实现屏幕在不同状态下的切换；

F6—帮助。

1. 火灾报警控制器基本操作

消防控制室是建筑物的消防指挥部，它直接关系建筑物平时消防监控和火灾时的消防指挥，对建筑物的消防安全具有重要意义。

在消防控制室内，主要设备是火灾报警控制器，它是火灾自动报警和消防联动系统的心脏。对它的操作主要在两方面：读识系统各种状态信息、能对有关消防设备进行控制。

为了读识控制器信息，值班员要进行一些基本操作。利用面板上的功能键，可以完成以下操作。

(1) 接通电源

电源有交流电源（主电）和直流电源（备电）。

1）交流电源。220 V 交流电源要求由两条各自独立的回路供电，在线路末端进行自动或手动切换，以保证交流供电电源的可靠性。

2）直流电源。能构成 24 V 直流输出，可以用 UPS 电源或蓄电池，输出回路数由系统规模决定。正常情况下，交流电源运行，直流电源处于充电状态，一旦交流电源失电，直流电源应立即自动投入运行。接通电源后，面板上对应的交流电源指示灯或直流电源指示灯亮。系统一经投入运行，正常情况下，电源便不再关闭。

(2) 自检

按下面板上的“自检”键，机器将自动进行自检，液晶屏显示自检画面，依次鸣叫动作音、故障音、火警音。

(3) 复位

“复位”键主要是使控制器恢复初始监视状态。按下操作面板上的“复位”键后，提示输入密码，此时若输入密码正确，控制器复位后将所有火警、联动、故障等显示信息全部清除并重新开始运行。

(4) 消音

“消音”键用来关闭控制器发出的音响。当控制器报警发生音响时，按面板上的“消音”键，系统即刻关闭音响，同时消音灯亮。

(5) 自动控制转换

自动联动和手动联动之间的转换。在一般情况下置于手动联动状态，当火灾发生时，自动或由值机人员将它切换为自动联动状态。

(6) 设置

1) 实时时钟的设置包括年、月、日、时、分、秒，在正常运行状态下，可以通过调整时钟的方式进行校准。按下“设置”键，可以对其进行校时调整。

2) 打印状态可以设置为自动打印，当控制器有事件发生时，在即时打印允许情况下，将自动打印出实时信息（发生事件的位置、事件类型、发生的时间及控制器编号）。

3) 密码是值机人员登录的口令，只有拥有密码的值机人员才可以对内部的数据进行浏览和管理，通常消防报警控制器设有三级密码。

(7) 查询

控制器可自动记录系统运行过程中的各种事件，并可手动查询。包括：火警、故障、开机、关机、启动、停止、自动控制转换等。每台控制器可存储事件记录条数因不同产品而异。一般为 256～1 024 条。

对于小型机，它的设置功能、查询功能也可在菜单下进行。

2. 系统运行状态的显示

控制器状态分为正常、火警、联动、故障四种，对于不同状态除有信号灯的显示外，还有液晶屏显示（或 CRT 显示）。液晶屏显示优先级为：火警→联动→故障→正常。当上述四种情况同时发生时，则按所规定的优先级在液晶屏上显示。只有当较高一级事件排除，并复位之后，才会显示其他事件。通过按切换键可在不同事件之间切换。

3. 系统火灾的显示

(1) 火警显示

在火警状态时，火警信号灯亮，液晶显示屏应显示出火警报警时间，触发元件（探测器或手报按钮）类别，发生位置的中文显示等报警显示参数，如图 2—3 所示。当同时有多处报警时，显示屏均有显示数据的储存，可用翻页键逐条显示。

(2) 联动显示

当有联动事件发生时，联动信号灯亮，液晶屏显示出联动信息，指出已动作的设备名称。联动功能是通过模块实现的，故液晶屏上同时显示出模块种类及地址码。液晶屏显示如图 2—4 所示。

发生火警和联动动作之后面板上的火警灯闪亮，同时音响器发出火警音响。

当前温度:20℃
2005年09月01日09:10:00
星期四
火警总数:01
预警总数:00
动作总数:00
故障总数:00
火警
09/01　09:05:10　01号机 01层 01118 探测器首次火警　第三会议室东
设置
数据
切换
帮助
F1
F2
F3
F4
F5
F6

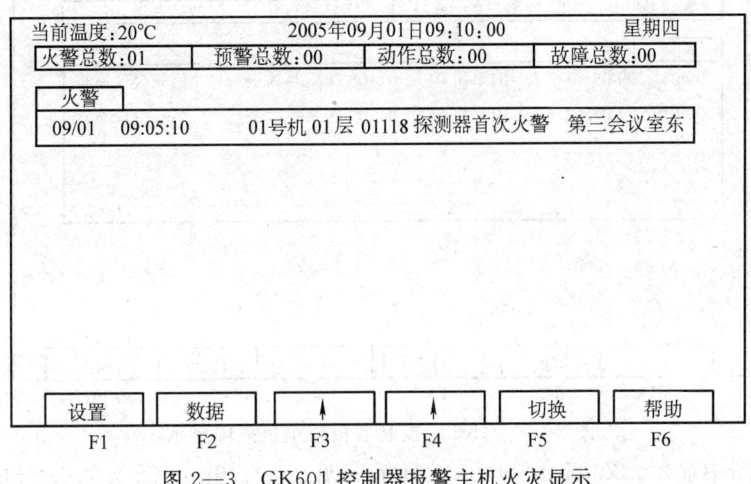

图 2—3　GK601 控制器报警主机火灾显示

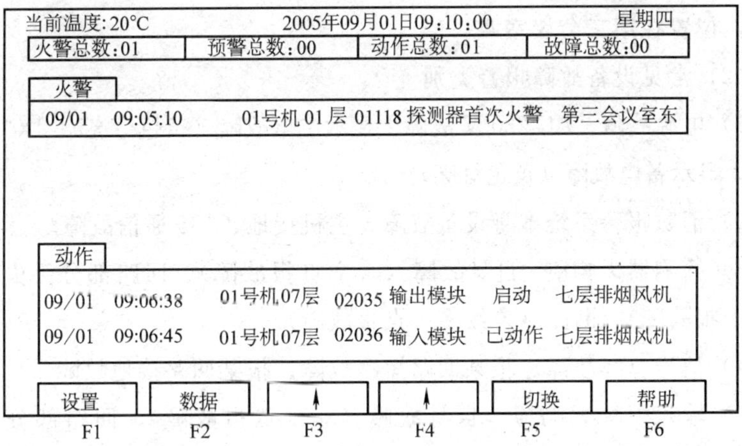

当前温度:20℃
2005年09月01日09:10:00
星期四
火警总数:01
预警总数:00
动作总数:01
故障总数:00
火警
09/01　09:05:10　01号机 01层 01118 探测器首次火警　第三会议室东
动作
09/01　09:06:38　01号机07层　02035 输出模块　启动　七层排烟风机
09/01　09:06:45　01号机07层　02036 输入模块　已动作　七层排烟风机
设置
数据
切换
帮助
F1
F2
F3
F4
F5
F6

图 2—4　GK601 控制器报警主机联动显示

图中显示：2005 年 09 月 01 日星期四，上午 09 点 05 分 01 号机 01 层 01 区 118 号探测器报火警，位置在第三会议室东，09 点 06 分 01 号机 07 层 02 区 35 号输出模块启动，位置在 7 层排烟风机处，01 号机 07 层 02 区 36 号输入模块已动作，位置在 7 层排烟风机。

4. 设备故障的显示

(1) 读识故障信息

在故障状态时，故障信号灯亮，液晶显示屏应显示出故障报警时间、故障类别、发生位置的中文显示。同时有多处故障报警时，均有显示，或用翻页形式逐条显示。如图 2—5 所示。

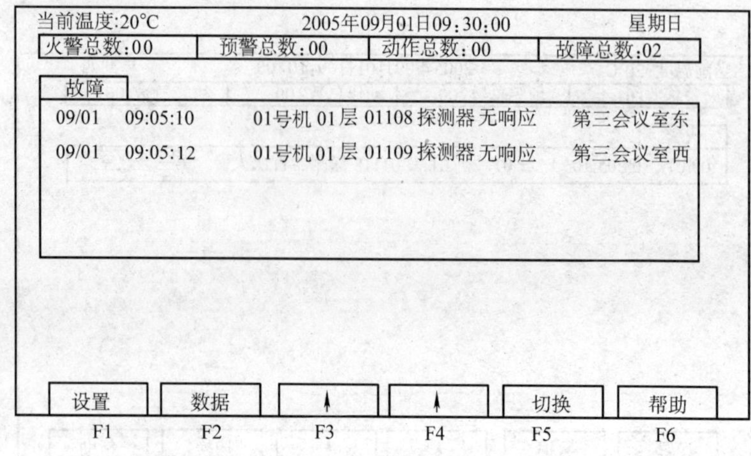

图 2—5 GK601 控制器报警主机故障显示

图中显示：2005 年 09 月 01 日星期四，上午 09 点 05 分，01 号机 01 层 01 区 108 号探测器无响应，位置在第三会议室东，109 号探测器也无响应，位置在第三会议室西。

(2) 常见设备故障报警类别

1) 电源故障。AC 220 V 故障，显示主电故障（黄色灯亮）；DC 24 V 故障，显示备电故障（黄色灯亮）。

2) 消防报警系统本身设备故障。主机接地、485 通信故障。

3) 探测器无响应。自身故障（一个点报故障）、回路部分丢失（两点以上报故障）、断路（连续多个点报故障）。

4) 信号总线故障。报某回路短路故障、报某回路接地故障。

5) 输入模块无响应。自身故障（一个点报故障）、回路部分丢失（两点以上报故障）、断路（连续多个点报故障）。

6) 输出控制命令拒动故障。模块动作正常，显示某模块启动，但该模块已动作却未显示。

5. 确定报警位置

(1) 确定火灾位置

在图 2—4 中可以看到液晶屏显示火灾报警的年、月、日、时、分，机号、层号、区号，探测器的地址码，显示的位置。

智能楼宇管理员应从显示屏上表示的探测区域，即该探测器位置和地址编码，对火灾报警位置所属区域有一个初步辨认。只了解这点还不够，还要辨认属于哪个防火分区和防烟分区，以便于组织人员的疏散和操作相关消防设备。

智能楼宇管理员可以通过控制室内的建筑物绘图列表、模拟屏等多种方式，对本建筑的防火分区、防烟分区加以全面掌握。当然，进一步确认报警位置，需由值班人员亲临报警地点查看。

（2）确定故障报警位置

对于故障报警，首先根据显示屏提示内容，分辨出是属于哪个类别故障。然后通过控制室内的建筑物绘图列表、模拟屏等多种方式，确定故障报警位置。

6. 处理报警信息

（1）对火灾报警信息的处理

对火灾报警信息首先是确认。人工确认是通常采用的方法，由值班人员派人前去检查，确定报警地点是否发生火灾，并用插孔电话及时通告消防控制室。

确认后有以下两种情况出现：

1）未发生火灾，属于误报。通知消防控制室为探测器误报；对误报探测器进行检查，选择清洗或更换，并对其进行误报原因分析；将误报探测器故障处理后，对主机进行复位，使之正常运行；做好日常记录。

2）确实发生火灾，处理见本章第二节。

（2）对设备报警信息的处理

接到设备报警且故障不能马上排除的情况下，为了不影响整个系统的运行，运用控制器对设备隔离与开放的功能，可以将故障设备隔离，系统不再监视其运行情况，待器件修复后，再将其开放，使之恢复正常工作状态。

当系统中有器件被隔离时，面板上“隔离”指示灯亮，通过操作面板可以手动操作查询隔离器件的详细信息，同时做好值班记录，汇报上级。

二、按规定流程进行日检

1. 对电源的检查

(1) 检查交流电源状态

系统的交流电源是两条各自独立的供电回路，互为备用，一条有故障时自动切换到另一条。值班人员每天要检查是否发生线路的切换，原因是什么。是人为切换还是有故障时自动切换，故障线路是否修复。用自备发电机的单位，要检查自备发电机的启动条件，能否立即投入备用电源使用。交流电源不能采用漏电保护，不能用插头供电，要用专线，不能环链供电。

(2) 检查直流电源状态

直流备用电源一般是专用蓄电池或外接蓄电池组。向 CRT 显示器供电时，要求采用 UPS 不间断电源。检查蓄电池是否正常应切断主电源，观察备用电源是否正常投入运行。目前，蓄电池已达到免维护的水平，备用电源只需要定期充放电即可。

2. 对控制器的检查

(1) 操作控制器自检装置，观察控制器声、光报警情况。按下面板上的“自检”键，机器将自动进行自检，液晶屏（CRT 显示屏）显示自检画面，依次鸣叫动作音、故障音、火警音。

(2) 模拟火灾信息（火灾探测器或手动报警按钮），控制器处于火灾报警状态，观察控制器的画面提示，声、光报警信号及记忆情况。控制器应具有存储和打印火灾报警的部位及时间的功能。

(3) 控制器第一次报警时，手动消除报警声音，此时如再有故障或火灾报警信号输入时，应能重新启动报警声音，指示出报警部位并予以保持，直到手动复位为止。

三、系统运行值班记录的填写（见表 2—2、表 2—3）

在表 2—2 中规定了系统运行值班记录每日须填写的内容，便于及时了解设备的运行状态，尤其是误报和故障情况，为设备管理提供了依据。

表 2—2　　系统运行日登记表

单位名称：

设备运行状态		报警性质				报警部位原因及处理情况	值班员			备注
正常	故障	火警	误报	故障报警	漏报		( )～( )时	( )～( )时	( )～( )时	

表 2—3　　控制器日检登记表

单位名称						控制器型号			
时间	自检	消音	复位	故障报警	巡检	电源		检查人	备注
						主电源	备用电源		
检查情况						故障及排除情况			防火负责人

在表 2—3 中规定了每日应进行的主要日常工作，对集中报警控制器及其相关设备都应进行检查，做到随时发现问题，及时处理。有自检、巡检功能的，可以通过自检、巡检开关，达到检查目的。没有上述功能的，可以用探测器加烟的办法，达到对控制器功能的检查。同时检查消音、复位、故障报警等功能。

第二节　火灾报警后的应急行动

学习目标

通过学习，使学员能够对火灾报警事件进行应急处理，操作消防系统的相关设备。

相关知识

从火灾自动报警系统的构成来分析，外部设备按其功能可以分为报警、灭火、减灾三部分。完成报警功能的外部主要设备有：触发装置（探测器、手报按钮）、声光报警器、消防紧急广播系统、消防电话；完成灭火功能的外部主要设备有：水喷淋装置、消火栓、气体灭火装置；完成减灾功能的外部主要设备有：防排烟系统、电梯、防火卷帘、防火门、空调通风管道内防火阀、切断非消防电源系统、应急照明系统等。发生火灾后，灭火设备投入使用，其他联动设备工作。

一、灭火设备的使用

1. 消火栓系统

水是运用最广的灭火剂。在建筑物内又分为水喷淋、消火栓两个独立的系统。消火栓和水喷淋在水源部分是共同的。

（1）消防供水水源

城市消防水源一般由市政给水管网供给。消防用水利用天然水源时，应确保枯水期有足够的用量及有可靠的取水设施。室外消防给水管网的消防管道大多与生活、生产管道合一。其进水管不宜少于两条，当其中一条进水管发生故障时，其余进水管应仍能保证全部用水量。小区或高层建筑还应设有消防水池，以满足在火灾延续时间内消防用水量的要求。可靠的水源，是水灭火系统的必要保证。

（2）消防供水设备

消火栓泵、喷淋泵、稳压泵都设在消防泵房内。它们平常备而不用，一旦发生火灾，应灵敏启动，快速达到额定工作水压及流量的要求。在水泵设置的数量上，是一用一备。高层建筑中为限制超压，消火栓泵和喷淋泵相应分为高区泵、低区泵。消火栓泵还有室内消火栓泵、室外消火栓泵。

(3) 室内消防给水管网

室内消防给水管网包括进水管、水平干管、消防竖管。它们环状布置，以确保在某一水管检修情况下，不影响设备救火功能。消火栓与水喷淋在室内的给水管网是分开的。

(4) 室内消火栓

它由水枪、水带、消火栓组成。

室内消火栓应设在走道、消防电梯前室、楼梯附近等明显易于取用的地点。除小型库房外，消火栓的间距应保证同层任何部位有两个消火栓的水枪充实水柱同时到达。水枪充实水柱长度由计算确定，普通的工业与民用建筑一般不应小于 7 m；甲、乙类厂房和超过六层的民用建筑、超过四层的厂房和库房、建筑高度不超过 100 m 的高层民用建筑一般不小于 10 m；高层工业建筑、高架仓库和建筑高度超过 100 m 的高层民用建筑一般不小于 13 m。

(5) 室外消火栓

室外消火栓应沿小区道路或高层建筑周围均匀布置。智能楼宇内的消防水系统有故障时，室外消火栓提供的水源可通过在楼外侧的水泵结合器，分别提供给楼内的水喷淋和消火栓系统使用。

消火栓灭火系统可分散在多处启动。水泵启动后，有启动信号反馈到控制器显示屏，消火栓按钮处也有启动信号显示。

2. 水喷淋系统

水喷淋系统是国际上公认的最为有效的自动扑灭室内火灾的消防设施。国外已有 100 多年历史。它的分类有湿式系统、干式系统、预作用系统、雨淋系统、水喷雾系统等方式。

(1) 以湿式喷水灭火系统为例阐述各个环节

湿式喷水灭火系统由闭式喷头、管道系统、水流指示器、检修信号阀、湿式报警阀、报警装置和供水设施等组成，由于该系统在报警阀的前后管道内始终充满着压力水，故称湿式喷水灭火系统。如图 2—6 所示。

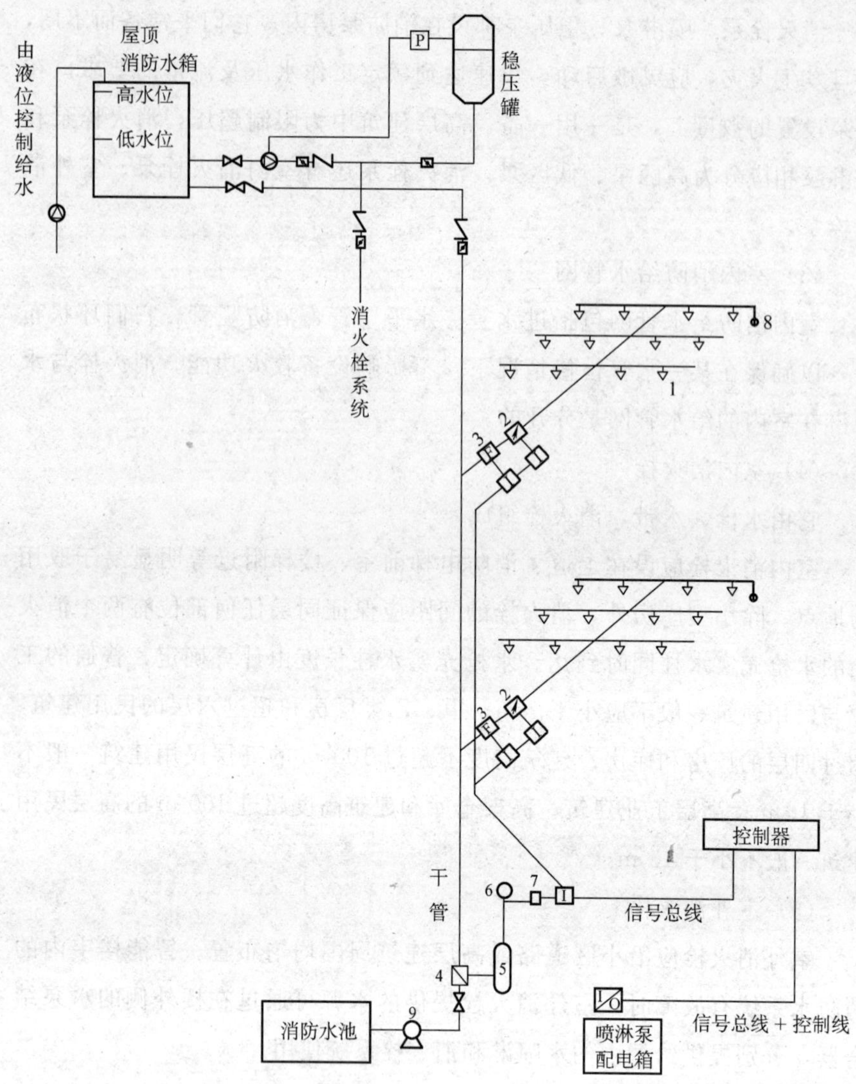

图 2—6　湿式喷水灭火系统示意图

1—喷头　2—水流指示器　3—检修信号阀　4—湿式报警阀　5—延迟器　6—水力警铃

7—压力开关　8—末端试水　9—喷淋泵　I—信号模块　I/O—控制模块

1）喷头的原理是发生火灾时，喷头周围的环境温度不断升高，当喷头处的温度达到感温元件动作温度时，压力水冲出喷口，水流通过溅水盘喷洒灭火。

喷头的分类：

按用途分为：闭式喷头、开式喷头、水幕喷头、喷雾式喷头等。

按安装方式分为：下垂型、直立型、吊顶型、边墙型、根据装修需要选用。

闭式喷头按热敏元件分为：玻璃泡喷头和易熔合金喷头。

玻璃泡喷头用装有液体的玻璃球阀作感温元件。玻璃泡中的液体，在一定的温度下产生的膨胀力，迫使玻璃泡炸开。玻璃泡喷头有良好的稳定性和耐腐蚀性能，应用范围比较广，特别是有腐蚀介质的场所，基本上都推荐用这种喷头。

常用闭式玻璃泡喷头公称动作温度和颜色标志见表2—4。

表2—4　　常用闭式玻璃泡喷头公称动作温度和颜色标志

公称动作温度（℃）	57	68	79	93	100	……	……	204～343
颜色标志	橙	红	黄	绿	灰	……	……	黑

易熔合金喷头是用易熔合金作感温元件。组成易熔元件的金属不同或其金属所占比例不同，熔点也不同。该喷头通常分三级，即普通级，元件熔点为68～72℃；中温级，元件熔点为93～100℃；高温级，元件熔点为141℃以上。

2）水流指示器可将水流的信号转换为电信号，安装在配水支管或配水干管始端，其作用在于当着火时喷头开启喷水或者管道发生泄漏故障时，有水流经过装有水流指示器的管道，桨片开关（限位开关）动作，将动作信号送至控制器，以显示喷头喷水的区域和楼层。

3）检修信号阀是阀门限位器，它基于行程开关原理。通常安装在水流指示器前的管道上，用于监视阀的开启状态。一旦发生误操作或检修后忘了打开，即向系统的报警控制器发出报警信号。控制器显示屏上显示该检修信号阀的区域和楼层。

4）湿式报警阀安装在喷水灭火系统的总管上，连接供水设备和配水管网。一般采用止回阀的形式，它是只允许水流单方向流入喷水管网，防止管网内水倒流回水池；当喷头喷水，破坏了阀门上下压力的平衡时，阀板打开，配水管网得到水的供应，同时，部分水流经延迟器，送至水力警铃，发出音响报警。

5）水力警铃是利用水流的冲击发出声响的报警装置。

6）延迟器的作用是消除累积误差。当压力波动或水锤现象引起阀瓣短暂开启或局部渗漏时，有可能造成误报警。延迟器安装在报警阀和水力警铃之间，对于局部渗漏的水能暂时容纳并可从泄水排放口流出，避免虚假信号。只有水流量大量涌入，经 15～90 s 延时，水力警铃才响。

7）压力开关是监测压力状态的自动开关控制器件，它将水压力信号变成电信号。其原理是当报警阀的阀瓣打开，压力水经管道首先进入延时器后再流入压力开关内腔，推动膜片向上移动，继而触点接触，闭合接通电路，发出电信号，送到消防控制室，使控制器发出启动命令，从而启动喷淋泵。

8）末端试水装置，主要功能是检验系统启动，报警及联动功能是否处于正常状态。

9）消防水箱放在建筑物顶层，当喷淋泵尚未启动时，提供 10 min 短时间的灭火用水。

10）消防水池在建筑物底层，供给全楼消防用水。也有消防和生活用水合用水池，但要有保证消防最低水位的措施。

（2）工作原理

如图 2—7 所示为水喷淋系统工作原理图。在管道内均充满压力水。火灾发生时，在火场温度的作用下，闭式喷头的感温元件温升达到预定的动作温度范围时，喷头开启，水从喷口喷出。当系统排水量大到相当于一只喷头开启的喷水量时，配水支管上的水流指示器动作，向消防控制室报警；同时湿式报警阀上下产生压力差，打开阀门，压力水进入管网，另一股水流也不断流入延迟器，此时延迟器的泄水排放口因很小，不能将水迅速排出，使压力开关及水力警铃动作，压力开关信号送至控制室作为泵启动信号，启动水泵，向管网加压供水，达到持续自动喷水灭火的目的。

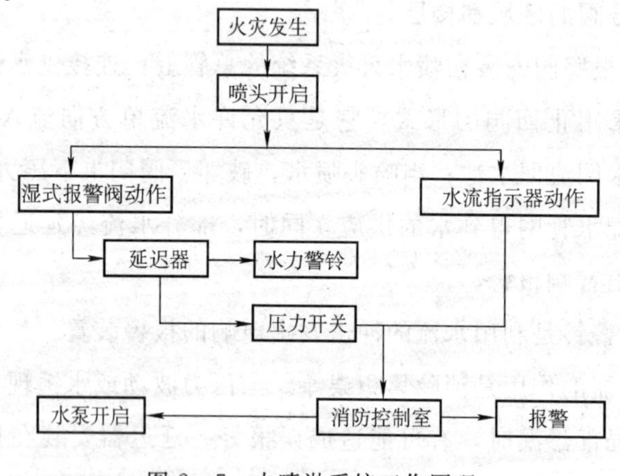

图 2—7　水喷淋系统工作原理

3. 气体灭火系统

气体灭火系统使用在以下场所：被保护物要求不在灭火中被污染，如文物资料珍藏库、贵重设备室、大中型图书馆和档案库；在一些有贵重设备的场合，如计算机房、档案室和通信机房等；有电气危险的场所，要求使用不导电的灭火剂，如配电机房等。

(1) 常用的灭火气体

常用的灭火气体有二氧化碳气体、七氟丙烷气体、惰性气体。

1) 二氧化碳气体是一种常用的灭火剂，向灭火区喷放高浓度的二氧化碳气体，增强灭火区空气中二氧化碳气体的含量，降低灭火区空气中的含氧浓度，可达到灭火的目的。但空气中二氧化碳含量达到 15%以上时能使人窒息死亡。

2) 七氟丙烷气体是替代卤代烷气体的一种新的化学灭火剂。七氟丙烷灭火剂参与物质燃烧过程中的化学反应，消除维持燃烧所必须的活性游离基，从而抑制燃烧达到灭火的目的。灭火时如果过量使用也会对在场人员身体造成危害，甚至窒息死亡。

3) 惰性气体灭火剂是由氩气、氮气和二氧化碳混合而成，在使用惰性气体灭火剂灭火时，在场人员不需撤离。适用于火灾时不允许人员撤离的场合，如指挥中心等重要场合。

(2) 动作过程

与其他灭火系统相比，气体灭火系统造价高，尤其是灭火剂价格高昂。同时，七氟丙烷、二氧化碳灭火剂都具有一定的毒性，灭火的同时会对人产生毒性危害，启动时应比较慎重。

1) 设计规范规定了必须设置感烟和感温两类探测器，只有当两类不同探测器都动作报警后的“与”控制信号才能联动控制灭火系统。

2) 要延迟启动，一般调整为 30 s，在这段时间，门窗、通风管道出口会自动关闭，否则会影响灭火效果。对于有毒性的气体，喷气区人员要及时疏散。

3) 在控制室内有监视显示，当气体灭火发出报警后，一定要人工确认，暂不紧急启动。启动一般采用加大气体压力的方法释放灭火剂。同时放气灯点亮，并发出声光报警。

(3) 气体灭火使用时要达到的条件

气体灭火必须是封闭的空间，环境温度应高于灭火剂的沸点，经过用量的计算，气体要有足够的浓度才能达到灭火的要求。

4. 移动灭火器材

现场就近使用移动灭火器，是扑灭早期火灾的有效措施。

(1) 移动灭火器材的配备

火灾相关知识：火灾种类的分类有 A、B、C、D、E类。

A类火灾：指固体物质的火灾；

B类火灾：指液体火灾和可熔化的固体物质火灾；

C类火灾：指气体火灾；

D类火灾：指金属火灾；

E类火灾：电气火灾，指物体带电燃烧的火灾。

移动灭火器材的配备原则：对智能楼宇中的移动灭火器材，要求能同时灭 A、B、C类的火灾。其配备个数按每一个灭火器所能保护的最大面积来计算，一般是 50～100 m^2 配备一具。智能楼宇内，设有消火栓或自动灭火系统的，移动灭火器材的配备数量可相对减少，但一个配置场所（计算单元）内配置的灭火器数量至少应有 2 具，且不宜多于 5 具。住宅楼每层的公共部位建筑面积超过 100 m^2 时，配 1 具 1 A 的手提式灭火器，在同一灭火器配置场所，当选用两种或两种以上类型灭火器时，应采用灭火剂相容的灭火器。

(2) 灭火器分类

1）按所充装的灭火剂类型分为水型灭火器（包括清水灭火器）、泡沫型灭火器、干粉型灭火器、卤代烷灭火器、二氧化碳灭火器。

2）按灭火器移动方式分为手提式灭火器、推车式灭火器、背负式灭火器、悬挂式灭火器。

3）按气体的储存位置分为储气瓶式和储压式。

移动灭火器使用最广的是干粉灭火器。干粉是干燥的固体粉末，是由灭火主剂和少量的添加剂经研磨而成的一种化学灭火剂。目前，我国生产和使用的主要是碳酸氢钠干粉灭火器和磷铵干粉灭火器。它们同时适用于 A、B、C类火灾，具有灭火速度快、对人畜无毒害等特点。

(3) 使用方法

1）扑救火灾时，手提或肩扛干粉灭火器，上下颠几次，离火点 3～4 m时，拔出保险销，一手握紧喷嘴，对准火源，另一手的大拇指将压把按下，干粉即可喷出。灭火时要迅速摇摆喷嘴，使粉雾横扫整个火区，由近及远，向前推移，很快将火扑灭。

2）灭火要迅速、彻底，不要遗留残火，以防复燃。

3）灭火时，不要冲击液面，以防液体溅出，造成灭火困难。

(4) 维护保养

1）干粉灭火器必须放在通风干燥的地方，各连接部件要拧紧，喷嘴要堵好，以防干粉受潮结块。

2）存放期间应避免阳光暴晒和火烤，以防钢瓶中的二氧化碳因温度升高，使压力增大而漏气。

3）每年应检查一次桶内粉末是否结块，检查二氧化碳量是否充足，用完后应重新装灌和充气。

二、应急启动的其他设备

1. 应急广播与消防电话

(1) 应急广播

1）疏散指令的播放

①应急广播的作用

应急广播是在火灾确认后立即投入使用的一种专用消防警报装置。一般的高层民用建筑或大型民用建筑，由于建筑面积大、楼层多、结构复杂、人员集中等原因，一旦发生火灾，人员疏散十分困难。利用火灾事故广播系统，可以对火灾疏散统一指挥，指导人们有序疏散，迅速撤离危险场所到达安全地区。

②播放疏散指令的楼层控制程序

当大楼的某层发生火灾时，一般不必对整幢大楼同时进行火情广播，以免引起大楼内人员疏散秩序混乱，造成“二次伤害”。火灾事故广播输出分路应按疏散顺序控制，播放疏散指令的楼层控制程序如下：

a. 二层及二层以上楼层发生火灾，宜先接通火灾层及其相邻的上下层。

b. 首层发生火灾，宜先接通本层、二层及地下各层。

c. 地下室发生火灾，宜先接通地下各层及首层。若首层与二层有大共享空间时应包括二层。

d. 含多个防火分区的单层建筑，应先接通着火的防火分区及其相邻的防火分区。

2）应急广播的设置原则

大多数情况下，应急广播与自动报警及联动控制系统配套设置。在大楼内通常将火灾应急广播与公众广播合为一个系统，平时播放公众广播，火灾事故时，转入火灾应急广播。两种广播兼用，可减少设备和线路，节省大量投资。

应急广播的设置原则有：

①火灾时应能在消防控制室操作，强制转入火灾事故广播状态，即具有优先火灾事故广播功能。

②走道、大厅、餐厅等公共场所，扬声器的配置数量，应能保证从本层任何部位到最近一个扬声器的步行距离不超过 25 m；在走道交叉处、拐弯处均应设扬声器；走道末端最后一个扬声器距墙不大于 8 m。

③扬声器功率

走道、大厅、餐厅等公共场所设的扬声器，额定功率不应小于 3 W；

客房内扬声器额定功率不应小于 1 W；

设在背景噪声干扰场所内的扬声器，在其播放范围内最远的播放声压级应高于背景噪声 15 dB，并据此确定扬声器的功率。

④广播音响系统扩音机应设火灾事故广播备用扩音机，其容量不应小于火灾时需同时广播的范围内火灾应急广播扬声器最大容量总和的 1.5 倍。

⑤火灾事故广播应采用定压式输出，一般宜采用 120 V。

（2）消防电话

消防专用电话对及时报警，消防指挥系统的畅通，起着关键的作用。消防电话是独立的电话系统。不能利用一般电话线路或综合布线中的电话线路，应独立布线。

消防专用电话总机和分机（或电话塞孔）之间是直通的。消防专用电话有多线制和总线制。中型及以上的消防自动化系统是采用总线制。

消防电话系统如图 2—8 所示。

1）下列部位应设置消防专用电话分机：

企业消防站、消防值班室、总调度室及消防水泵房、备用发电机房、配变电室、主要通风和空调机房、排烟机房、消防电梯机房等与消防联动控制有关的且经常有人值班的机房或控制室。

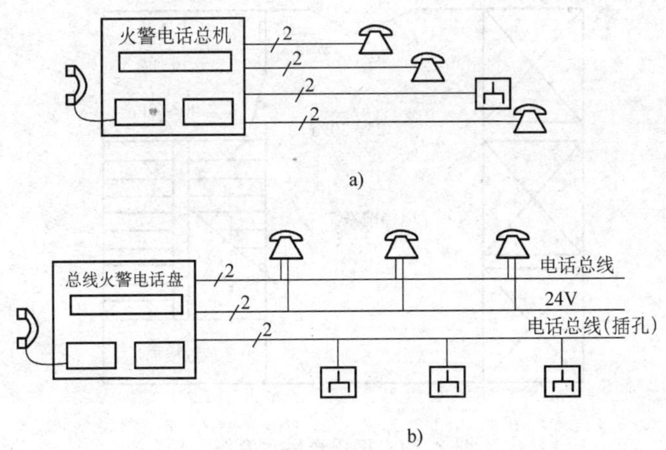

图 2—8 电话通信连线示意图

a）多线制电话通信系统 b）总线制电话通信系统

2）在手动报警按钮、消火栓按钮等处宜设置插孔电话。

3）特级保护对象的各避难层应每隔 20 m 设置一个消防专用电话分机或电话插孔。

4）消防控制室、消防值班室或企业消防站等处应设置可直拨 119 报警的外线电话。

2. 防排烟的措施

近年来的火灾，常常是烟熏窒息或中毒的人数比直接烧死的多。防排烟系统是一项重要的减灾措施。

（1）正压送风防烟

1）设置地点

正压送风的原理早已在其他很多方面应用，如洁净厂房，无菌手术室等。在建筑物发生火灾时，利用这一原理，提供不受烟气干扰的疏散通道和避难场所。例如，常用在不具备自然排烟条件的疏散楼梯、消防电梯前室、封闭的避难层（间），采用机械加压送风方式，以阻挡火灾烟气通过门洞或门缝流向无烟区（见图 2—9）。

2）设置原则

加压部位与着火区要有一定的压力差，才能有效阻止烟气的侵入。送风机供给的压力，应维持防烟楼梯间的压力为 40～50 Pa，合用前室、避难层的压力为 25～30 Pa。该项指标在验收时由消防监督机构测试。防烟楼梯和合用前室因要求压力不同，宜分别设送风系统。合用前室每

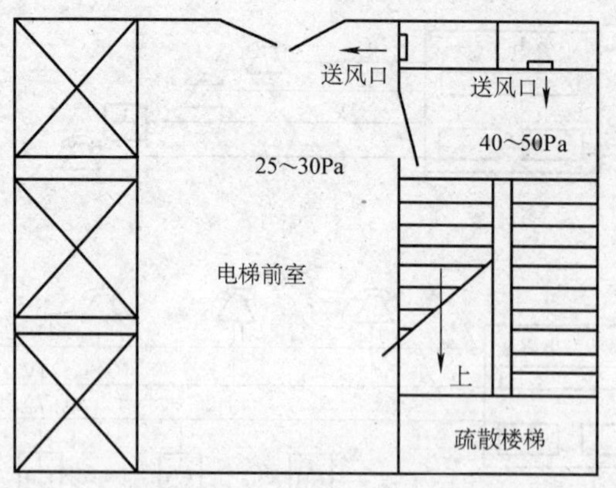

图 2—9　正压送风示意图

层一个送风口，疏散楼梯可每 2～3 层一个送风口。

要注意防火门的配合。防火门有常闭和常开两种，对于人员较多的通道，宜设为常开。而火灾时，常开防火门必须能可靠关闭，加压送风系统才能真正发挥作用。

3）动作过程

当火灾发生时，接收到控制器发出联动命令，开启正压送风机并且打开相关层的送风口。

（2）机械排烟

1）设置地点

在不具备自然排烟条件的建筑物内，对于一类高层建筑和建筑高度超过 32 m 的二类高层建筑中，下列地点应设机械排烟：

①无外窗且内走廊长度大于等于 20 m；

②有自然通风（有外窗），内走廊长度大于等于 60 m；

③房间面积大于等于 100 m^2，且经常有人停留或可燃物较多的场所；

④地下室房间大于等于 50 m^2，且经常有人停留或可燃物较多的场所。

2）设置原则

①排烟口按防烟分区设置。位置最好接近防烟分区中心，最远点到排烟口的水平距离不大于 30 m。

②排烟口安装高度在距顶 800 mm 以内。当顶高于 3 m 时，排烟口设在 2.1 m 的墙上；距可燃构件不应小于 1 m。出入口上方不宜设排烟口，排烟口与出入口至少大于 1.5 m，以免负压产生烟团，不利于安全

疏散。

③对于地下室，排烟的同时要进行补风，按规范要求，补风量不小于排烟量的50%。

3）动作过程

当火灾发生时，接收到控制器发出联动命令，同一防烟分区的排烟口、排烟阀同时打开，同时，相应的排烟机打开。当排烟机管道内的温度达到280℃时，排烟阀关闭，相应的排烟机停机。当补风管道内的温度达到70℃时，相应的补风机停机。

3. 防止火灾的蔓延

防止火灾的蔓延从建筑设计防火上来讲措施很多，这里仅仅就需要操作的设备作一介绍：

(1) 防火卷帘

防火卷帘是一种活动的防火分隔物，一般是用钢板等金属板材制成，以扣环或铰接的方法组成可以卷绕的链状平面，平时卷起放在门窗口上的转轴箱中，起火时将其放下展开，用以阻止火势从门窗洞口蔓延。

1）设置地点

防火卷帘是防止火灾水平蔓延的措施之一，设置在形成防火分区的位置，把火灾控制在一个区域内，抑制火灾蔓延和烟雾扩散，最大限度减少火灾损失。

2）设置原则

它是防火门的一种。防火卷帘要求有一定的耐火时间，代替防火墙时，耐火极限要达到3.0 h以上。当卷帘本身达不到耐火时间要求时，还可联动水喷淋系统，对防火卷帘做降温防火处理。

根据设计规范要求，在防火卷帘两侧要装感烟探测器和感温探测器。

3）动作过程

防火卷帘用在两种场合，有不同的控制要求。当用在疏散走道上时，分两步到位，感烟探测器动作时，下降到1.8 m高度；感温探测器动作时，全降到底。在跨防火分区的共享大厅，包括扶梯四周的防火卷帘，不再分两步进行，而是一步到底。

防火卷帘两边都要有手动按钮及人工升降装置，以便火灾时未逃出的人员应急之用。

(2) 防止火灾沿管道蔓延

空调通风管道是火灾沿管道蔓延的通道。空调通风本身不属于消防内容，这里只讨论如何减少火灾时因它带来的影响。火灾时，由于管道会使烟雾蔓延，要采取的措施，一是用防火阀及时切断管道，二是停机，其目的是防止火灾蔓延。

1）设置地点

在以下几个部位应设置70℃防火阀：穿越防火分区、楼板；送回风总管穿越空调机房、重要场所（如贵宾室、贵重物品间）以及火灾危险性较大的房间的隔墙处；多层建筑的垂直风管与水平风管的交叉处。

2）动作过程

70℃防火阀动作原理是当气流温度达到70℃时，防火阀上的易熔合金片融化，在机械弹簧的作用下，阀门沿顺气流方向自行严密关闭。

另一种防火阀是靠控制器的命令动作自动关闭，不论哪种关闭，都能接通电接点，发出反馈电信号，由该信号带动通风空调机停止运行。

4. 其他联动设备

（1）电梯

电梯有消防电梯和一般电梯之分。消防电梯是指供消防人员灭火救人使用的专用电梯（消防电梯也可以与客梯兼用），一般电梯是人们代步的工具。发生火灾时，不论是消防电梯还是一般电梯，都要迫降到首层。消防电梯可由消防人员开启，到各层灭火救人；一般电梯迫降到首层后不能再用，要有防止被再次启动的措施。

（2）消防应急照明系统

1）应急照明灯：保证一定的照度要求，便于受困人员的疏散。应急照明灯是在特殊情况下起关键作用的灯具，通电瞬时发光。应急照明灯不能使用延时点燃的灯具且应该不受现场开关线控制。

2）安全出口指示灯：在安全出口门的上方，应设安全出口指示灯，指导受困人员找到出口。

3）疏散指示标志：疏散走道和其他主要疏散路线的地面或靠近地面的墙上应设置发光疏散指示标志，要求明亮醒目。在墙上安装的疏散指示标志离地面1 m以下，其间距不大于20 m。在地面安装的疏散指示标志，要求间距小，使匍匐前进的人员能清楚地辨认。疏散指示标志采用电致发光（蓄电式）和光致发光（蓄光式）都是被认可的。

蓄电式疏散指示标志有集中电源装置或灯具自带蓄电池。这些灯具在使用中要注意电工接线正确，对蓄电池要有24小时不间断供电。蓄光式要保证平时有一定的光照要求。蓄光式发光标志牌由一种稀土材料制成，目前技术水准下，在日光或日光灯类光源照射10 h以上的条件下，虽然可以维持数小时，但仅能持续几分钟较高的亮度。蓄光式发光标志牌由于本身表面亮度低，在照度大于1 lx的场所很难引起人的视觉注意，在有烟雾的情况下，远距离很难识别，近距离还依稀可辨，在人员匍匐前进时会起到指示作用，但必须连续设置该种标志牌，否则一旦出现断点就会使撤离人员迷失方向。

(3) 切断非消防电源

在扑救火灾过程中，很容易造成电线短路，人员触电。电线短路又有可能引起二次火灾。所以在火灾发生时对于非消防电源要及时切断。

1) 切断照明非消防电源，切断的原则是：若本层报警，只切断本层的非消防电源，以免造成慌乱。可以利用照明电源上的带分励脱扣的低压断路器完成切断电路。

2) 切断非消防动力电源的交流接触器供电回路。

(4) 释放门禁系统

安防系统中的门禁系统，在选择产品规格时就应该考虑到与消防系统的联动配合。一般采用断电释放方式，便于火灾时人员疏散。

作为智能楼宇管理员，除对上述消防火灾自动报警设备、联动装置、消防控制室等各种消防设施了解之外，还应该了解的有：本单位建筑工程的总平面布局和各座建筑的平面布置；建筑物的防火间距、消防道路、地下工程情况；建筑物的安全出口、疏散走道、楼梯、电梯的位置；建筑物内的防火防烟分区；防火门、窗、卷帘等相关建筑设施知识。这些知识对于防止火灾发生、防止火灾蔓延是不可缺少的，更是组织人员顺利逃生的必要保证。

能力要求

一、火灾报警事件的应急处理

在消防控制室内，应张贴《消防控制室火灾事故紧急处理程序》，消防值机人员应熟悉掌握处理程序。如图2—10所示为“火灾紧急处理程序”举例，各单位应结合本单位的管理要求，制定相应的处理程序。

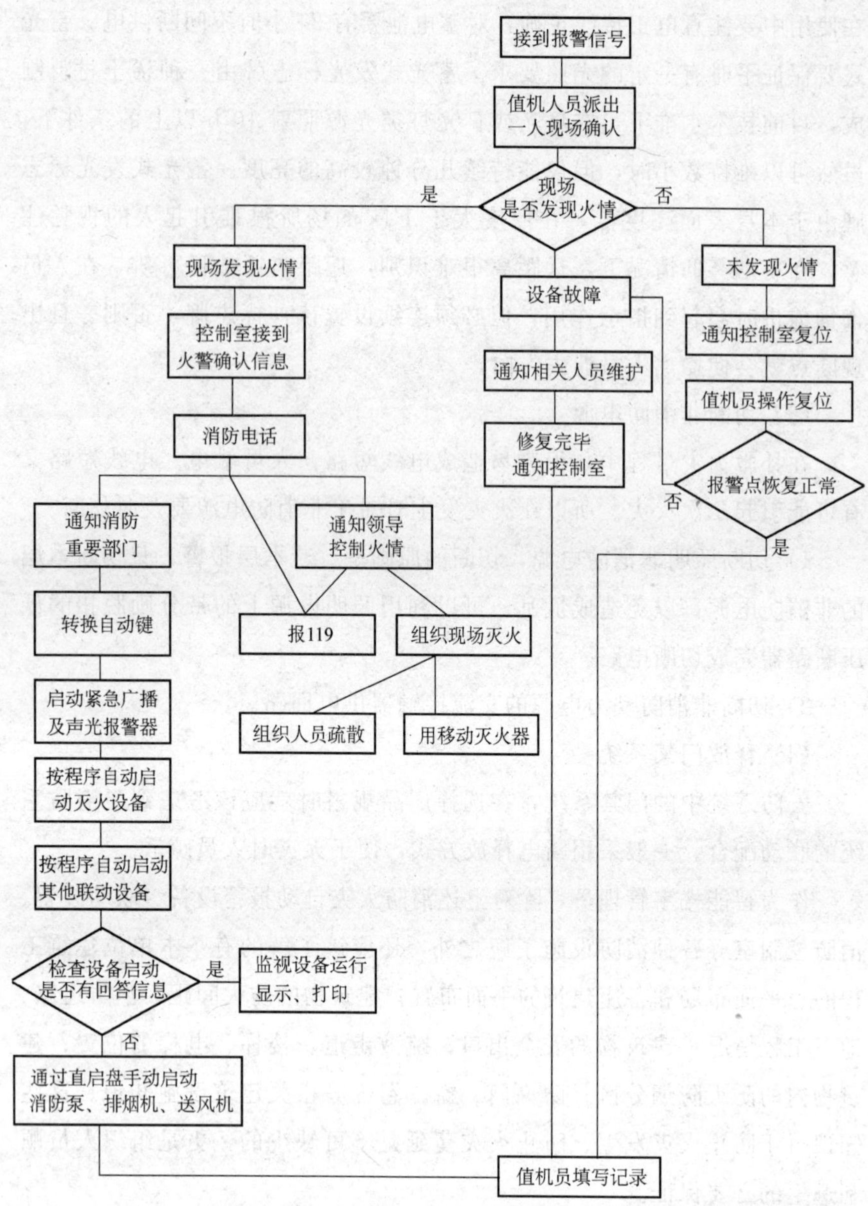

图 2—10　火灾紧急处理程序

1. 火灾报警的确认

确认火灾信号：在消防控制室内，接收到火灾报警信息后，控制室将出现火警报警的声、光信息，同时显示屏上显示报警时间、报警地点（探测区域）的记录。

若报警信息来自探测器报警或水流指示器报警，由于这些环节相对误报率较高，按目前各智能楼宇内的实际情况，将不会针对这些单一信号立刻直接进行消防操作。以免误报引起对正常生活和工作的干扰。一般可以从两方面来加以确认：

（1）程序设置中采用逻辑控制。在编程中，设置“与”门信号作为启动条件，如将两个探测器的信号进行“与”操作，或探测器报警、水流指示器报警及手报按钮的信号进行“与”操作，探测器与消火栓泵按启动钮的信号进行“与”操作等作为确认信号。

（2）进行人工确认，人工确认是最可靠的措施。在消防控制室值班员的两人中，一人坚守在消防控制室，另一人带着专用的消防对讲机，按显示屏上提供的报警地点实地确认。去实地确认的值班员要沉着镇定，把情况及时通知消防控制中心，不要延误时间；讲清着火位置，燃烧的是什么物质，火势大小，有无人员被困。控制中心值班人员接警后，了解到火灾发生的情况后，及时向有关部门报告；各相关单位，组织在场人员立即扑救火灾和疏散人员、物资；火警值班人员必须坚守岗位，保证通信联络畅通，并做好记录。

2. 启动应急广播及求救系统

控制中心值班的智能楼宇管理员接到报警后，应该操作消防报警设备动作。对于有完善的自动联动系统的楼宇设备，只需用确认键或手自动转换键加以确认，声光报警器发出报警和启动应急广播将自动进行。对于自动化程度差的系统，值班人员要立即对报警设备进行人工操作。

（1）声光报警器发出报警

火灾信息确认后，值班人员应立即打开相应防火分区的声光报警器。

（2）启动应急广播

火灾信息确认后，值班人员应切换相应防火分区的应急广播。

（3）消防电话求救

当火灾发生时，迅速用消防电话求救是智能楼宇管理员应及时进行的一项工作。向领导汇报的同时，消防值班人员可以用消防专用电话的群呼功能，通知各相关部门。

消防值班室应有直拨“119”的电话，及时通过电话向火警“119”台报警。

3. 组织人员疏散

发生火灾时，如有人员被火围困，要立即组织力量抢救，坚持救人第一的原则，救人胜于救物，救人是火场上的首要任务。这项工作由单位消防负责人组织完成，消防值班员应配合工作，给领导当好参谋。也可利用广播指挥疏散工作。

二、按程序启动消防联动设备

1. 启动水灭火系统

(1) 消火栓系统

消火栓泵可在多处启动，是消防系统各设备中可操作位置最多的设备。它能在消火栓各启动按钮、消防控制室、消防泵房内等多处启动。在消防控制室内，又有总线自动控制方式和手动直接控制。只要有一处操作，消火栓泵就会启动。在消火栓按钮上有发光二极管亮，说明消火栓泵已启动。消防队员可以接上消火栓水带，操作灭火。控制器上若看不到消火栓泵已启动的回答信号，可利用直启盘操作启动。

(2) 水喷淋系统

水喷淋系统是靠火灾时温度升高触发相应传感器，来自动启动喷水系统的。联动功能只是自动启动喷淋泵。控制器上若看不到喷淋泵已启动的回答信号，可利用直启盘操作启动。

2. 启动气体灭火系统

火灾要经人工确认后，气体灭火系统才延时启动，一般调整延时时间为 30 s，驱动气体，利用压力释放灭火剂。释放灭火剂的同时，放气灯点亮，并发出声光报警。在控制室内可以看到监视信号。

3. 防烟排烟设备的配合动作

(1) 有联动控制的系统，发出确认命令，按程序设定开启正压送风机及其相关层的送风口。如果用直启盘启动，要区分防火分区。控制器上若看不到排烟机已启动的回答信号，可利用直启盘操作启动。

(2) 有联动控制的系统，发出确认命令后，程序按设定开启排烟机及其相关层的排烟口。如果用直启盘启动，要区分防烟分区。控制器上若看不到排烟机已启动的回答信号，可利用直启盘操作启动。

4. 其他设备的配合动作

以下这些设备，不要求在控制器的直启盘上对它们的直接操作，一般只能靠联动功能完成。

(1) 对防火卷帘控制。当联动控制的系统发出确认命令时，防火卷帘按规定程序动作。

(2) 对防火门的控制。当火灾发生时常开的防火门应通过控制总线自动关闭，以免烟气扩散。

(3) 通风空调管道。当火灾发时，通风管道内的气体达到一定温度，系统会关闭相应的70℃防火阀，同时切断通风空调机。

(4) 切断非消防电源。联动切断本层非消防电源。

(5) 电梯迫降到首层。所有电梯迫降到建筑物首层。

(6) 启动消防应急照明系统。

观察在控制器上是否有上述动作发生的回答信号，如果确实没有设备已经动作的回答信号，说明某些系统有故障。有的厂家配有设备操作盘，可以通过主机单独启动；或根据火灾大小和本建筑的具体情况，用电话通知有关部门尽量采取补救措施。

第三章 通信网络系统的安装与维护

第一节 程控交换机的安装与数据制作

学习目标

通过学习，能够掌握程控交换设备安装的基本技能，掌握对用户外线进行连接和数据线制作及维护的基本方法。

相关知识

一、程控交换机的基本知识

1. 语音信号的数字化基础

由于大规模和超大规模集成电路的迅速发展以及计算机技术、数字信号处理技术的日益发展，电话通信技术在逐步向数字化方向发展。电话的数字化就是在电话传送时先把模拟的电话信号变换成数字信号，在接收时再把数字信号恢复成模拟信号。

2. 数字交换网络

数字交换网络一般由时间接线器（T）和空间接线器（S）组成，统称数字接线器，负责对数字信号直接进行交换。时间接线器负责实现时隙交换，空间接线器负责实现母线交换。数字接线器由动态随机存储器 RAM 组成。

3. 数字交换机的终端和接口

数字程控用户交换机一般具有模拟用户线接口、数字中继接口或模拟中继接口，模拟用户线接口 Z 是两线音频接口，它和模拟用户话机相接。数字中继接口 A 是 2.048 Mb/s 速率的 PCM 多路复用中继接口，它可以与数字交换局或数字传输设备相接。数字交换机终端是安装维护交换机运行的输入输出设备。

4. 呼叫处理的基本原理

（1）电话机原理

发话者拿起电话机对着传声器讲话时，声带的振动激励空气振动，形成声波。声波作用于传声器上，使之产生电流，称为话音电流。话音电流沿着线路传送到对方电话机的受话器内。受话器作用与传声器刚好相反，它把电流转化为声波，通过空气振动传至人的耳朵中。这样，就完成了最简单的通话过程。

（2）通信原理

典型的窄带语音信号是带宽为 300～4 000 Hz 的模拟信号。为了能够提高速度和传输质量，语音信号在发送端设备中需要经过抽样、量化和编码等处理，变成数字信号后，经过传输线路送到接收端设备。在接收端将收到的数字编码信号还原成模拟语音信号。

二、语音系统的组成

1. 程控数字用户交换机的典型配置及功能

（1）典型配置

程控数字用户交换机系统具有极强的组网功能，可提供各种接口的信令，具有灵活的分组编码方案，以及预选、直达、迂回路由和优选服务等级等功能。除了具有通常的多种模拟信号中继线外，还具有速率为 2.048 Mb/s 数字中继，可提供中国一号信令、CCITT No.07 信令、环路信令、ISDN 信令，能以 DOD+DID 方式接入公用电话网。

（2）系统功能

1）系统基本功能。程控数字用户交换机的基本功能就是，内线分机之间的拨打通话，外线与分机之间通话。根据内线分机不同的权限，拨打不同权限的电话。例如，有的内线分机只有内线权限，则不能拨打外线电话，有的内线分机有国际长途的权限，则该内线分机能拨打国际长途电话。

2）附加功能。用户可根据本智能建筑的具体情况和业务需求选择若干附加功能，包括：话务员工作站、语音邮递、酒店功能、自动呼叫分配功能、录音通知功能、传呼功能、ISDN 功能、电子信箱功能、多媒体通信功能、动态网络管理功能、数据通信功能、无线通信业务功能、分组交换功能、远程维护功能等。

2. 程控数字交换机的构成与原理

程控数字交换机系统是一种采用现代数字交换技术、计算机通信技术、信息电子技术、微电子技术等先进技术，进行系统综合集成的高度模块化结构的集散系统。

（1）程控交换机的基本构成

通常的电话网是以交换机为主体而构成的电路交换型信息网络，目前它所承载的业务虽以模拟电话与传真为主，但随着综合业务程控交换技术的发展，现今它已配置有各种接口，也可传送数字电话、计算机数据和图像等信息。

程控交换机实质上是通过计算机的“存储程序控制”来实现各种接口的电路持续、信息交换及其他的控制、维护、管理功能的。

程控交换机包括模拟用户线端口、数字用户线端口、模拟中继线、数字中继线及各种其他接口单元。

（2）交换网络

交换网络包括空分接续网络，时分（数字）接续网络和时分空分组合接续网络等形式。它们是程控交换机实现用户间或端口间信息交换的关键部位。

（3）控制系统

控制系统是程控交换机的核心，其主要任务是根据内外线用户的要求及组网与运行、维护、管理的要求，执行存储程序和各种命令，以控制相应的硬件，实现信息的交换和系统的维护管理功能。

（4）信令系统

在程控交换系统的各个部分间或用户与交换机、交换机与交换机间，需要传送各种专用的控制信号和信令，来保证交换机协调动作，完成用户呼叫、处理、连接、控制等功能。

(5) 其他附属设备

包括话务台、维护终端、计费与话务统计装置、专用设备及配线架、电源设备等。

三、地线理论

1. 供电系统的组成

(1) 直流电源要求

机房电源设备供给程控交换机的电压值为－48 V，允许变动范围为－57～－40 V；直流电源电压所含杂音电平指标应满足国家相关技术规范要求；直流电源应具有过压/过流保护及指示。

(2) 交流电源要求

三相电源：380×（1±10%）V，50×（1±5%）Hz，波形失真小于5%；单相电源：220×（1±10%）V，50×（1±5%）Hz，波形失真小于5%；备用发电机电压、频率要求同上，波形失真小于10%。

2. 接地系统的组成

(1) 机房地线的布置

机房地线布置要采用辐射式或平面式，并独立布放接地线。不能通过建筑钢筋连接形成电气通路或通过机架形成通路。

(2) 使用 UPS 要求

输入电压：220×（1±10%）V

输入频率：50×（1±5%）Hz

功率因子：大于 0.95

输出电压：220×（1±5%）V

输出频率：50～60 Hz

谐波失真：小于 5%

输出波形：正弦波

工作方式：在线式

动态反应时间：小于 2 ms

3. 地线连接方法

应做专用的人工接地体，设备的工作地、保护地、防雷地尽可能分别接地。接地电阻一般小于 3 Ω，万门以上程控交换机机房的接地电阻要求小于 1 Ω。

如果采用综合接地方式，接地电阻应小于 0.5 Ω。接地线的截面积应按承受的最大电流值来确定，必须采用铜制护套线，不能使用裸铜线。

能力要求

一、程控交换机的硬件安装

1. 按设计图样要求备齐电缆、器材

(1) 施工准备

1) 组织施工力量。安装工程一般以厂方技术人员为主，用户单位技术人员为辅；用户单位技术人员应经过厂方的预培训，掌握一定的施工、安装方法。

2) 备齐施工技术文件。机房设计书、施工详图应由用户委托设计单位提供；安装手册、程控交换机维护操作手册由厂方提供。

3) 准备缆线和器材。在施工前应备好所需的电缆、光缆，并准备必要的器材，如工具和仪表。工具、仪表由厂方提供清单；通用仪表由用户单位提供，专用仪表由厂方提供；仪表必须经过严格校验，证明合格后方能使用。

(2) 施工条件的检查

1) 机房建筑条件检查。按照程控交换机机房建筑要求，对机房的面积、高度、承重，以及门窗、墙面、沟槽布置等有关项目进行检查，如果有不符合要求的地方，建议用户进行工程改造，以免给程控交换机工程安装和日后运行维护工作留下隐患。

2) 环境条件检查。按照程控交换机机房设计要求检查以下项目：

①程控交换机机房的照明条件是否达到了设备维护的要求，日常照明、备用照明、事故照明三套照明系统是否齐备。

②给排水系统设计是否符合正常用水的要求，是否符合消防的要求。

③空调通风系统是否足以保证机房维持良好的温湿度条件。

④是否采取了有效的防静电措施。

⑤是否采取了有效的防干扰措施。

⑥机房是否配备了足够的消防设备。

⑦机房设计是否达到了规定的抗震等级；机房地面是否足够坚固，能否保证机柜紧固安装。

⑧机房是否有安全的防雷措施。

3）机房供电条件检查。按照程控交换机机房的设计要求检查以下项目：

①交流电供电设施是否齐全，功率能否满足要求；除了市电引入线外，一般应有柴油机备用电源。

②直流配电设备是否满足程控交换机要求，供电电压是否稳定，输出值是否在规定范围之内。

4）地线条件检查。接地的良好是程控交换机工作稳定的基础，是程控交换机防止雷击，抵抗干扰的首要保证条件。施工时应认真检查安装现场的接地条件，根据实际情况把接地工作做好。

2. 检查配线架、走线槽是否符合设计要求

（1）总配线架及各种配线架

总配线架底座位置应与成端电缆上线槽或上线孔洞相对应，对于非通信专用机房楼，总配线架位置应与设计图样相符；跳线环安装位置应平直整齐；总配线架滑梯安装应牢固可靠，滑动平稳，滑梯轨道拼接平正，手闸灵敏；总配线架及各种配线架（数字配线架、中间配线架等）各直列上下两端垂直误差应不大于 3 mm，底座水平误差不大于 2 mm；配线架接线板安装位置应符合施工图设计，各种标志完整齐全；配线架必须按施工图要求进行抗震加固；总配线架直列报警装置及总报警装置设备安装齐全。

（2）电缆走道及槽道

电缆走道及槽道的安装位置应符合施工图设计的规定，左右偏差不得超过 50 mm；电缆走道穿过楼板孔或墙洞的地方，应加装子口保护；安装沿墙单边或双边电缆走道时，在墙上埋设的支持物应牢固可靠，沿水平方向的间隔距离均匀。

3. 程控交换机机柜的固定

程控交换机机柜由机架、门、顶盖、支脚、电路板及转接板等组成。

程控交换机的安装要按照一定的顺序进行，推荐的安装步骤为安装支脚、安装机架、安装单板、连接电源线、连接 HW/NOD 总线、安装用户电缆、安装中继电缆、电缆布放与绑扎、粘贴电缆工程标签、安装

侧门和安装前后门。

4. 缆线的安装与敷设

（1）布放电缆

布放电缆的路由、截面和位置应符合施工图的规定，电缆排列必须整齐，外皮无损伤；交流、直流电源的馈电电缆，必须分开布放；电源电缆、信号电缆、用户电缆与中继电缆应分离布放。

（2）插接架间电缆及布线

架间电缆的插接、电缆的走向及路由均应符合厂家有关规定，架间电缆及布线的两端必须有明显标志，没有错接、漏接，插接部位紧密牢靠，接触良好。

（3）敷设电源线

机房直流电源线的安装路由、路数及布放位置应符合施工图的规定。电源线的规格、熔丝的容量均应符合设计要求。

（4）电缆芯线安装

对于绕接电缆芯线，绕接应紧密，不得叠绕。

（5）敷设光纤

光纤布放时不能把光纤折成直角，需拐弯时，最好弯成圆弧，圆弧直径不小于 80 mm，成对的光纤理顺绑扎。

5. 连接传输设备、交换设备的接地线缆

（1）电源线和地线的安装

电源线分为两种：－48 V 线（蓝色）；地线（黑色或黄色）。地线之所以分为两种颜色，主要考虑程控交换机可能要求保护地和工作地分开接地，黑色线为工作地，黄色线为保护地。

1）电源线的安装方法及电源线与机柜的连接

①将蓝色线股接至机柜上标有“－48 V”的接线柱上，将黑色线股接至机柜上标有“GND”的接线柱上。检查机柜上“＋5 V GND”与“GND”两个接线柱是否已有黑色短电缆连接。

②把机柜的“－48 V”接线柱用蓝色电缆级连在一起，把机柜的“GND”接线柱用黑色电缆级连在一起，拧紧固定螺母。

2）机柜供电电缆与母板的连接

一次电源由程控交换机的接线柱引入，经过配电盒分配到机柜两侧的汇流条上，再由供电电缆从汇流条上引入母板。

3）接地

程控交换机地线的良好设计是程控交换机工作稳定、可靠的基础，是程控交换机防雷击、抗干扰的首要保障。程控交换机机房的防雷接地，遵照相关专业的规定设计。

（2）直流电源及地线连接方法

程控交换机直流电源及地线连接要求：

1）－48 V 端子的连接。机架的风机盒上有两个－48 V 接线端子：－48V1、－48V2，通常只用－48V1 即可，－48V2 可留作备用。

2）GND 的连接。程控交换机机架上提供了两个接地螺柱 GND 和 PGND，GND 为程控交换机的工作地线。

3）后台终端计算机机壳的接地。后台终端计算机机壳要求与程控交换机工作地（GND）相连。

（3）配线架（MDF）接地要求

1）配线架（MDF）的接地。程控交换机用户需为配线架提供一个单独的地线，保安单元的地线即防雷接地（LGND）接至大地。

2）外线用户电缆屏蔽层的接地。外线用户电缆屏蔽层在配线架（MDF）处应与防雷接地（LGND）相连。

3）配线架的保护单元。配线架上的保安单元要求有过压、过流保护功能。程控交换机维护人员需定期检查，及时更换失效的保安单元。

（4）交流配电系统接地要求

1）交流配电系统接地。交流配电系统要求提供独立的交流安全接地，并将交流电网提供的保护地线断开。若不能提供独立的交流安全接地时，可与配线架防雷接地共用。

2）加装电源防雷装置。采用电源防雷装置可以防止来自交流电网的干扰信号，保证交流配电系统正常工作。

（5）接地处理

1）接地的基本要求。接地的基本要求是接地电阻要小。

2）影响接地电阻的因素。影响接地电阻大小的因素为接地桩的电阻，连接引线，接地桩和土壤间的接触电阻及土壤的类型。

3）连接线的要求。从接地桩到程控交换机设备上接地螺栓的连接电缆应采用铜芯，并且截面积不小于 50 mm^2。

6. 电路板的硬件工作调整（以北电网络程控交换机 Meridian1 为例）

数字中继采用 120 Ω 对绞电缆时，需要做如下工作：

设置中继板上的开关（见图 3—1）。

CC02DTC 板上共有 5 个开关：S_3，S_{12}，S_{11}，S_{22}，S_{21}。（注：S_{12}、S_{11}对应中继板上的第一个中继系统）。

S_{22}

1	2	3	4	5	6	7	8
ON	OFF	OFF	OFF	OFF	ON	ON	OFF

S_{21}

1	2	3	4	5	6	7	8
OFF	OFF	OFF	OFF	OFF	OFF	OFF	OFF

CC03DTC 板板上有 S_1，S_2，S_3 三个开关：

S_1

1	2	3	4
OFF	OFF	ON	ON

S_2

1	2	3	4
OFF	OFF	ON	ON

S_3: 中继电缆屏蔽层在板上接地：

1、2ON; 3、4OFF。在板上不接地

1、2OFF; 3、4ON。

图 3—1　开关设置

7. 程控交换机的加电顺序

初次加电检查及顺序：

（1）机柜加电

1）测量线路连接。断开 P 电源开关。用万用表电接在机架汇流条上测量电源（－48 V）与地（GND，GNDP，－48 V GND）之间是否短路，并确认 GND，GNDP 及－48 V GND 三者之间已互相短接。

2）测量电压等级。断开电源的开关，在空载的情况下，用万用表检查电源输入端，测量一次电源的电压是否在允许的电压范围内(－57～－40 V)。

3）确认电源和接地连接。确认机架各机框的 6 芯电源插座已插到位，并确认同一机架各机框之间可靠共地。

4）确认电源的到位。在确认机架上所有的单板（包括电源板）均未插进背板的插槽后，接通电源的开关，在空载的情况下，用万用表在各机框检查有无电源（－48 V），电压值是否在允许的电压范围内（－57～－40 V），同时查看电源面板上的指示灯是否正常。

（2）单板加电

单板通电后的工作状态可由单板面板上的状态指示灯判断，检查之前，应确认机架电缆均已连接正确。

1）单板插接及供电。断开电源开关，确认各电源板开关处于断开位置，将所有电源板插入相应的插槽，确认机架上除电源板外的其他单板均已抽出脱离插槽，接通电源开关，依次接通各电源板开关，观察电源板上的指示灯是否正常。

2）8K 交换网层单板加电。

3）中继层机框单板加电。

4）控制层机框单板加电。

5）用户层机框单板加电。

6）4C 网层机框单板加电。

所有单板加电检查完成后，如发现故障单板，及时更换好的单板。

二、用户外线的连接

1. 程控交换机用户电缆与用户外线电缆的连接

(1) 用户电缆的种类

由于品牌的不同，用户电缆芯数也不同，但大部分为 16 芯。

(2) 用户电缆的安装

主板背面的 16 对插槽，分别对应 16 块用户板。上面插槽的顶端位置和下面插槽的底端位置用于插接用户电缆插头。

(3) 绑扎工艺

机架背面的用户电缆绑扎要求做到整齐、清晰及美观。一般每半机框线作为一组，并用线扣扎成方形，再由机架两侧的走线架上走线或下走线。

架内布线时，插头距上线处较远的电缆，应排列于线把外侧，插头距上线处较近的电缆，应排列于线把内侧，架内布放电缆不得交叉，应层次分明，走线平滑。

(4) 用户电缆与配线架的连接

端子排上线时，剥去电缆外皮后应将芯线脱出，用弹性绝缘塑胶带缠紧，缠绕时一定要将胶带拉紧后缠绕，芯线也应绑扎成束。

2. 交换设备侧与用户侧的线路连接

(1) 进户管线的方式

进户管线有两种方式，地下进户和外墙进户。

1）地下进户方式。地下进户方式是为了市政管网美观要求而将管线转入地下。地下进户管线又分为两种敷设形式。第一种是建筑物设有地下层，地下进户管直接进入地下层，采用的是直进户管；第二种是建筑物没有地下层，地下进户管只能直接引入设在底层的配线设备间或分线箱，这时采/用的进户管为弯管。

2）外墙进户方式。外墙进户方式是在建筑物第二层预埋进户管至配线设备间或配线箱内，进户管应呈内高外低倾斜状，并做防水弯头，以防雨水进入管中。

（2）交接间

电话交接间就是设置电缆交接设备的技术性房间，每幢住宅建筑内必须设置一专用电话交接间。电话交接间一般设在建筑物底层，靠近竖向电缆管路的上升点处。

3. 判断用户外线故障的故障点

如果出现电话交换机不能够拨打外线，首先在配线架处，将用户外线与电话交换机线缆断开，用测试电话从配线架的外线侧测试是否能拨打电话。如果能拨打电话则说明电话交换机出现问题，查找电话交换机的故障点。如果不能拨打电话，则证明配线架处线缆有问题，则往配线架的上一级配线架查找，如果不能拨打电话，证明此配线架到上一级配线架线路出现故障，从配线架处更换线缆即可。如果从电话交换机侧配线架处仍然不能正常拨打电话，则应通知电信公司查找问题。

三、程控交换系统的数据制作及数据维护（以北电网络程控交换机 Meridian1 为例）

1. 用户数据管理

（1）LD2 话务统计

内容：

设置话务量报告时间表；

设置报告种类；

设置时间和日期；

设置每天时间调整；

设置系统 ID。

1）打印当前的时间和日期

TTAD　DD　MM　YY　HH　MM　SS
　　　日　月　年　时　分　秒

2）设置时间和日期

STAD　DD　MM　YY　HH　MM　SS
　　　日　月　年　时　分　秒

3）正确设置时间参数

为了补偿系统时钟的快慢，在午夜例行检测过程中可以调整时间，打印正确的时间调整参数

TDTA　X　Y

X=0　作负增量（调慢）

X=1　作正增量（调快）

Y=0−60（以100毫秒为增量的秒数调整，最多可调快或调慢6秒）

4）重新设置时间调整参数

SDTA　X　Y

（2）500/2500型话机数据管理

1）新定义500/2500型分机数据

提示	响应	注　释
REQ	NEW（x）	新定义x部话机数据（x=1～255）
TYPE	500	500/2500型话机
TN	1scu	端口号
	Cu	用于Option 11系列
CDEN	SD，DD，4D	卡板密度
DES	dddddd	六位字符以内的电话分机名称
CUST	xx	客户号
DIG	0～2045 0～99	内部对讲组组号和成员号 内部对讲组分机只能在自己的对讲组内呼叫，不能分配它们DN
DN	x…x	电话号码 规定为DIG时，不提示
MARP	（NO），YES	是否为同号主端口
CPND	NEW/CHG/OUT	增加/修改/取消主叫方姓名显示功能
<cr>		无呼叫方姓名显示功能
AST	（NO），YES	有无相关话机分配
HUNT	x…x	连选号

续表

提示	响应	注　释
	x…x	取消连选号
TGAR	0～31	组号（使用中继线时）使用限制
LDN	（NO）	分机无部门号
	0～3	与分机相关的部门号
	0～5	与分机相关的部门号
NCOS	0～99	网络服务等级
RNPG	1～4095	呼叫代答组组号
	0	无呼叫代答组组号
XLST	0～254	与此分机相联系的预翻译组
SCPW	xxxx	分机控制密码，用于电子锁 在 LD15 中 SCPL 项规定分机控制密码的位数，若 SCPL＝0，则提示不会出现
GLS		分机服务等级，缺省值在括号中表明 请输入以下所需要的每一个非缺省值
	（UNR）	（不限制）
	TLD	长途限制
	SRE	半限制
	CTD	有条件的长途限制
	CUN	有条件的不限制
	FR1	一级全限制
	FR2	二级全限制
	FRE	全限制
	（AGTD），AGTA	（禁止）允许 500/2500 型话机作 ACD 话务员机
	（C6D），C6A	（禁止）允许六方会议，若定义 C6A，须先定义允许转接 XFA
	（CCSD），CCSA	（禁止）允许控制服务等级 电子锁功能要求 CCSA
	（CFTD），CFTA	（禁止）允许按来话类别做不同的转移
	（DTN），DIP，MNL	（双音多频），拨号脉冲，人工服务 对于 RLS 18 及以前的版本，缺省值为 DIP
	（FND），FNA	（禁止）允许无应答转移
	（HTD），HTA	（禁止）允许连选
	（ICDD），ICDA	（禁止）允许内部呼叫详细记录
	（LND），LNA	（禁止）允许最后号码重拨，在 LD15 中必须定义 OPT＝LNR
	（MCTD），MCTA	（禁止）允许恶意呼叫追踪
	（MWD），MWA	（禁止）允许留言等待
	（NAMA），NAMD	（允许）禁止姓名显示
	（OVDD）OVDA	（禁止）允许强插，需要 FFC 139 软件包
	PUD，（PUA）	禁止（允许）呼叫代答

续表

提示	响应	注　释
	(WTA)，WTD	(允许) 禁止警告音
	(XFD)，XFA，XFR	(禁止) 允许、限制呼叫转移
	(XRD)，XRA	(禁止) 允许回振铃
	CFXA	允许转移到外线
	(DPUD)，DPUA	(禁止) 允许代答分机
	(GPUD)，GPUA	(禁止) 允许组代答
RCO	0～2	对无应答转移的振铃周期选择 (CLS=FNA 时提示)
LNRS	4～32	最后号码重拨位数，若 CLS=LNA，则提示
SCI	1～7	分机分类级别
	0	分机无分类级别
		分机分类级别 1～7 必须按 LD15 中 ICI=CA1～CA7 来定义
FTR	ACD xxx yyy	ACD DN 号和 ACD 座席号
	ADL nn x…x	自动拨号，必须有 FFC139 软件包
		nn=位数，最长为 31 位
		x…x=自动拨号 DN
GFW	nn	呼叫转移
		nn=呼叫转移最大号长度，最长位 30 位
FDN	x…x	灵活无应答转移的分机号
SCC	0～8190	缩位拨号控制表号
SCU	0～8190	缩位拨号使用表号
SSU	0～4095	系统位拨号使用表号

2) 修改 500/2500 型分机数据

提示	响应	注　释
REQ	CHG	修改 500/2500 型话机数据
TYPE	500	500/2500 型话机数据
TN	1scu	端口号
	cu	用于 Option11 系列
ECHG	(NO)，YES	是否要做单项修改，此提示允许修改本程序中的任何提示项
ITEM	aaa yyy	aaa 为修改项目，yyy 为修改内容
<cr>		结束修改

3）拷贝 500/2500 型分机数据

提示	响应	注释
REQ	CPY n	拷贝分机数据（n=1～32）
		对 Option 11 模式话机无效
TYPE	500	500/2500 型话机数据
CFTN	1scu	被拷贝数据的端口号
	Cu	用于 Option 11 系列
SFMT		对拷贝方式进行选择
	TNDN	人工选择 TN 和 DN，TN 和 DN 提示 n 次
		TN 1scu 新生成话机的 TN 号
		DN xxxx 新生成话机的 DN 号
	TN	人工选择 TN，DN 连续生成，TN 提示 n 次
		DN xxxx 新生成第一部话机的 DN 号
	DN	人工选择 DN，TN 连续生成，TN 提示 n 次
		TN 1scu 新生成第一部话机的 TN 号
		DN xxxx 新生成话机的 DN 号
	AUTO	TN 和 DN 均连续生成，只需要提供新生成第一部话机的 TN 和 DN
		TN 1scu 新生成第一部话机的 TN 号
		DN xxxx 新生成第一部话机的 DN 号

4）搬迁 500/2500 型话机数据

提示	响应	注释
REQ	MOV	搬迁 500/2500 型话机数据
TYPE	500	500/2500 型话机
TN	1scu	端口号
	Cu	用于 Option 11 系列
TOTN	1scu	搬迁到某个端口号
	Cu	用于 Option 11 系列

5）取消 500/2500 型话机数据

提示	响应	注释
REQ	OUT(x)	取消 x 部 500/2500 型话机数据（x=1～255）
TYPE	500	500/2500 型话机
TN	1scu	端口号
	Cu	用于 Option 11 系列

6）退出本程序

提示	响应	注　释
REQ	END	退出本程序

2. 单系统数据的修改和制作

LD15

LD15 客户数据块

此程序用于定义或修改客户数据块

在装入此程序后，维护终端上会有信息输出，显示出可使用的系统内存容量和磁盘记录数。

磁盘记录数：

CDB000

MEM　AVAIL（U/P）：xxxxxxxx　USED：xxxxxxxx　TOT：xxxxxxxxx

DISK　RECS AVAIL：xxx

数据的管理：

提示	响应	注　释
REQ	NEW	新定义客户数据
	CHG	修改客户数据
TYPE	CDB	客户数据块
CUST	0～99	客户号
AML－DATA	（NO），YES	是否修改与应用模块有关的数据
ANI－DATA	（NO），YES	是否修改与自动号码识别有关的数据
ATT－DATA	（NO），YES	是否修改与话务台有关的数据
AML－DATA	（NO），YES	是否修改与自动叫醒有关的数据
CAS－DATA	（NO），YES	是否修改与集中话务台有关的数据
CCS－DATA	（NO），YES	是否修改控制服务等级
CDR－DATA	（NO），YES	是否修改与 CDR 有关的数据
FCR－DATA	（NO），YES	是否修改与新灵活拨号限制功能有关的数据
FFC－DATA	（NO），YES	是否修改与灵活功能码有关的数据
FTR－DATA	（NO），YES	是否修改功能选择项
INS－DATA	（NO），YES	是否修改有关综合信息服务的数据
INT－DATA	（NO），YES	是否修改与截接处理有关的数据
LDA－DATA	（NO），YES	是否修改与部门登记号有关的数据
NET－DATA	（NO），YES	是否修改有关 ISDN 和 ESN 数据
NIT－DATA	（NO），YES	是否修改与夜服有关的数据

续表

提示	响应	注　释
PWD－DATA	(NO)，YES	是否修改与本客户相关的密码
RDR－DATA	(NO)，YES	是否修改与转移有关的数据
ROA－DATA	(NO)，YES	是否修改与话务台溢出有关的数据
TIM－DATA	(NO)，YES	是否修改时间项

ATT－DATA：

（当客户数据中 TYPE 定义为 ATT－DATA，或当 TYPE 定义为 CDB 而 ATT－DATA 项定义为 YES 时，出现以下各提示项）

提示	响应	注　释
ATDN	0～xxxx	话务台访问号
NCOS	0～99	话务台的网络服务等级
ATAC	xxxx	话务台管理访问码
PWD2	x～x	二级管理密码
CWCL	x y	来话等待数超过 y 时，灯闪，直到来话等待数少于 x 时灯才灭（x，y=0～511 且 x<y；x，y=0 表示不启用此功能）
CWTM	x y	来话等待时间超过 y 时，灯闪，直到队列中的来话等待时间少于 x 时灯才灭（x，y=0～511 且 x<y；x，y=0 表示不启用此功能）
AQTT	1～255	当话务员忙时，来话等待超出此时间转到溢出号（s）
AOKN	xxxx	话务台溢出号码
ICI		定义话务台来话识别键
	0～19 CAY	ICI 键号，某个分类级别的分机来话 y=1～7
	0～19 CFN	ICI 键号，无应答转移的来话
	0～19 IAT	ICI 键号，话务员间的呼叫
	0～19 INT	ICI 键号，截接来的呼叫
	0～19 DLO	ICI 键号，内线分机呼叫话务台
	0～19 LDY	ICI 键号，拨某个部门登记号码的来话 y=0～5
	0～19 Ryyy Ryyy	ICI 键号，一个或多个路由的来话

AWU－DATA：

（当客户数据中 TYPE 定义为 AWU－DATA，或当 TYPE 定义为 CDB 而 ATT－DATA 项定义为 YES 时，出现以下各提示项）

提示	响应	注　释
AWU	(NO), YES	是否启用自动叫醒功能
ATRC	(NO), YES	多次（由 TAWU 项确定）叫醒失败，是否重叫话务员
RANF	0～511	音乐叫醒录音路由号
RANI	0～511	第一种叫醒录音路由号
RAN2	0～511	第二种叫醒录音路由号
R2BN	0～23 0～56	RAN2 的开始日期、小时、分钟
R2EN	0～23 0～59	RAN2 的结束日期、小时、分钟
NRWU	2～5	在重叫话务员之前，每次叫醒的振铃次数
TAWU	1～3	未应答的叫醒呼叫的试呼次数（间隔 5 分钟）

CCS－DATA：

（当客户数据中 TYPE 定义为 CCS－DATA，或当 TYPE 定义为 CDB 而 CCS－DATA 定义为 YES 时，出现以下各提示项）

提示	响应	注　释
CCRS		受控的服务等级
	(UNR)	（不受限制）
	TLD	长途限制
	SRE	半限制
	CTD	有条件的长途限制
	CUN	有条件的长途不受限制
	FRE	全限制
	FR1	一级全限制
	FR2	二级全限制
ECC1	xxx	增强型受控的服务等级 1
ECC2	xxx	增强型受控的服务等级 2
CNCS	0～99	电子锁的网络服务等级
PELK	(NO), YES	是否为专用外线电子锁
DLDN	(NO), YES	客户有（无）部门登记号
LDN0	xxxx	0 部门的登记号码
LDA0	1～63	0 部门内的话务台编号
LDN1	xxxx	1 部门的登记号码
LDA1	1～63	1 部门内的话务台编号
LDN2	xxxx	2 部门的登记号码
LDA2	1～63	2 部门内的话务台编号

续表

提示	响应	注　释
LDN3	xxxx	3 部门的登记号码
LDA3	1～63	3 部门内的话务台编号
LDN4	xxxx	4 部门的登记号码
LDA4	1～63	4 部门内的话务台编号
LDN5	xxxx	5 部门的登记号码
LDA5	1～63	5 部门内的话务台编号
ICI		定义话务台来话识别键
	0～19 CAY	ICI 键号，某个分类级别的分机来话，y=1～7
	0～19CFN	ICI 键号，无应答转移的来话
	0～19IAT	ICI 键号，话务员间的呼叫
	0～19INT	ICI 键号，截接来的呼叫
	0～19DLO	ICI 键号，内线分机呼叫话务台
	0～19LDY	ICI 键号，拨某个部门登记号码的来话，y=0～5
	0～19Ryyy Ryyy	ICI 键号，一个或多个路由的来话

NIT－DATA：

（当客户数据中 TYPE 定义为 NIT－DATA，或当 TYPE 定义为 CDB 而 NIT－DATA 项定义为 YES 时，出现以下各提示项）

提示	响应	注　释
NIT1	xxxx	第一个夜服号
TIM1	hh mm	第一个夜服号开始工作的时间
NIT2	xxxx	第二个夜服号
TIM2	hh mm	第二个夜服号开始工作的时间
NIT3	xxxx	第三个夜服号
TIM3	hh mm	第三个夜服号开始工作的时间
NIT4	xxxx	第四个夜服号
TIM4	hh mm	第四个夜服号开始工作时间

PWD－DATA：

（当客户数据中 TYPE 定义为 PWD－DATA，或当 TYPE 定义为 CDB 而 PWD－DATA 项定义为 YES 时，出现以下各提示项）

提示	响应	注　释
SPWD	xxxx	安全码，用于授权码管理和 DISA
PWD2	xxxx	二级管理密码
ATAC	xxxx	话务台管理访问码
PWD2	xxxx	二级管理密码

3. 程控交换系统的系统数据和数据库文件的备份

LD 43

EDD

4. 计费数据的管理和备份

LD 16

LD 16 路由数据块

提示	响应	注　释
REQ	NEW	新定义路由数据
	CHG	修改路由数据
	OUT	删除路由数据
TYPE	RDB	退出本程序
CUST	xx	客户号
ROUT	0～511	路由号
TKTP		中继线种类
	AWR	自动叫醒录音/音乐中继线
	COT	市话中继线
	DID	直播中继线
	MUS	音乐中继线
	PAG	广播中继线
	RAN	录音通知中继线
	TIE	联机中继线
PRIV	(NO), YES	是否为专用外线路由，REQ＝NEW 和 TKTP＝COT 时提示
DTRK	(NO), YES	是否为数字中继路由
DGTP		数字中继类型
	BRI	基本速率接口
	DTI2	2.0 Mb/s DTI
	PRI2	ISDN（30B＋D）
DSEL		数据选择
	(VOD)	话音或数据均传输的路由
	DTA	只传数据的路由

续表

提示	响应	注　释
	VCE	只传话音的路由
PTYP		对方的接口种类
	(ATT), AOT, AST	模拟的 TIE 中继线
	(DTT), DCT, DST	数字的 TIE 中继线
	(ACO), ATO	模拟的 CO 中继线
	(DCO), DTO	数字的 CO 中继线
AUTO	(NO), YES	是（否）为自动接续
RTYP		录音播送器型号
	CAP	代码电话
	AUD	音频计时式电气 212
	CKZ	电气 201
REP	1～15	录音通知的重复次数
STRT	IMM	将呼叫立即连接到录音
	DDL	延迟呼叫连接，直到录音开始
ICOG	IAO	双向中继线
	ICT	入中继
	OGT	出中继
SRCH		中继线的连选方式，不适于入中继
	(LIN)	线性连选，从最大号码中继线开始
	RRB	循环连选，从已占用的下一个较小号码中继线开始
STEP	0～511	当此路由的中继线全忙时，可连选至哪一路由的中继线（指出中继）
ACOD	xxxx	中继线路由访问号
TARG	1～31	中继线使用限制组
IDC	(NO), YES	是（否）有入局数据转换表，在 LD 49 中定义入局数据转换表
DCNO	0～254	白天用入局数据转换表表号
NDNO	0～254	夜间用入局数据转换表表号，当 REQ＝NEW 时，默认值为 DCNO
SIGO		信令安排
	(STD)	标准信令安排
	ESN2	支持 NCOS，TCOS 和 CCBQ 呼叫
	ETN	TIE 信令网
	ESN3	支持网络呼叫转接，卫星链路控制和全部 ESN2 呼叫类型，但不支持 DTI 呼叫

续表

提示	响应	注　释
MFC		多频互控或 MFC 信令
	(NO)	非 MFC 信令
	YES	多频互控或 MFC 信令
MFCI	1～127	入局 MFC 表号，当 MFC＝YES 时提示
	0	取消入局 MFC 表
MFCO	1～127	出局 MFC 表号
	0	取消出局 MFC 表

第二节　有线电视用户分配网的安装与维护

学习目标

通过学习，能够掌握用户分配网的线路和设备安装的基本技能，掌握对用户分配网维护的基本方法。

相关知识

一、有线电视基础知识

1. 有线电视网络概述

(1) 有线电视网络的基本特点

有线电视网络在三大信息网络——电信网、有线电视网、计算机网当中，越来越得到广大用户的重视和青睐，有线电视网具有如下特点：

1）宽带。有线电视网以同轴电缆作为用户接入传输介质，具有宽带的特点。目前我国有线电视网的入户干线频率大多数在 550 MHz 以上，新建系统大多在 750 MHz 以上，如果一路模拟电视信号占用 8 MHz 带宽（PAL 制式），则 550 MHz 系统就可传送 59 套节目，这就为巨大的信息流入户提供了条件，为系统的多功能开发提供了通道。

2）家庭覆盖率高。

3）收费低廉。中国有线电视实行的是低收费政策，有线电视的初装费在200～400元之间，每月的收视费也不高，因而，对中国的老百姓而言，只要买得起电视机，就看得起有线电视。

因此有线电视网进军电信业有更广阔的发展前景。

(2) 有线电视系统构成

1) 前端系统。前端系统包括信号源部分，信号处理部分和信号放大合成输出部分。信号源部分包括接收天线、天线放大器、变频器，自办节目用的放像机、影视转换机等；信号处理部分包括频道变换器、频道处理器和调制器等；信号放大合成输出部分包括信号放大器、混合器、分配器以及集中供电电源等。

2) 传输系统。传输系统由同轴电缆、光缆以及它们之间的组合部分和它们相应的硬件设备组成。

3) 分配系统。分配系统包括延长放大器、用户放大器和相应的无源器件，如分配器、分支器和用户终端等组成。

有线广播电视网是指从有线电视台（站）将图像、声音信号以有线传输方式送至用户的网络系统。

(3) 有线电视网络的优点

1) 有线电视网络能较好地提高传输节目质量。有线电视网络是由光缆、电缆将电视、广播、数据等信息送入用户，采用的是有线传输方式。与传统的无线传输方式相比，不受地形的制约和高层建筑物遮挡的影响，避免了空间电波的/干扰，因此能够比较有效地克服电视图像的重影、干扰等现象。从而保证了用户能够收视、收听到高质量的电视和广播节目。

2) 有线电视网络能使频谱资源得以充分利用。频谱资源是有限的，对于无线传播的电磁波频段有着严格的划分，为了避免当地电视台发射信号的相互干扰，采用隔频发射方式，VHF频段要隔一个频道，UHF频段要隔六个频道。这样的安排方式不能将频率资源充分利用，而有线广播电视网络采用有线传输，其信号不会对空间电波形成干扰；采用邻频传输 1，从而使频谱资源得到充分利用，发送的频道数量也相应增多。

3) 有线电视网络能够提供交互式的双向服务。有线广播电视频谱扩展后，可以划出一些频段作为上行传输专用频段，这样就可以开展双向服务，扩展单一下行的传输方式。例如：电视会议、可视电话、视频点播等服务功能。

注：1. 邻频传输："邻频"是针对隔频设置而言的，是相邻频道设置的简称。我国的模拟电视频道间隔定为8 MHz，只要其图像载波频率相隔8 MHz，即为该频道的"相邻频道"。

(4) 有线电视传输网构成

有线电视传输网通常分为干线传输网、支干线网、用户分配网三大部分。

1) 干线传输网。有线电视的干线传输有同轴电缆、光缆传输方式。同轴电缆是最早发展起来的，它是用粗线、衰减小的同轴电缆做干线来传输信号。由于系统越来越大，传输距离越来越长，结果造成信号衰减严重，因此每到一定的长度必须要插入一级干线放大器，使衰减的信号得以放大，提高其电平。一般只能用于传输距离为几公里的有线电视系统。

光缆干线衰减小、频道容量大、传输距离长，现已成为有线电视长距离干线传输的主流。现在模拟光纤多路电视传输系统可实现 20 km 无中继，这可以满足一般城市的需要。一根光纤可传 40 路以上的电视信号。因不需中继，没有噪声叠加，而且不受外界电磁干扰，所以传输信号质量高。光缆干线网在结构上可采用星型和树型两种形式。光缆干线网的主要缺点是建网造价高、建设难度大，周期较长。但它适用于长距离、大系统的干线传输，是城市有线电视发展的主流方向。

2) 支干线网。将主干线信号经过处理接收或放大，用星型分布送入各用户分配网。因各地区经济发展不同，有的用电缆、有的用光缆。其传输方式特点与主干光缆、电缆原理相同。

3) 用户分配网。将光缆信号经光接收机处理变为电信号，由电缆经用户放大器、分支器、分配器将信号传送到各用户终端。用户分配网一般用直径小的电缆，这种电缆的特点是衰减大、传输距离短。

有线电视网从最初的全同轴电缆网络发展到今天的光纤、同轴电缆混合网络，以其特有的功能支持多种业务，如模拟节目、数字节目、音频广播、数据业务、图文电视、网内通信等业务。有线电视网已成为目前性能价格比比较高的宽带综合业务接入网。

2. 有线电视节目频道设置

有线广播电视使用同轴电缆和光缆做传输介质。目前，有线电视使用 5～1 000 MHz 频段，5～65 MHz 作为上行通道，80～1 000 MHz 作为下行通道，65～80 MHz 是过渡段（见图 3—2 和表 3—1）。有上下通道的电视传输、数据交换和通信功能的双向传输系统，简称双向系统。

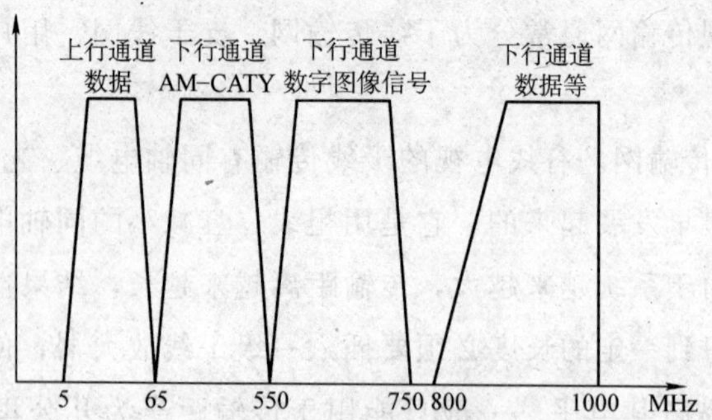

图 3—2 宽带接入网频谱分配

表 3—1 我国有线电视频道表 MHz

频段	频道	图像载频	伴音载频	频带	中心频率
VⅠ	DS－1	49.75	56.25	48.5～56.5	52.5
	DS－2	57.75	64.25	56.5～64.5	60.5
	DS－3	65.75	72.25	64.5～72.5	68.5
	DS－4	77.25	83.75	76～84	80
	DS－5	85.25	91.75	84～92	88
A	Z－1	112.25	118.75	111～119	115
	Z－2	120.25	126.75	119～127	123
	Z－3	128.25	134.75	127～135	131
	Z－4	136.25	142.75	135～143	139
	Z－5	144.25	150.75	143～151	147
	Z－6	152.25	158.75	151～159	155
	Z－7	160.25	166.75	159～167	163
VⅢ	DS－6	168.25	174.75	167～175	171
	DS－7	176.25	182.75	175～183	179
	DS－8	184.25	190.75	183～191	187
	DS－9	192.25	198.75	191～199	195
	DS－10	200.25	206.75	199～207	203
	DS－11	208.25	214.75	207～215	211
	DS－12	216.25	222.75	215～223	219

续表

频段	频道	图像载频	伴音载频	频带	中心频率
B	Z－8	224.25	230.75	223～231	227
	Z－9	232.25	238.75	231～239	235
	Z－10	240.25	246.75	239～247	243
	Z－11	248.25	254.75	247～255	251
	Z－12	256.25	262.75	255～263	259
	Z－13	264.25	270.75	263～271	267
	Z－14	272.25	278.75	271～279	275
	Z－15	280.25	286.75	279～287	283
	Z－16	288.25	294.75	287～295	291
UⅣ	DS－13	471.25	477.75	470～478	474
	DS－14	479.25	485.75	478～486	482
	DS－15	487.25	493.75	486～494	490
	DS－16	495.25	501.75	494～502	498
	DS－17	503.25	509.75	502～510	506
	DS－18	511.25	517.75	510～518	514
	DS－19	519.25	525.75	518～526	522
	DS－20	527.25	533.75	526～534	530
	DS－21	535.25	541.75	534～542	538
	DS－22	543.25	549.75	542～550	546
	DS－23	551.25	557.75	550～558	554
	DS－24	559.25	565.75	558～566	562
UⅤ	DS－25	607.25	613.75	606～614	610
	DS－26	615.25	621.75	614～622	618
	DS－27	623.25	629.75	622～630	626
	DS－28	631.25	637.75	630～638	634
	DS－29	639.25	645.75	638～646	642
	DS－30	647.25	653.75	646～654	650
	DS－31	655.25	661.75	654～662	658
	DS－32	663.25	669.75	662～670	666
	DS－33	671.25	677.75	670～678	674
	DS－34	679.25	685.75	678～686	682
	DS－35	687.25	693.75	686～694	690
	DS－36	695.25	701.75	694～702	698
	DS－37	703.25	709.75	702～710	706

续表

频段	频道	图像载频	伴音载频	频带	中心频率
U V	DS－38	711.25	717.75	710～718	714
	DS－39	719.25	725.75	718～726	722
	DS－40	727.25	733.75	726～734	730
	DS－41	735.25	741.75	734～742	738
	DS－42	743.25	749.75	742～750	746
	DS－43	751.25	757.75	750～758	754
	DS－44	759.25	765.75	758～766	762
	DS－45	767.25	773.75	766～774	770
	DS－46	775.25	781.75	774～782	778
	DS－47	783.25	789.75	782～790	786
	DS－48	791.25	797.75	790～798	794
	DS－49	799.25	805.75	798～806	802
	DS－50	807.25	813.75	806～814	810
	DS－51	815.25	821.75	814～822	818
	DS－52	823.25	829.75	822～830	826
	DS－53	831.25	837.75	830～838	834
	DS－54	839.25	845.75	838～846	842
	DS－55	847.25	853.75	846～854	850
	DS－56	855.25	861.75	854～862	858
	DS－57	863.25	869.75	862～870	866
	DS－58	871.25	877.75	870～878	874
	DS－59	879.25	885.75	878～886	882
	DS－60	887.25	893.75	886～894	890
	DS－61	895.25	901.75	894～902	898
	DS－62	903.25	909.75	902～910	906
	DS－63	911.25	917.75	910～918	914
	DS－64	919.25	925.75	918～926	922
	DS－65	927.25	933.75	926～934	930
	DS－66	935.25	941.75	934～942	938
	DS－67	943.25	949.75	942～950	946
	DS－68	951.25	957.75	950～958	954

3. 有线电视网络的计算单位

我们在讲解有线电视系统使用的各种器件前，首先应了解用于比较天线和放大器等器件及确定有线电视系统技术性能的计算单位。为了表示信号增益或损耗，或是求信号的电平，分贝是一个很方便的单位。增益可以定义为采用放大器使信号功率增大的量，损耗表示设备或系统消耗的功率。使用分贝的优点是可以用加法确定增益量，可以用减法确定损耗量。因此使用分贝消除了采用很大或很小数值进行复杂计算的麻烦。

有线电视系统的增益、衰减、交调比、互调比、载噪比都是用分贝来计算。采用“分贝”这个单位可以大大简化工程计算。假设输入功率为 P_i，输出功率为 P_o，则分贝（dB）可写为：

$$dB（分贝）=10Lg（P_o/P_i）$$

因为我国同轴电缆线输入输出阻抗均为 75 Ω，上式可改写为：

$$dB（分贝）=10Lg\left[(U_o^2/75)/(U_i^2/75)\right]=10Lg(U_o/U_i)^2=20Lg(U_o/U_i)$$

式中 U_o——输出电压；

U_i——输入电压。

我国有线电视系统标准规定：0 dB=1 μV，俗称 dBμV

由此可推算出，10 μV=20 dBμ，100 μV=40 dBμ，1 mV=60 dBμ

线路电平的计算，只要减去各种衰减，加上各级增益，进行加减法计算即可，非常简单方便。

$$U_k=U_o+G_i-L_j$$

式中 U_k——第 K 个放大器或第 K 个用户端的输出电平；

U_o——前端输出电平或某个线路延长放大器的输出电平；

G_i——K 个放大器的增益总和；

L_j——传输分配中的各种损耗之和，包括分配器、分支器的插入损耗，分支衰弱及电缆衰减等。

4. 有线电视系统工程图知识

（1）常用图形符号

有线电视系统常见图形符号见表 3—2。

表 3—2　　有线电视系统常见图形符号

图形符号	说明	图形符号	说明
	前端和前端设备		分配器
	前端	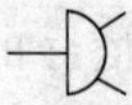	二分配器
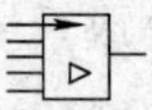	有源混合器		过电二分配器
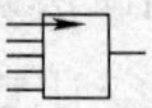	无源混合器	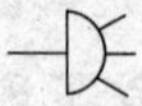	三分配器
	电视调制器	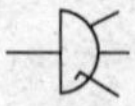	过电三分配器
CMTS	电缆调制解调制终端系统		四分配器
	光设备和器材	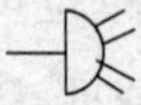	过电四分配器
 E O	光发射机		分支器
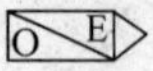 O E	光节点		一分支器
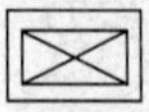	交接箱		过电一分支器
	光缆接头盒	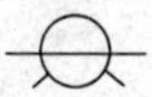	二分支器
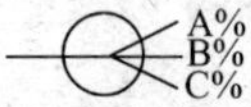 A% B% C%	光分路器		过电二分支器
	光缆余留架		四分支器
	放大器		过电四分支器
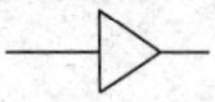	放大器，一般符号		系统输出口和终端负载
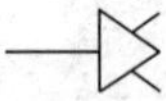	双端口放大器	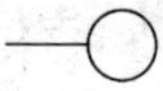	系统输出口
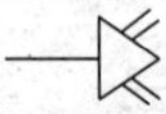	四端口放大器	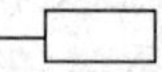	终端负载
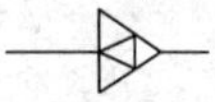	只有上行通路的放大器		管道人孔井
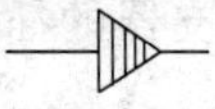	带自动增益和/或自动斜率的放大器		
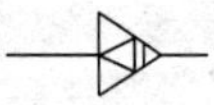	具有上行通路带自动增益和/或自动斜率控制的放大器		

续表

图形符号	说明	图形符号	说明
调制器 减调器 频道变换器		电源装置和接地	
	调制器，解调器的一般符号		线路供电器
	电视调制器		供电阻断器（分配馈线上）
	电视解调器		电源插入器
	频率变换器		接地
	正信号发生器	均衡器和衰减器	
			固定均衡器
			可变均衡器
		dB	固定衰减器
		dB	可变衰减器

（2）有线电视系统图形示意图（见图 3—3）

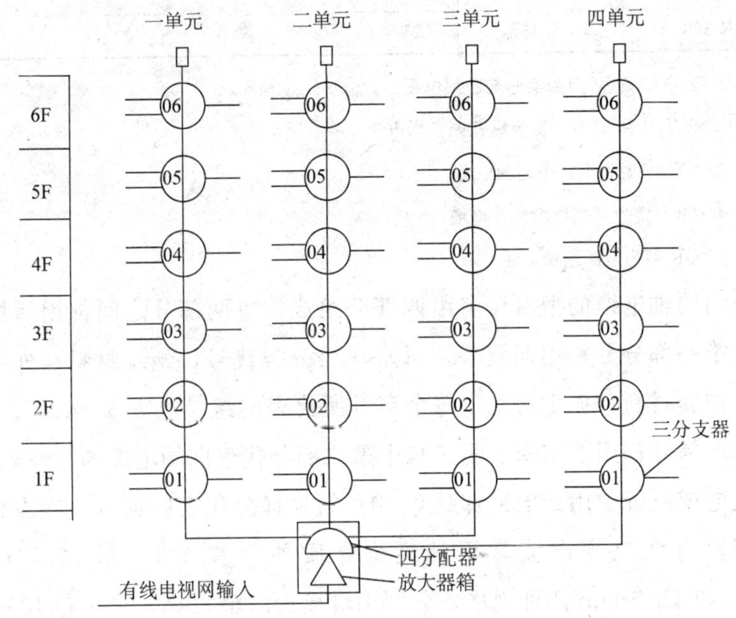

图 3—3　有线电视系统图形示意图

二、同轴电缆的种类

1. 常用同轴电缆型号、规格

同轴电缆是有线电视网中用于干线和分配系统的重要传输媒介。有线电视分配网中常用的电缆见表 3—3、表 3—4。

表 3—3　　常用同轴电缆的尺寸和参数

型号	内导体外径（mm）	绝缘外径（mm）	外导体结构	护套外径（mm）	电容 pF
SYV－75－5－4	0.72	4.6	铜线编织	7.1	76
SYV－75－7－4	1.20	7.3		10.2	
SYV－75－9－4	1.37	9.0		12.4	
SYKV－75－5－7	1.0	4.8	铝纵包铜线编织	7.0	57
SYKY－75－7－7	1.6	7.3		10.2	54
SYKY－75－9－7	2.0	9.0		12.1	53
SYKY－75－12－7	2.6	11.5		15.0	53
SYDY－75－4.4	1.2	4.4	铜带纵包	8.3	50
SYDY－75－9.5	2.6	9.5	钢带纵包	14.0	
MC^2 0.500″	3.1	11.9	铝管	14.9	15.3
MC^2 0.750″	4.8	18.0		21.2	
QR 540	3.15	13.03		15.49	
QR 860	5.16	21.03		24.38	

注：1. 表中的 SYV 型为实芯聚乙烯电缆。

2. SYKV 和 SYKY 型为纵孔聚乙烯电缆。

3. SYDY 型为小、中同轴电缆。

4. MC^2 型为空气绝缘垫片电缆。

5. QR 型为泡沫绝缘电缆。

我国同轴电缆的型号命名由四部分组成，每两部分之间都用短横线隔开。第一部分分别用四五个字母来代表分类代号、绝缘材料、外导体材料、护套材料和派生特性，每个字母所代表的意义见表 3—4；第二部分至第四部分都用数字来表示。其中第二部分代表同轴电缆的特性阻抗，在有线电视系统中用的电缆都是 75 Ω；第三部分代表同轴电缆绝缘介质的外径，有线电视电缆常用的绝缘介质外径有 4.8 mm、7.3 mm、9.0 mm和 11.5 mm 四种规格，分别用最接近的整数 5、7、9 和 12 来代表；第四部分则是代表结构序号的数字。

例如：代码 SYV－75－12－1 表示同轴射频电缆、聚乙烯绝缘材料、聚氯乙烯护套，特性阻抗为 75 Ω，绝缘外径为 11.5 mm，结构序号为 1。

今后有线电视网络的发展方向是双向传输，而上行通道频段空间电磁干扰严重，同轴电缆的屏蔽性能直接关系到上行通道传输的成败。所以双向传输要特别考虑屏蔽问题。

表 3—4　　同轴电缆统一型号规格中字母的定义

分类代码		绝缘材料		护套材料		派生特征	
符号	意义	符号	意义	符号	意义	符号	意义
S	同轴射频电缆	Y	聚乙烯	V	聚氯乙烯	P	屏蔽
SE	对称射频电缆	W	稳定聚乙烯	Y	聚乙烯	Z	综合
SJ	强力射频电缆	F	氟塑料	F	氟塑料	C	自承
SG	高压射频电缆	X	橡皮	B	玻璃丝编织浸硅		
SZ	延迟射频电缆	I	聚乙烯一空气绝缘	H	橡套		
ST	特征射频电缆	D	稳定聚乙烯一空气绝缘	M	棉纱编制		
SS	电视电缆	IQ	藕芯式				
		IS	绳管式				
		IZ	竹管式				

注：导体材料 T 表示铜（通常省略），L 表示铝。

2. 常用同轴电缆结构特点

典型的同轴电缆结构如图 3—4 所示。

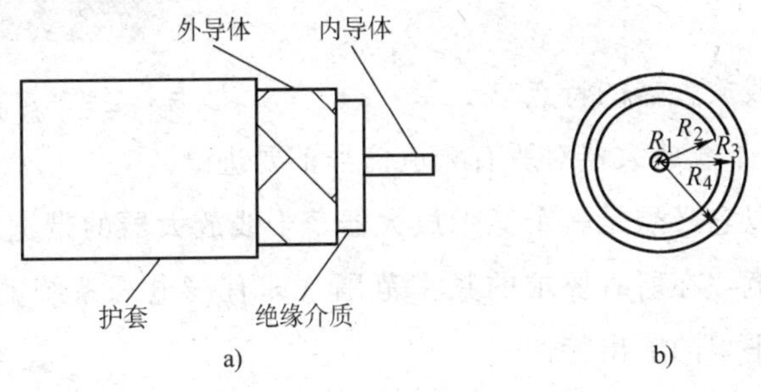

图 3—4　同轴电缆的结构

a）外形图　b）结构图

同轴电缆结构有内导体、绝缘介质、外导体和护套四部分构成，其横截面是同心圆结构。内导体（亦称芯线）半径 R_1，任务是传输高频信号，由于高频信号在导体中流过时存在趋肤效应，导体可做成空心金属管或用刚度好的金属做心，在其表面覆盖一层导电性好的金属，如铜包钢导线。

外导体（又称屏蔽层）半径 R_2 至 R_3，屏蔽类型分四种：单层屏蔽—铜丝编制网；双屏蔽—单面自黏铝塑带为内层，外层是镀锡铜丝编织网；四屏蔽—单面自黏铝塑带层，双面铝塑带做中间层，外层为双层镀锡铜丝编织网；全屏蔽—外导体用铜管或铝管。

内外导体中间加以绝缘支撑物，构成同轴波导。为了对这一波导进行保护，外导体外面还加有护套，护套材料一般由绝缘、结实和不易老化的塑料制成。

绝缘支撑物其结构形式有实芯、纵孔藕芯、物理发泡式、竹节式等，其中纵孔藕芯电缆容易进水，实芯电缆衰减较大，不推荐使用，建议使用其他结构的电缆。

三、常用元器件

1. 放大器

放大器实物图如图 3—5 所示。

在有线电视系统中，有大量的放大器安装在干线、支线、分支线等线路中，以补偿信号传输过程中电缆造成的损耗，使信号在满足一定质量和电平要求的前提下，由前端传输到用户。这里只介绍其中用于干线的放大器，即干线放大器。

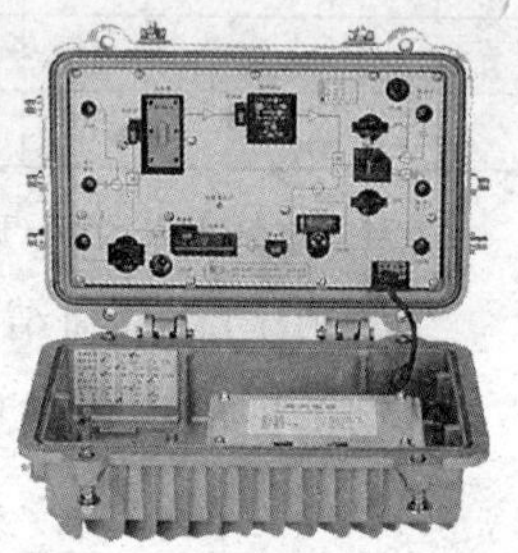

图 3—5　放大器实物图

(1) 干线放大器的特点

1) 因为干线放大器对所有频道信号都要进行放大，所以它必须是一个宽带放大器。干线放大器的带宽就是有线电视系统的带宽，在所有要求的频率范围（即有线电视系统的频率范围）内有尽可能平坦的输出特性。

2) 干线放大器的任务是补偿电缆上的信号损耗，其增益不能太大也不能太小。应该使放大器的增益可调，这通常可通过插入衰减器来解决。

3) 由于干线线路长，电缆衰减随温度和频率等的变化可能逐渐积累到使整个有线电视系统无法正常工作的程度。因而要求干线放大器具有自动增益控制和自动斜率控制的能力。

4) 在双向传输系统中，需要干线放大器内有双向放大或正向放大、反向直通的功能。

5) 为了增加传输距离，要求放大器有较低的噪声系数和优良的非线性失真指标。

6) 因为干线放大器大都在露天安装，需要有防水、防晒、防腐蚀、屏蔽性能好的特点，并能通过传送高频电视信号的电缆实现远程供电。

7）为了能适时分出信号供给支路，常用有干线分配放大器和分支放大器等。实际是一个宽带放大器加分配器或分支器组成的。

（2）干线放大器的增益和斜率控制方式

按照增益和斜率的控制方式，可以把干线放大器分为以下几类：

1）手控增益和斜率均衡干线放大器（Ⅲ类干线放大器）

在干线放大器中为什么要使用均衡器呢？因为电缆对不同频率信号的衰减不同，频率越高的信号衰减越大。而平坦放大器对各个不同频率信号的增益大体相同，这就使高频率的电平在干线传输过程中比低频率电平低得越来越多。由于非线性失真造成的高电平频道（即频率较低的频道）对低电平频道的干扰会越来越严重。加均衡器的目的就是为了解决这个问题，有意降低低频率信号的电平，使高低频率的电平尽可能一致。

均衡器由电感、电容和电阻等无源器件组成，对传输信号会造成一定的衰减。均衡器与衰减器不同。衰减器对各频率信号的衰减大体相同；均衡器则是一个高通网络，即对低频衰减大，对高频衰减小，正好与电缆的衰减特性相反。在电缆干线传输系统中，正是用均衡器来补偿电缆衰减造成的高、低频信号衰减不同的问题。以达到高、低频道输出电平大体相同的目的。

描述均衡器特性的最主要参数是均衡量与插入损耗，所谓均衡量就是该均衡器对下限频率和上限频率衰减量之差；所谓插入损耗就是该均衡器对上限频率的衰减量。显然，均衡器对下限频率的衰减量是插入损耗与均衡量之和。由插入损耗和均衡量可以得出均衡器对不同频率信号的衰减。例如：若一均衡器的插入损耗为 2 dB，均衡量为 6 dB，说明它对其上限频率衰减 2 dB ，对其下限频率衰减 8 dB 。均衡器用以补偿电缆对不同频率的衰减造成的斜率。

手控增益和斜率均衡干线放大器（Ⅲ类干线放大器）。调均衡，即将各个频道的电平调平，由均衡按钮来完成。调增益，即信号电平放大多少，由增益按钮来完成。它们都由手动控制。

2）自动增益控制（AGC）放大器（Ⅱ类干线放大器）

为了提高干线放大器在温度变化时的稳定性，利用一个温度敏感器件来控制可变衰减器的衰减，以在温度变化时保证放大器输出的稳定性。这种温控放大器的补偿原理是，当温度升高时，热敏电阻 RT 的电阻下降，补偿了由于温度升高而造成电缆衰减量的增加。

3）自动电平控制（ALC）放大器（Ⅰ类干线放大器）

自动增益控制放大器只能控制其增益，而不能控制其斜率。自动电平控制（ALC）放大器既有自动增益控制（AGC）功能，又有自动斜率控制（ASC）功能，使各频道的电平基本保持不变，因而称为自动电平控制放大器。

各个厂家生产的放大器虽然差别较大，型号也不统一，但是，其原理大同小异。放大器由放大模块、电源、均衡器、线路板、均衡按钮、增益按钮、放大外壳等几部分组成；现在较普遍使用的是模块放大器，一般使用单模块式放大器结构的形式。在线路要求较高的场合，放大器大都使用双模块放大器，其中一块作为低噪声放大器，另一块（或多块）作为放大器的功率输出。有些放大器为了使用方便，在放大级前还加有衰减器和均衡器，部分放大级一级和二级放大之间还加有微调的均衡器等等。

2. 分配器

分配器实物如图 3—6 所示。

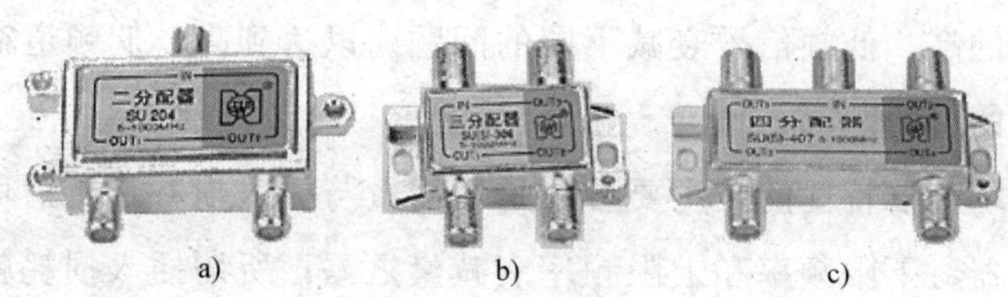

图 3—6　分配器实物图

a）二分配器　b）三分配器　c）四分配器

（1）用途

在有线电视系统中，需要把一路信号分成多路信号，传输给不同的用户。分配器图形符号如图 3—7 所示。

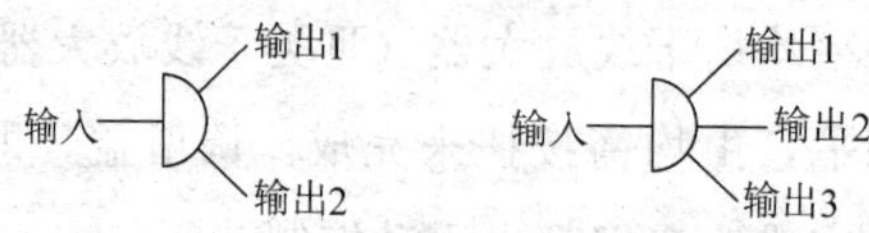

图 3—7　分配器图形符号

二分配器正向使用时，是将一路信号等分为二路。正向信号进输入端口，经阻抗匹配变压器，再经隔离分配变压器，将信号分成两路，由输出端口输出。

(2) 电气特性

1) 分配损耗。信号在输入端与输出端之间的信号电平之差。其分配损耗二分配器为 4 dB，三分配器为 6.5 dB，四分配器为 8 dB。

2) 各端口阻抗均为 75 Ω。分配器使用应注意，有空闲端时，必须用 75 Ω 电阻端接。否则会造成图像有重影，清晰度下降，或误码率增高。

3) 相互隔离度。隔离度越大，各输出口之间相互干扰就越小，按国标规定，相互隔离度邻频传输至少在 20 dB 以上。

4) 频率范围。损耗随频率变化，在使用频率范围内，要求各参数变化尽可能小。

(3) 使用中其他注意事项

分配器有过流型与不过流型。一般楼宇中的用户分配器只送信号不送电，用不过流型。

F 型接头分支分配器分为公制、英制两种。过去国产设备使用公制，而进口设备为英制，混用时经常发生错误。今后将与国际接轨，统一使用英制 F 型连接器。

分配器各端口隔直流是高频耦合电容，当端口电流通过时，或当雷电、高压、漏电进入电缆系统时，防止大电流通过阻抗匹配变压器和隔离分配变压器形成对地短路。

3. 分支器

分支器实物图形如图 3—8 所示；图形符号如图 3—9 所示。

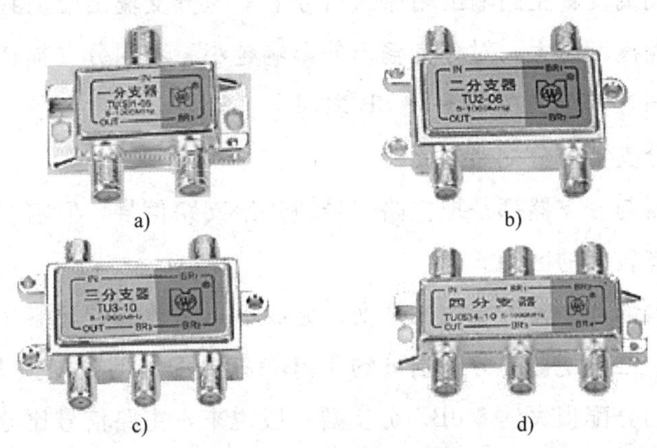

图 3—8　分支器实物图形

a) 一分支器　b) 二分支器　c) 三分支器　d) 四分支器

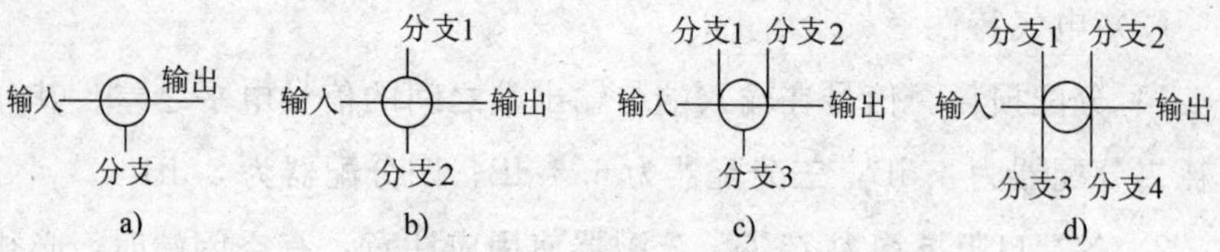

输入 输出 分支 a)
分支1 输入 输出 分支2 b)
分支1 分支2 输入 输出 分支3 c)
分支1 分支2 输入 输出 分支3 分支4 d)

图 3—9 分支器图形符号

a) 一分支器 b) 二分支器 c) 三分支器 d) 四分支器

(1) 用途

分支器是在信号传输的过程中，将信号中的一部分分送至分支输出口。按分支输出路数，有一分支器、二分支器、三分支器、四分支器等。用户使用的终端串接单元就是一分支器。

(2) 电气特性

1) 插入损耗

分支器的引入使主路输出信号比主路输入信号小，主路输入信号电平与主路输出信号电平之差，称为插入损耗，用 dB 表示。

2) 分支损耗

分支损耗是分支输出端电平与主路输入端电平之差，用 dB 表示。系列产品分支损耗级差一般是 2 dB，也有厂家是 3 dB 或 4 dB。

3) 隔离度

相互隔离度：即分支输出口之间相互影响的程度。分支输出端加入信号电平与其他分支输出端测到的电平之差。相互隔离度全频道使用要大于 22 dB。

反向隔离度：主路输出端加入信号电平与分支输出端测到的电平之差。反向隔离度越大，对分支输出的影响越小。不同分支损耗，不同频段要求不同，其范围在 17～38 dB 之间。

(3) 分支器与分配器的比较

分配器与分支器都是把主路信号馈送给支路信号，但它们的线路不同，性质有较大的区别。

分配器的几个输出端大体平衡，分成不同路数的分配器具有不同的分配损失：二分配器的分配损失约 4 dB，三分配器的分配损失约 6 dB，四分配器的分配损失约 8 dB。分支器一般说来，主路信号比分支输出信号要大得多。不同分支器的分支损耗在 8～28 dB 之间，主路信号的插入损失约 0.5～2 dB。

分配器中一路开路，会破坏其对称性，使系统阻抗不匹配，容易形成反射波，影响整个系统的性质。同时，因为分配器无反向隔离本领，分路信号容易对主路干扰，在使用中一定不能使任一支路开路。分支器中分支输出的能量较小，开路后对主路影响不大。但其主路输出最末端不能开路，要接终结电阻。

在分配网络中，分支器一般连成一串，而分配器则常采用树枝形连接。

4. 终端盒

（1）单向系统出口

标准的单向系统出口，采用定向耦合器。

一分支器即是定向耦合器。有输入端、分支输出端和主路输出端三个端口，如图 3—10 所示。主输出端是 TV 输出口，分支端是 FM 输出口。IN 到 TP 损耗称为分支损耗，IN 到 OUT 损耗称为插入损耗。OUT 到 TP 的损耗称为反向隔离度，隔离度大于分支损耗与插入损耗之和。由于 FM 是分支端，即使空闲，也不会影响主通路。而二分配器则没有上述特性。

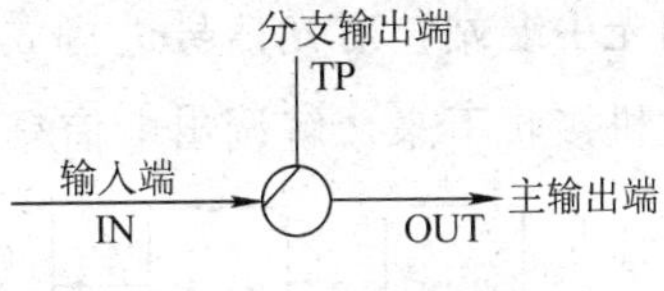

分支输出端
TP
输入端
IN
OUT
主输出端

图 3—10　单向系统出口

（2）双向系统的系统输出口

双向系统单向用户的系统输出口，在标准的单向输出口之前，加了一个高通滤波器，用以阻断家用电器可能的对上行通道的干扰。

双向系统双向用户的系统输出口，在单向用户的系统输出口之前，加了一个二分配器，用以给数字端口 DP 提供双向通路。

5. 光端机

光端机实物图如图 3—11 所示。

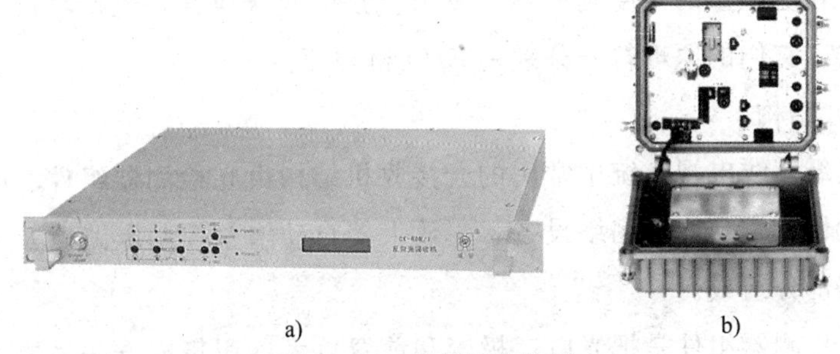

a)　　　b)

图 3—11　光端机实物图

a）室内型光端机　b）室外型光端机

（1）光载波在光纤内传播的光学原理

所谓光纤，是光导纤维的简称。它是一种传输介质，可以引导一定波长的光（或红外线）以及调制在其上的电视信号在其中传播。用折射率不同的玻璃纤维构成光导纤维，光载波入射到纤维内，入射角永远等于反射角，则形成光载波向前传播的物理现象。

把多根光纤封装在一起则组成光缆。实用光缆由 2～628 芯构成缆芯。防护套内的钢丝和骨架起支撑作用；用油膏固定光纤，并有防水作用；用尼龙丝代替钢丝的光缆不会发生雷电波侵入。光缆的包装方式为盘装，每盘长度为 2～3 km。

光纤传输电视信号的原理方框图如图 3—12 所示。光发射机把前端送来的多路混合后的高频电视信号调制到光载波上，送入分光器，分成若干路，分别进入不同的光纤进行传输。若传输距离过大，则应在中途加光中继站，对光信号进行放大后再继续传输。到达接收端后，被光接收机接收下来，解调出电信号，再送入用户分配网进行分配。

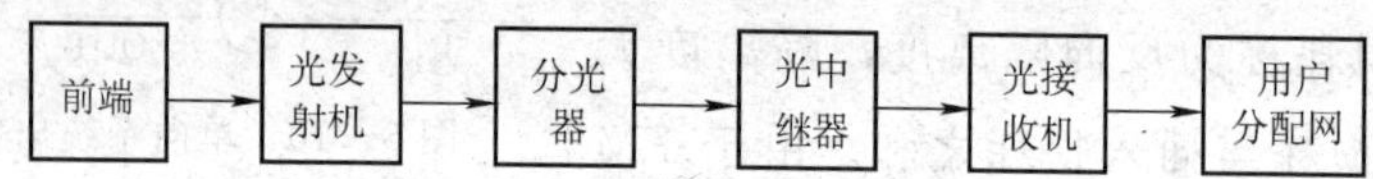

图 3—12　光纤传输电视信号的原理方框图

（2）光端机功能

1）功能

光载波信号经过光纤到达光接收机的输入端，经接收机解出 RF 信号，其过程称为解调。光接收机的输出信号为 RF 信号。在双向光纤传输时，两根光纤的前端和尾端要实现同时发、收功能，每端均应装置发射机和接收机，合二为一的装置简称光端机。

以上信号形式转换的过程，RF 信号是交流信号，光载波信号是激光信号，从能量的角度则简称光发射机是电光转换器，光接收机是光电转换器。它们的原理符号分别是 E/O 和 O/E。

2）结构

光纤有线电视系统中常用的光接收机结构由光检测器组件、前置电压放大器、宽带均衡网络设备、主放大器自动增益控制电路以及电源供电线路部分组成。

光检测器组件是把光电二极管和前置放大器用集成方法做成的一个器件，是接收机的核心。光电二极管和前置放大器集成在一起可以大大提高其灵敏度。其中光电二极管利用光电效应把光信号变为电信号，主输出放大器进一步放大所需的电信号。宽带均衡网络设备的作用是对光接收机的幅频特性进行补偿。自动增益控制电路由可变衰减器和控制电路组成，达到自动增益控制的目的。供电部分与一般电子器件相同，在高级光接收机中，还有数据采集与控制部分，利用微处理器对光接收机的各项参数进行调整与控制。

3）光接收机的性能指标

①灵敏度。在接收机输入端，光功率要达到设计值，以满足光接收机的工作要求。光接收机的灵敏度定义为光接收机能够探测到的最小光功率电平。光纤有线电视系统中常用的调幅光接收机的灵敏度为−9 dBm。但当这样小的光电平输入时，输出信号的载噪比太低，故一般输入光电平应为−3～−2 dBm。

②响应度 $R=I/P$。光接收机的响应度定义为光接收机接收到的单位光功率所转换成光电二极管输出的平均光电流。一般大于0.85 A/W。

③幅频特性。光接收机的幅频特性定义为在规定带宽内增益的起伏。一般有线电视系统用的光接收机带宽在40～550 MHz范围内，增益起伏小于±0.5 dB。

④噪声。

⑤非线性失真。由于光接收机工作处于低电平、小信号状态，其非线性失真相对于光发射机可忽略不计。

能力要求

一、安装用户分配网的线路、器材

有线电视系统由前端系统、传输系统和用户分配系统三部分组成。用户分配网则是在大楼内运用最多、最末端的设备，它包括延长放大器、用户放大器和相应的无源器件如分配器、分支器和用户终端等组成。

1. 按设计图样要求备齐材料

（1）电缆

有线电视分配网中常用型号为：SYWV-75-5，SYWV-75-7，SYWV-75-9，SYWV-75-12等。根据其在系统中所在位置，有不同规格，SYWV-75-9电缆用于支干线或用户分配网的主干线，SYWV-75-7电缆用于分配网的支干线，SYWV-75-5电缆用于短距离传输的用户分配网入户线或短距离器件之间的连接线。在双向传输系统中，由于对屏蔽性能的要求，室内安装施工中常使用4屏蔽电缆。室外干线网常用铝管屏蔽，型号为SYWLV-75-9，SYWLV-75-12，SYWLV-75-14等。

（2）放大器

1）在选购、使用放大器时要注意以下几点。

①正确选择合适的放大器，要按照系统的大小，放大器设置的场所，接收的频段等来选择。例如，在强场区要选择输出电平高的放大器，在弱场区要选择噪声低的放大器；在前端要用输出电平较高的频道放大器；在传输线路中要用宽带放大器；大型系统要用干线放大器，中小系统可用一般线路放大器或支干线放大器。

②尽量减少串接放大器的个数，以减少噪声和交调，特别是接近或等于最大输出电平的放大器不能超过3个。一般说来，在300 MHz系统中，可以串2台分配放大器。

③干线放大器一般在中等电平下工作，使非线性失真尽可能小。

2）选择放大器时应注意的主要技术参数

①频率范围。放大器的频率范围是指放大器的有效工作频带，用MHz表示。频率范围根据当地有线电视网络中心的要求决定，双向传输须使用双向放大器。

②带内平坦度。带内平坦度是指放大器在工作频带内各频率点电平相对于基准频率点的电平变化量，用dB表示，取最大变化量。

③增益。增益是指放大器输出电平与输入电平之差，用dB表示。分配系统的放大器通常采用连续可调手动增益控制。放大器的增益大部分在30～35 dB之间，输出电平都在100～110 dB之间。由工程经验来看分配放大器的输出电平在103～105 dB之间最佳。对放大器的输入电平也有要求，当输入电平过高时用衰减器衰减，以保持输入电平在70 dB左右为宜。

（3）分配、分支器

1）分配器

选择分配器时，注意分类及其技术指标。

按输出路数分类，有二分配器、三分配器、四分配器、六分配器和八分配器等；从组成分配器电路的原理来看，最基本的是二分配器和三分配器，也就是说四分配器是由 3 个二分配器组成，而六分配器是由 1 个二分配器和 2 个三分配器组成，以此类推。

按使用环境条件不同分类，有室内型和野外防水型；过电型和普通型。

按盒体结构分类，有塑料型、金属型、压铸型、密封防水型等。

选择时，注意结构外形的后盖必须是锡封。

分配器的主要技术参数有分配损耗、相互隔离、反射损耗等。分配器的输入、输出阻抗为 75 Ω。

2）分支器

按输出路数分类有：一分支器、二分支器、三分支器、四分支器。

分支器的主要技术参数有插入损耗、分支损耗、反射损耗、反向隔离、相互隔离等。分支器的输入、输出和分支端阻抗都为 75 Ω。

分支损耗在设计时常有−8 dB、−10 dB、−12 dB 等。按 2 dB 一挡衰减或按 4 dB 一挡衰减，即−8 dB、−12 dB、−16 dB 等方式。一般企业设计的分支器挡差为 2 dB。各分支器之所以采用不同的衰减，是因为各端口电缆长度不同。电缆长衰减大的，选用分支损耗小的分支器。

相互隔离表示分支输出端之间的相互影响程度，用 dB 表示，相互隔离度全频道传输至少在 22 dB 以上。

(4) 用户终端盒

1）分类

系统输出口按工作方式分为终端式和串接式，串接式实际上是串接分支器。

终端按输出口数目分为：单输出口（TV）、双输出口（TV、FM）、三输出口（TV、FM、DP）三种；同时又分成单向传输和双向传输两类。输出口配用的插头有两种：一种是电视插头；另一种是 F 型插头。

按终端安装方式分为明装和暗装两种，明装适合于旧有系统改造，暗装适用于新建楼房预埋好暗装电缆管道和暗装盒的场合。面板类型有塑料终端（普及型）、金属壳终端（屏蔽型）、豪华型终端等。

2）终端的主要技术指标

终端的主要技术指标有插入损耗、反射损耗、相互隔离度等。

插入损耗：TV 口对电视信号要求为小于等于 5 dB，FM 口不作规定。

反射损耗：VHF 频段大于等于 10 dB，UHF 频段大于等于 7.5 dB。

相互隔离度：TV 口和 IN 口大于等于 22 dB。

终端盒内必须接有耐高压（大于等于 2 000 V）小电容器隔离，以保证人身和系统设备安全。在有电磁干扰的地区，应该选用金属屏蔽型的终端。TV 及 IN 口均应接上负载，使系统得以匹配。

（5）F 头等器材

一般使用一次性高屏蔽压接 F 头。

市面产品种类很多、质量不同、价格不一，所以在购买有线电视器材时应了解该器材是否在国家广电总局办理入网证，必须有入网证和检测报告才能够买。

2. 检查埋管、线槽是否符合设计要求

在有线电视工程中室内网干线使用 SYWV－75－9 同轴电缆。在高档宾馆或公寓，电缆一般情况全放入弱电线槽内。线槽宽厚不得小于 50 mm×50 mm，新建楼房电缆一般情况走暗管。在施工过程中必须保持线槽、线管内的清洁，安装完的线槽必须要盖好线槽盖，暗管必须将两端口封堵，预防渣土和其他杂物入内，以防损坏电缆。表 3—5 为同轴电缆穿管管径选择表。

表 3—5　　同轴电缆穿管管径选择表

项目	标称口径（mm）	内径（mm）	穿电缆根数（N）					
			75－5P	75－7P	75－9P	75－9L	75－12L	75－14L
电缆管（TM）	15	12.67	1	1	—			
	20	15.85	2	1	—			
	25	22.2	4	2	1			
	32	28.55	6	2	1			
	40	34.9	10	4	2			
	50	47.6	18	6	3			
焊接钢管（SC）	15	15.75	2	1	—			
	20	21.25	3	1	1			
	25	27	6	3	2			
	32	35.75	10	5	2	1		
	40	41	13	6	3	2	1	1
	50	53				3	2	2

续表

项目	标称口径 (mm)	内径 (mm)	穿电缆根数（N）					
			75－5P	75－7P	75－9P	75－9L	75－12L	75－14L
焊接钢管 (SC)	70	68				5	4	3
	80	80.5				7	6	4
	100	106				9	7	6

3. 设备箱的固定

设备箱主要是为了安装放大器、电源、分支分配器等设备而设计的，一般为铁箱。安装在楼梯、走廊、弱电井等公共场所，以距离地面1.4～1.6 m为宜，并随时上锁，以免人为破坏。在放大器箱的上下侧设有多个进线敲落孔，并且箱盖设有门锁。箱体的尺寸和外形可根据实际要求确定。电视箱的安装如图 3—13 所示。

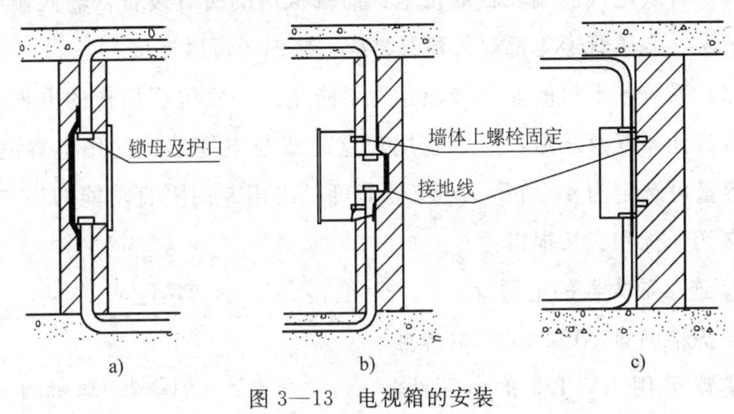

图 3—13　电视箱的安装

a）暗配管暗箱　b）暗配管明箱　c）明配管明箱

4. 穿线及电缆的中间接续和终端连接

穿线时先将电缆放直，放线最简单的办法是：左放三圈、右放三圈，电缆会自动形成直线。电缆的安装：室内暗管先需穿带线（铁丝），将电缆剥开，将金属导体与铁丝相互绕紧裹上胶带，然后从另一端将带线连同电缆拉出。电缆预留长度根据现场情况而定。

以目前使用较多的 F 形冷压连接器为例，压接头连接时，要使用专用工具，如剥线钳、压接钳等。注意网丝不能与芯线相连，铝箔不能被 F 头损伤，F 头的旋入深度要符合规定，压接时应用力压实到位。

以前的 F 形卡环式连接器存在着屏蔽性能差，容易出现 F 头连接脱落现象，现已逐步淘汰。一般室外干线接头不允许使用 F 形连接器。

5. 箱内器材的安装和接线

箱内的器材一般有：放大器、分支分配器、电源插座板等。连接电缆的去向要做好标记，将各器材固定在箱内，电缆要连接整齐以便维修检查。电源插座要放入箱内顶上方、以保证用电安全。箱内走线要整洁、清晰、安全。

6. 连接防雷和接地线缆

建筑物本身已做了固定防雷设施和统一接地，由建筑电气专业完成。这里只强调有线电视中一些特殊的要求和做法。

(1) 有源器件外壳与地线可靠相连，光端机外壳应与地线可靠相连。

(2) 电源供电器、光接收机、干线放大器等有源器件的外壳也应就近接地，或在其输入和输出端安装快速放电装置，快速放电装置主要部件是氧化锌压敏电阻，目前已有定型产品，即SPD避雷器。

(3) 有线电视前端设备的接地：前端机房的所有设备，输入输出电缆屏蔽层，金属管道等都要与建筑物统一接地，可靠连接。

(4) 系统输出口的安全接地：为了防止某一家电视用户的电视机漏电串入其他家庭及线路，应当在用户盒芯线与电缆芯线间用电容隔开，其电容量可选定为470 pF（2 kV）即可，或用专用隔直功能的用户盒，以防交叉干扰和交叉损害。

7. 连接放大器的电源

设备箱内有AC 220 V电源插座。建议采用BV 1.5的电源线。接线方式如图3—14所示。

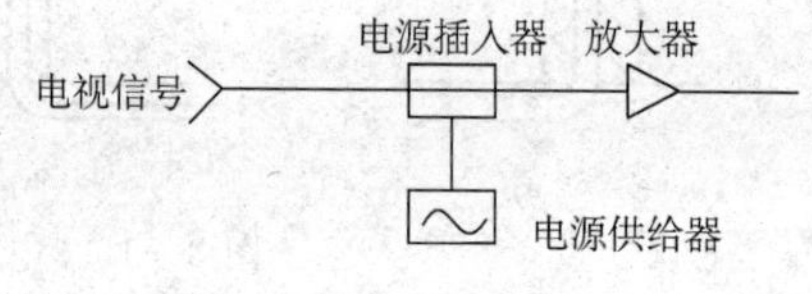

图3—14　放大器电源连接示意图

二、有线电视系统用户分配网的维护

维护有线电视系统是其运营的重要组成部分，有线电视设施大部分在室外架空敷设安装，长时间的运行及日光照射，设施会逐渐老化；而风吹、雨淋、雷击和各种人为破坏，都可能造成系统局部或大面积发生信号质量下降或信号中断故障。

好的维护工作，可以保持系统经常具有良好而稳定的技术质量，延长有线电视网的运行寿命。而较差的维护工作，有线电视网络运行不了几年，就有可能瘫痪。因此，既要认真细致地对待维护工作，又要常年坚持不懈。

1. 用户图像、伴音损伤的主观评价

（1）无图像

1）全部频道无图像。用户终端电平正常时，是电视机有故障。用户终端电平为零时或比正常值低很多时，故障在传输分配系统。

2）只有某个频道无图像。用户终端电平正常时，是电视机有故障。用户端电平为零或比正常值低很多时，故障在前端及传输分配系统。

（2）图像画面出现杂波（雪花）

1）全部频道图像出现杂波。往往是传输分配系统某处电平下降，应检查传输分配系统。

2）只有某个频道图像有杂波。故障在前端。

（3）图像出现差拍网纹

1）图像网纹呈稳定斜线状。一般是传输系统互调失真引起。传输分配系统中某放大器，在超出额定输出电平下工作时，可出现上述差拍网纹，也有时是若干台放大器级联的结果。这种情况需对各放大器电平重新调整，才能解除故障。

2）图像差拍网纹较稳定，但有微量变动。多属于前端设备或机上变换器引起。在邻频传输系统中，可考虑是邻频道的伴音干扰造成，此时可微调电视机的调谐电路，即可分辨问题所在。

3）图像差拍网纹不稳定且斜度不断变化。多数是其他用户的电视机或其他设备辐射出的电磁干扰所致。

（4）交扰调制

交扰调制俗称“串台”，多为某放大器输出电平过高引起，也有可能是前端信号处理器输出过高。一般电平高的频道要串入电平低的频道，在图形中隐约可见高电平频道的信号。如果是多频道串扰，在图像上会出现“雨刷”现象。

（5）图形画面滚动现象

1）如果是某一户滚动甚至摆动现象，是电视机的毛病。

2）如多数用户出现该现象，则可能是系统中交流声调制所致，交流声调制多与电源有关。如放大器电源电压偏低就会引起此现象，应检查电源电压。

3）如画面摆动的同时，伴有信号电平变动，应考虑传输分配系统有接触不良之处。

（6）重影现象

1）右重影

多是天线接收到多径信号造成，或是传输系统中严重不匹配产生的反射。后者可用反射测量仪或重影滞后时间检查出反射点。

2）左重影

空间同频电波直接串入电视机，或因传输分配系统屏蔽不佳，电波信号串入有线电视系统，也可能是在电缆外导体断线处电波串入系统所造成的干扰。

2. 路由中各插接部件的检查

一般检查工作，主要是系统设施外观、机械检查和必要的维护处理，用户终端电平测量和图像质量等级的确认。其检查项目为接收天线设施、传输分配网络设施、用户终端等。

（1）设施结构检查

1）天线接收设施

①天线。检查天线方向、振子损伤、腐蚀等。如天线方向不正，天线振子弯曲，尽可能在现场处理；螺栓、螺母、卡环等坚固状态是否良好，如有松动在现场处理；观察周围环境有无变化，建筑物、树木等间距是否合适。

②天线放大器。有无腐蚀，与竖杆安装是否牢固或有无损坏，输入输出接插件的防水措施是否有效。

③天线馈线、竖杆、拉线。检查天线馈线有无弯曲、损伤；接插件防水处理是否充分；竖杆、横担有无损伤和腐蚀；拉线张力是否均衡，地面有无塌陷，地锚有无松脱。

④避雷装置。避雷针有无弯曲，避雷引下线有无异常，避雷针与其他物体间距是否充分，保安器接地线有无异常。

2）传输分配网络

①放大器。有无损伤，在吊线或线杆上安装状况如何，与传输线连接是否良好，有无松动，防水处理是否良好。

②电源供电器。电源设备有无损伤，在杆上安装是否良好，初、次级接线是否正常，箱盖封闭措施是否完整。

③传输线。线路有无被建筑物，树木或其他物体损伤的可能，垂度是否合适，电缆挂钩是否松脱或移位，与其他线路间距是否合适，接头部分防水措施是否良好；吊线接地引下线是否正常，电缆横过街道高度

是否合适（距地面高度：横过公路 6 m 以上，一般街道 4 m 以上，街道外 3 m 以上，次要地带 2.5 m 以上）。

④分支、分配器。设备有无损伤，安装情况是否良好，防水处理是否良好。

⑤电线杆、拉线。电线杆有无损伤、有无倾斜，拉线有无松弛，护罩有无脱落。

⑥接地。接地安装状况、接地有无异常，接地保护有无脱落。

（2）电气性能检查

1）接收点

①天线馈线。在天线引下线末端测电平，与初建时比较，有异常时查明原因。

②天线放大器。在输入输出监测端子测量电平，与初建时比较，如有异常查明原因。在测试点测量供电电压是否符合要求。

③防雷接地。在接地点测接地电阻，与初建时比较高于 4 Ω 时，作降阻处理。

④图像质量。在各天线馈线末端或天线放大器输出端监看接收频道图像质量。

2）前端设备检查

①卫星接收机。在卫星接收机输出端检查图像及伴音质量。

②信号处理器。在输入监测点测输入电平，在输出监测点测输出电平，在输出监测点测 V/A 比，在输出监测点测频谱。

③电视调制器。在输出监测端分别测量输出电平、V/A 比和调制度。

④混合器。在输出监测端测量所有频道电平，并与初建时比较，在输出监测端检查评、估各频道图像质量。

⑤光发射机。在输入监测点测各频道输入电平，与初建时比较，在光输出端测光功率或由显示屏查看光功率显示。

⑥微波发射机。在输入监测点测各频道输入电平，检测微波输出功率指示。

3）干线系统检查

在输入输出监测端分别测量各频道输入输出电平，在分支输出端测量各频道输出电平，与初建时比较。放大器输入输出电平差额与电缆特性相比较，如果与计算值相差超过 2 dB 时，应检查各接头部位。发现放大器有问题应及时处理。在电压测量端子测供电电压。

4）分配系统检查

①光接收机。通过光缆尾纤测输入光功率；在各输出分支口测各频道电平；在电压测试点测供电电压，并与初建时比较。

②微波接收机。在输出端测各频道输出电平；在电源输出端测供电电压，并与初建时比较。在输出端用电视机评估各频道图像质量。

③延长或分配放大器。在输入输出监测点分别测各频道输入输出电平，测放大器电平，最好在同一天进行，并记录测试时间；在电压检测端子测量供电电压。

④用户终端。在用户终端输出口测各频道电平，选用户数的 3%～5%进行调查检测，并记录检测时的时间、天气、温度等数据；利用用户电视机评估各频道图像质量等级，如有网纹、交调等现象应记录。

这些定期检查记录，是发生故障时进行分析判断的重要参数资料，应当作为技术档案妥善保管。测量仪器应定期作计量检查、对比，以保障测量精度。

3. 故障原因的初判及上报

（1）故障原因多发部位

1）接收天线。风暴、雪灾和鸟害等都能使天线振子损坏和方向变动。遇到这种情况，只能采取更换振子和调整天线指向的措施。

2）线杆和电缆（光缆）。挂缆用的电线杆，往往因为交通事故、建筑物倒塌或风暴等原因发生倾斜、折损，以至危及到电缆（光缆），造成变形与断线。同时电线杆倾斜、折损，长期得不到修复，会使电缆特性发生变化。这种事故不仅在事故现场需要修复，而且在其附近一定范围内波及的电缆、吊线和电线杆都应予以检查、修复或作必要地更换。

3）接插件。接插件是有线电视网络中故障多发部位。室外设施的连接应使用防水型接插件，不少接插件的防水性能是较差的，在检查维护中要特别注意；不少工程中使用不防水接插件，其防水使用缠绕自黏性胶带来实现，这种自黏性聚乙烯胶带和乙烯绝缘胶带等其防水效果都不十分理想；一些接插件结构强度较差，在风力摇摆电缆的作用下，接插件外导体有断裂的可能；在装配接插件时，由于使用工具不合适，或用力过大，过度拧紧，都可能造成接插件损坏。连接器松动往往是造成信号泄露的主因，应特别注重紧固状态。

4）线路上的设备。线路上的设备一般包括各种放大器、分支器、分配器、供电器、保安器及光接收机和微波接收机等，这些设备种类很多，不同厂家的设备不具备互换性。目前放大器已经模块（组件）化，因此在发生故障时，可更换组件。由于放大器是宽带射频电路，应避免在现场修理，最好拿回维修室修理，并通过仪表检测。

5）浸水事故

户外设备一般都应有防水功能或采用防水机箱，但有时忘记关紧机壳或箱盖、密合不良、接插件松动或防水处理不当（失效）等都会造成设备或电缆（尤其是藕芯电缆）浸水或进潮气事故；设备进水后，将发生功能故障或性能下降，电缆进水或进潮气后衰减量增加，使下一级放大器输入电平降低，C/N 比值劣化，进而造成系统故障；另外，有的电缆外导体采用很薄的铝箔层，进水（潮气）氧化后极易引起外导体断线。

6）雷击事故。雷击可分为直雷击和感应雷击，其破坏强度和波及范围各不相同，损害情况也是形形色色。使架设的电缆低于其他建筑物，可有效地防止雷击。最好的办法是将电缆改走地下管道。

（2）根据情况上报

1）一般故障维护上报。

2）定期故障维护上报。

3）故障处理上报。

维护工作应该按照事先规定的内容要求，逐项进行检查，发现问题应及时上报并进行必要的维护。

第四章
建筑设备监控系统的安装与运行

第一节　传感器和驱动器的安装与连接

学习目标

通过学习，了解传感器、驱动器、执行器的种类和作用，掌握传感器、驱动器、执行器的安装步骤和方法，能够安装及连接传感器、驱动器、执行器。

相关知识

一、传感器

传感器是指能感受规定的被测量并按照一定的规律转换成可用信号的器件或装置，通常由敏感元件和转换元件组成。主要用于对现场的温度、湿度、压力、压差、流量、阀门开度等模拟量进行数据采集。

变送器是将由传感器输出的电信号经过校验和处理变换成标准的（电流、电压）电信号。

目前，传感器、变送器向着小型化、多功能化、智能化发展。随着计算机技术水平的提高，现代的传感器加强了计算机接口技术的应用，可以直接连接在工业控制总线上。

传感器的种类很多，一是按检测外界输入信号变换效应（物理效应、化学效应）来分，二是按输出的形式（开关量、模拟量）来分。智能楼宇中常用的传感器主要有压力、压差、温度、湿度、流量、液位、位置传感器等，但总体来说还是开关量和模拟量传感器两大类。

1. 开关量传感器

开关量传感器主要是由传感接收、信号处理、驱动输出三个环节构成，其输出的形式为“接通”和“断开”。如：有源输出信号（电流）和无源输出信号（触点），在智能楼宇中通常用来监控运行设备的状态和启停控制。

(1) 温度、湿度开关

温度开关是用来检测气体、液体、固体温度的开关量传感器。有机械式和电子式等多种形式，其中机械式结构相对较复杂、寿命短、灵敏度低，而电子式则是利用半导体材料和相关的电子电路制成的一种敏感元件。电子式元件具有结构简单、耐用、灵敏度高等特点，可广泛应用于楼宇设备控制、汽车、空调、复印机、传真机、电动机过热保护等一些需要进行过热保护和温度控制的领域。在楼宇监控系统中，经常用到的温度传感器有水银（水银膨胀）温度开关、水管路（热电偶）温度开关、风机盘管（波纹管）温控器、室内温度传感器等。常用的温度开关有常开型、常闭型，如图 4—1 所示。常开型温度开关的工作原理是当温度开关测温点达到温度开关的动作温度时，A、B 回路的接触点闭合使得 A、B 回路导通；当测温点温度低于释放温度时，A、B 回路接触点断开。常闭型温度开关的工作原理与常开型相反。

湿度开关主要用在室内空气和风道流动空气的湿度测量和控制，其原理与温度开关大致相同。

(2) 压差开关

压差开关是用于感应气体流量、气体压力或气体压差的传感器。典型的应用是进行过滤器的阻塞检测。

1) 检测空调冷凝管结霜及启动融霜装置；

2) 检测暖风或通风管内空气的质量；

3) 变风量系统的最大空气流量控制器。

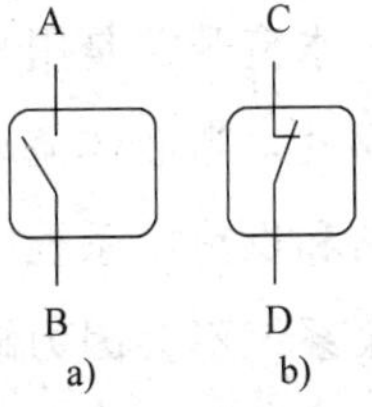

图 4—1　温度开关

a) 常开型　b) 常闭型

压差开关的工作原理是当气体流量变化时，压差开关能够检测出管道内某点气体压强的变化。由两个传感孔检测压差，作用于控制器薄膜的两面，用弹簧推动薄膜移动并启动开关。

在建筑设备监控系统中，压差开关主要用于检测新风机和空气处理机的过滤网。其原理很简单，就是当过滤网两侧气体的压强产生一定数值差时，压差开关以开关方式输出信号。压差开关可以是常开型也可以是常闭型（因系统而定）。该开关输出信号可用作过滤器堵塞报警或风机控制信号，此外还可应用于风阀的控制系统。

(3) 气体流量开关

气体流量开关可以用于检测气流的流量及气流的通断状态，以保证系统的正常运作。其工作原理是在其内部有一个风叶轮，当高速流动的气体流过时，风叶轮旋转后会产生径向移动，从而压迫微动开关产生电信号。当气体流速下降时，风叶轮不会压迫微动开关，而产生相反的电信号。它的作用是可以避免因“断流”而造成风管过热、盘管结冰或其他对设备及用户有害的情况。气体流量开关以开关方式输出信号，该开关输出信号可用作报警、启动气泵或风机、检测管道或风道气体流动情况等。

(4) 防霜冻开关

防霜冻开关和温度开关很相似。它的原理是当检测温度降到一定数值时，防霜冻开关将输出开关量信号。该开关量信号可以作为设备防霜冻报警、新风风门执行器、制冷设备等控制信号。

在建筑设备监控系统中，防霜冻开关主要用在中央空调机组的表冷器段，它的作用就是监测表冷器附近的温度，防止表冷器因为周围环境温度过低，冻坏设备。

(5) 水流开关

水流开关是用来检测液体流动情况的信号检测装置，它具有很高的可靠性，当液体流动和不流动时，它会分别连接两个不同的回路。在制冷站和供热站系统中，经常要用到水流开关，主要检测冷冻机组和各个水泵系统不会因为缺水而损坏设备。

(6) 电接点压力表

电接点压力表适用于测量无爆炸危险的流体介质的压力。通常，电接点压力表与相应的电气器件（如继电器和接触器等）配套使用，即可对被测（控）压力系统实现自动控制和发出信息（报警）的目的。电接点压力表分直接式和磁助式两种形式。其工作原理是当压力达到设定值时，接点闭合；电接点压力表一般有两个设定值（上限值和下限值），当压力表的数值达到设定值时，它将输出开关信号。

在建筑设备监控系统中，电接点压力表主要用于水系统的自动控制和报警。例如：在制冷系统中（大型制冷机组），冷动水和冷却水都会或多或少的流失。为了自动补充水的流失，经常会采用在水循环系统的旁路设置水稳压设备，稳压设备的启动和停止都是由电接点压力表控制的。其次，电接点压力表还可以监测水路的超压和欠压。

2. 模拟量传感器

模拟量传感器与开关量传感器不同，它不仅能反映出“通”与“断”的特性，同时，它还反映了被测量的实时变化情况。模拟量传感器主要的输出形式是“电压、电流、电阻”信号，在智能楼宇中通常用来检测温度、湿度、压力、压差、流量、位置、电量、二氧化碳焓值等。将模拟量传感器输出的电信号输入给直接数字控制器（DDC），经 DDC 的运算和处理后形成数据并输出控制信号。通常用来监控运行设备的实时参数、状态和控制输出。

（1）温度传感器

温度传感器用于测量空气、水或其他气体、液体和固体的温度。其安装形式有室内、室外、风管、浸没、烟道、表面等形式。温度传感器一般用测温元件接成桥式电路，当温度发生变化时，桥路不平衡输出信号电压。温度传感器输入电源 DC 15 V，输出信号电压 DC 0～10 V。接线用 1.0 mm^2 屏蔽对绞线（18AWG）。在建筑设备控制系统中，温度传感器主要应用在暖通、制冷系统的温度调节。

（2）湿度传感器

湿度传感器用于测量湿度。有的湿度传感器同时可以测量温度，安装形式有室内、室外、风道等形式，测量元件有阻性疏松聚合物，输出电流为 4～20 mA。电容式湿度传感器当湿度变化时电容变化，输出信号电压为 0～10 V。在建筑设备控制系统中，湿度传感器主要应用在空调供暖的湿度调节。

（3）压力、压差传感器

压力、压差传感器是用于测量液体的压力和压差，且大部分是用来测量水管中的表压力。如：冷冻水的供回水、恒压供水管网等。压力、压差传感器输出参数是电压比例信号，工作温度在－40～85℃。它可以在楼宇自控中被用来测量供水管网的压力和压差。

压力传感器通常将空气压力或液体压力信号转换为4～20 mA或0～10 V的标准电信号。压差传感器是随着空气或液体的流量、压力或压差引起开关动作的装置。它们主要应用于空气和液体中的压力、流量监测，电容式压差传感器可以测量0～5 000 Pa的空气压力，其精度达±1%，具有良好的稳定性，并且在非常低的压力下仍具有良好分辨力。空气差压开关工作原理是在两个传感孔检测到的压力，作用于控制器薄膜的两侧，由于两侧压力不同，使弹簧承托的薄膜移动并启动开关。空气压差开关用于监测风机运行状态和过滤器阻力状态的检测，检定通风管内的空气质量、变风量系统最大空气流量等。液体压差传感器，通常采用由霍尔元件作为磁电转换的元件，组成霍尔压力变送器，静态承受差压额定值为160×10^{5} Pa，其精度可达±1.5%。薄膜型液体压力传感器其精度可达±0.25%～±1%。在建筑设备控制系统中，液本压差传感器传感器主要用于检测水系统的管网压力和压差。

1）电阻远传压力表

适用于测量对钢及铜合金不起腐蚀作用的液体、蒸汽和气体等介质的压力。因为在电阻远传压力表内部设置有一滑线电阻式发送器，故可把被测值以电量形式传至远离测量点的二次仪表上，以实现集中检测和远距离控制。此外，电阻远传压力表也可就地指示压力，以便于现场工作检查。

电阻远传压力表由一个弹簧管压力表和一个滑线电阻式发送器等组成。电阻远传压力表机械部分的作用与一般弹簧管压力表相同。由于电阻发送器系统设置在齿轮传动机构上，因此，当齿轮传动机构中的扇形齿轮轴产生偏转时，电阻发送器的转臂（电刷）也相应地得以偏转，由于电刷在电阻器上滑行，使得被测压力值的变化转变为电阻值的变化。

2）静压传感器

投入式静压液位变送器是基于所测量液体的静压与该液体的高度成正比的原理，采用扩散硅或陶瓷传感器的压阻效应，将静压转为电信号。经过温度补偿和线性校正，转换成4～20 mA标准电流信号输出。

投入式静压液位变送器的传感器部分可直接投入到液体中，变送器部分可用法兰或固定安装支架固定。主要用于城市给排水、水库、河流、海洋、储油罐等设施的水位及其敞开式容器液体的液位测量。被测量液体介质无论是水、油、酸、碱及黏稠液体都能测量。

(4) 流量传感器

1) 电磁流量计。电磁流量计是基于电磁感应定律而工作的流量测量仪表，它由检测和转换二个单元组成，被测介质的流量经检测单元变换成感应电动势，然后经放大转换成 4～20 mA 直流信号输出。

2) 涡轮式流量传感器。涡轮式流量传感器是一种速度式流量计。当流体流过涡轮叶片时，叶片前后的压差产生的力推动涡轮叶片转动；在一定的流量范围内，管道中流体的容积流量和涡轮转速成正比，涡轮的转速通过检测线圈和磁电转换装置转换成对应频率的电脉冲信号。

在建筑设备监控系统中，流量传感器主要应用于检测管网中水的流量变化。

(5) 电量变送器

常用的电量变送器有电压、电流、频率、功率因数、有功功率、无功功率变送器等。

1) 电压变送器。电压变送器通常将单相或三相交流电压 110 V、220 V、380 V 变换为 0～5 V、0～10 V 电压输出或 0～20 mA、4～20 mA电流输出。当检测高压时可借助于电压互感器来实现。

2) 电流变送器。电流变送器通常将单相或三相的电流 0～5 A 变换为 0～5 V、0～10 V 电压输出或 0～20 mA、4～20 mA 电流输出。当检测大电流时可借助于电流互感器来实现。

3) 其他电量变送器。其他电量变送器有频率、功率因数、有功功率、无功功率变送器等。它们均是将各自参数变换成相应的 0～5 V、0～10 V 电压输出或 0～20 mA、4～20 mA 电流输出。

在建筑设备监控系统中，电量变送器主要应用在变配电系统中。实现对供电指标电压、电流、功率因数、有功功率、无功功率、用电量的监测。

(6) 二氧化碳传感器

二氧化碳传感器是用于测量回风系统中二氧化碳的焓值，它主要是用在空气处理机上，通过检测回风的空气质量，来调整新风风阀的开度，从而调节室内的空气质量。

二氧化碳传感器的作用是检测室内的空气质量，它一般是配合空气处理机来实现对大楼的空气调节，通常将该传感器安装在回风风道中，在经过DDC的PID调节来控制各个风门驱动器的开度，达到空气调节的作用。

二、阀门、驱动器、执行器

在建筑设备监控系统中，常用的驱动设备除了风机、水泵外，还要大量地用到阀门、驱动器、执行器（执行机构），它们是建筑设备监控系统中的重要组成部分。执行器按其能源形式分为气动、电动和液动三大类，它们各有特点，适用于不同的场合。但在楼宇自控系统中，主要应用的是电动执行器，如开关量控制的电动阀和模拟量控制的比例阀、伺服阀。

1. 阀门

(1) 电动二通阀

电动二通阀（或称为直通阀）广泛应用于暖通、中央空调系统（风机盘管）、太阳能（工程及民用热水器）、节水器具（高效卡式节水系统）、环保工程、给排水、水处理、预付费冷热水表、工业自控等行业。

电动二通阀一般有四根引线，其中两根为工作电源线，另外两根为阀门的开关控制线。接通电源后，两根控制线相接时，阀门中的阀板动作并使阀门处于全通状态，两根控制线断开时，阀门中的阀板动作并使阀门处于关闭状态。高级的电动二通阀设有自动保护系统，阀门在运行中如出现流动物体有杂物将阀门卡死或其他故障，电动二通阀会自动切断控制信号，并发出“嘟……”的报警声。此时应关断电源，取出杂物排除故障，再通电运行。当流动物体中有杂物时，使用高级的电动二通阀应在阀门前加装过滤网，进行保护。

(2) 电动三通阀

电动三通阀分为常开型和常闭型两种，由流体入口、工作口、卸荷口构成。电动三通阀常开型的工作原理是当接通控制信号时，流体经入口流向工作口（进入工作管网），此时的卸荷口关闭。断开控制信号时，流体入口关闭（不再向管网提供流体），工作口和卸荷口相通。在建筑设备监控系统中，电动三通阀主要用在中央空调风机盘管中，电动三通阀由驱动器与阀体两部分组成，驱动器由一个同步电动驱动，具备弹簧复位及手动开阀杠杆操纵功能。电动三通阀可与温控器配套使用，由温控器控制电动阀电动机，使阀门开或关，实现管道冷水或热水的通或断，再通过风机盘管送风，以实现温度的自动调节。

1）结构特点

①线性控制，耗电少，非常节能且安全；

②驱动器可快速拆装；

③手动操作杠杆可供调试和维修时进行手动控制。

2）接线方式

一般电动三通阀有两组端子组成。一组是电源输入端子，阀门打开输入端、阀门关闭输入端；另一组是信号输出端子，阀门打开信号输出端、阀门关闭信号输出端。

（3）电动蝶阀

在建筑设备监控系统中，电动蝶阀主要应用于比较大的阀门控制，如给排水控制系统和暖通控制系统。蝶阀有对夹式蝶阀、法兰式蝶阀、支耳式蝶阀等。电动蝶阀一般采用电动机控制其通断。主要的驱动信号有电动机正向控制、电动机反向控制；检测信号有蝶阀左到位、蝶阀右到位、蝶阀左扭矩报警、蝶阀右扭矩报警等。

2. 驱动器

（1）电动控制

一般来说，阀体和驱动器是分开的，不同的驱动控制可以和相同的主阀体组合，构成新的阀结构。驱动器的电动控制一般采用的是开关量控制，可以是直流控制信号，也可以是交流控制信号。控制信号决定了阀的阀板为极限控制。

（2）比例控制

比例控制通常是由 4～20 mA 或 0～10 V 为控制信号，而阀体中的阀板受电磁信号的控制按照一定的比例实现位置控制。4～20 mA 或 0～10 V 控制信号驱动阀板在 0°～90°之间变换。一般的比例阀中可以配置阀位置检测，比例控制输出的也是模拟量信号。

（3）电动机控制

电动机控制分为普通电动机控制和伺服电动机控制两种，主要应用于扭矩较大的电动阀和对阀的位置能进行精确控制的伺服阀。普通电动机控制也是实现阀的极限控制（全通或全闭），但与电动控制（信号的有或无决定阀的通与闭）不同的是阀的全通或全闭是由电动机的正反转实现。同时，还配置了一些联动信号。伺服电动机控制阀主要控制阀的精确开度，随着信号的大小变化，决定阀的位置变化（可以实现连续的调节)。伺服控制阀通常带有位置反馈，一般由控制器对其实现PID控制调节。

3. 执行器

执行器是完成直线和角度输出的机械装置，有手动和自动两种。手动控制是利用手柄直接驱动执行器，使其产生位移。电动控制一般和驱动器配合使用，多采用比例和伺服控制，根据驱动器的信号大小变化，无级地调整执行器的位移。

在建筑设备监控系统中，主要应用电动执行器（或称为风阀）来完成对风门的开度控制。如：对新风风门、回风风门、排风风门等的比例联动控制。

对于驱动器、执行器二者并没有严格界限。习惯把控制源叫做驱动器，把控制输出叫做执行机构。例如：电磁阀、线圈、电磁铁是驱动装置，而电磁铁连接的阀芯就是执行机构。在这里我们统称执行器。执行器在自动控制系统中的作用相当于人的四肢，它接受调节器的控制信号，使执行器按预定要求正常执行。在楼宇自控系统中，阀门和执行器接受来自驱动器的电信号。转换为位移或角度输出，并通过调节机构改变流入或流出被控制对象的物质的量，达到控制温度、压力、流量、液位、空气湿度等参数目的。

操作技能

一、传感器的安装与连接

1. 温度、湿度传感器的安装与连接

（1）室外温度、湿度传感器的安装与连接

室外温度传感器QAC22的外观造型、安装孔距及内部接线如图4—2、图4—3和图4—4所示，安装时应特别注意做好防水和防尘的技术处理。

1）QAC22型传感器的安装步骤为卸掉可移动盖板的塑料外壳，通过传感器背面圆孔用螺钉将其固定好，螺钉紧固要适中，既不要太松也不要太紧。固定安装好后，开始连接接线端子。连接的引入线可以由后方（暗线）或由下方（明线）引入，引入线塞栓Pg11可以拧入外壳底部。连接线可以相互交换。允许线长取决于传感器使用的控制器类型，

图 4—2　QAC22 外形

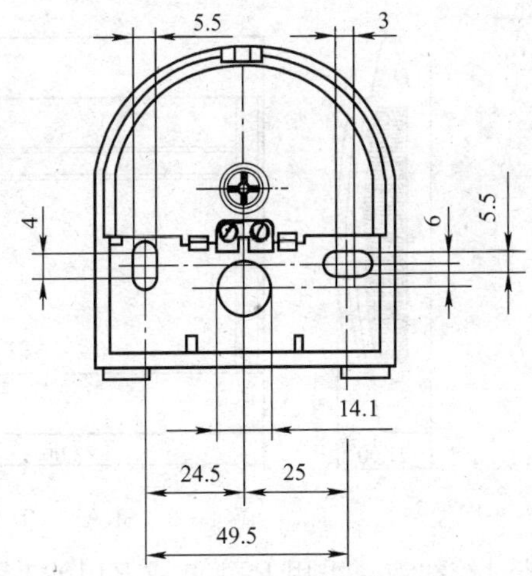

图 4—3　QAC22 安装孔距图

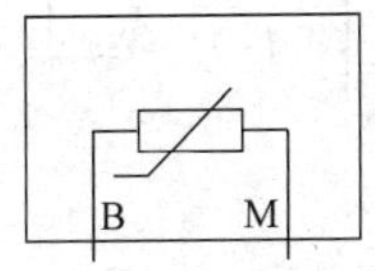

图 4—4　QAC22 内部接线图

它们被指定在相应控制器的技术资料中。

2）QAC22 型传感器安装时，应注意安装在有人居住的房屋或建筑物墙上，但不得暴露在太阳直晒的地方。远离有较强振动、电磁干扰的区域，其位置不能破坏建筑物外观的美观与完整性，室外温度传感器应有风雨防护罩。如不能确定，应安装在朝北或朝西北的墙上。通常最好安装在房屋或建筑物的最冷面的墙上（一般是朝北的墙上）。

3）QAC22 型传感器的安装高度宜在房屋、建筑物或供热区域的中央，距地面至少为 2.5 m。不得将其安装在门窗、排气口、其他热源的上方、阳台或屋顶的屋檐下面。为防止因空气循环而产生误差，应密封好传感器上的导线管。传感器上不能刷漆。

（2）室内温度、湿度传感器的安装与连接

SRAT－T 室内壁挂温度传感器的外形和外形尺寸如图 4—5 和图 4—6 所示。

1）SRAT－T 型传感器的安装步骤为先将不锈钢安装底板用螺钉固定好，然后将信号电缆连接在接线端子上，最后将传感器外壳固定在底板上。SRAT－T 型传感器（不防水型）安装位置要选在雨水淋不到的地方。SRAT－T 型传感器采用热敏电阻时，可进行 2 线连接，信号线缆可以选用非

图 4—5　SRAT－T 外形图

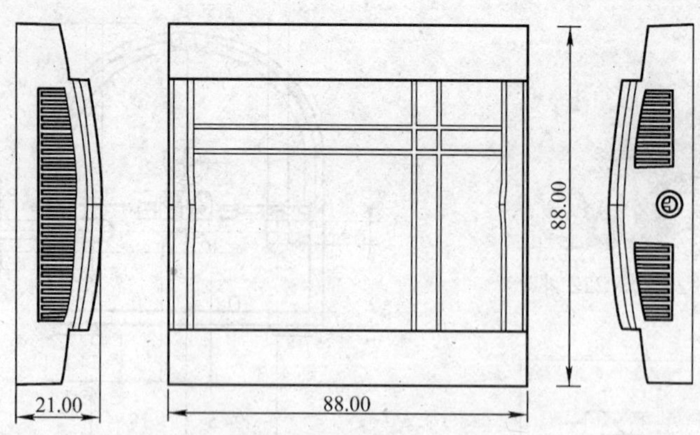

图 4—6　SRAT－T 外形尺寸图

屏蔽对绞线缆。采用 PT100 或 PT1000 铂电阻传感器时，传感器每端引出 2 个引脚，用户可以进行 2 线、3 线、4 线的连接方式。当选用 3 线或 4 线连接时，是为了测量过程中对导线电阻进行补偿。

2）SRAT－T 室内传感器安装时，应安装在室内墙壁上，使其能够准确测量被控区域的温度。避免安装于门后、外墙和空气不流通的隐蔽处等。避免直接日晒或接近其他热源，例如散热器和热辐射的电器设备之上。

（3）风管温度、湿度传感器的安装与连接

SDA－T 型风道温度传感器的外形结构、安装尺寸如图 4—7、图 4—8 所示。

图 4—7　SDA－T 传感器外形图

SDA－T 型风道温度传感器主要用于风道温度的测量，具有安装简单，牢固的特点。安装在回风风道上，可测量空调回风温度；安装在送风风道上，可测量空调送风温度；安装在新风风道上，可测量空调新风温度；安装在空调箱体上，可测量电加热器出风温度；还可代替防冻保护开关，测量盘管温度，做防冻保护用。

1）SDA－T 型风道温度传感器结构组成包括外壳上盖、外壳安装底座和金属探针。外壳上盖和外壳底座是高质量的、拉伸强度高的白色塑料，外壳上盖和外壳底座通过螺钉固定，外壳底座上有 2 个固定安装孔，方便工业安装。金属探针是长度约 200 mm 的密封不锈钢管，探针头部封装了热敏电阻敏感元件，敏感元件是用环氧导热材料浇注在不锈钢管

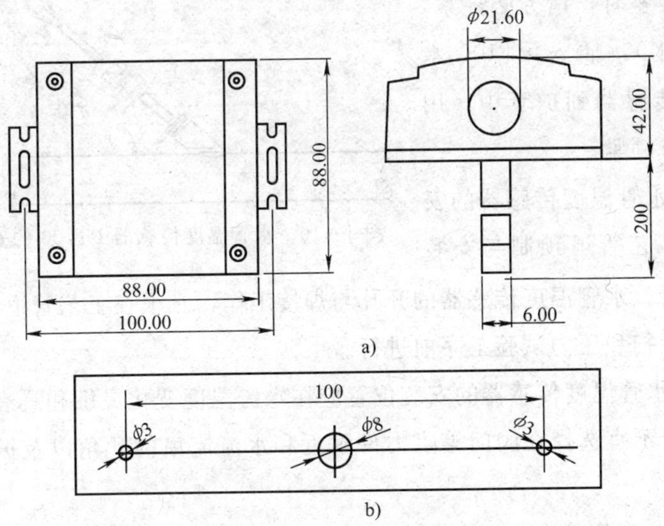

图 4—8　SDA－T 传感器结构、安装尺寸图

a）外形尺寸　b）安装尺寸

内部，这样保证了温度传感器可以长期在湿热的环境中使用。

2）SDA－T 型风道温度传感器可以直接安装在风道上，安装位置选择在温度能够被准确检测的区域。安装在送风风道上，安装位置距离送风机 2～3 m 处。安装在回风风道上，安装位置可以在回风风道任意处。通常将其安装在风速平稳，能反映风温的位置。另外，还应在风管保温层施工完成后，把温度传感器安装在风管直线段或应避开风管死角的位置。SDA－T 型风道温度传感器安装位置要便于维修、调试。一般安装方法：在风道上开一个 8 mm 的孔，然后把温度传感器探针插入到风道里面，用 2 个10 mm 长的自攻螺钉将外壳固定在风道上。传感器有 2 个接线端子，信号线缆采用非屏蔽聚氯乙烯软护套 2 芯线缆。

（4）水管温度传感器的安装与连接

PT100 水管温度传感器的外形和安装如图 4—9 和图 4—10 所示。

1）PT100 水管温度传感器的安装步骤是首先在管道上开一个约 30 mm 的焊接孔，然后将 PT100 水管温度传感器安装座焊接在管道上并将护套插入到安装座上（注意：将护套

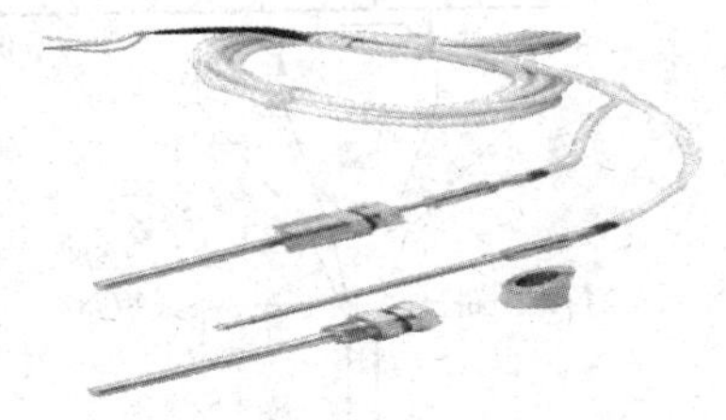

图 4—9　水管温度传感器 PT100 的外形图

拧入安装座时，请务必拧紧，以防漏水），插入 PT100 水管温度传感器到护套中，用锁紧螺母锁紧。

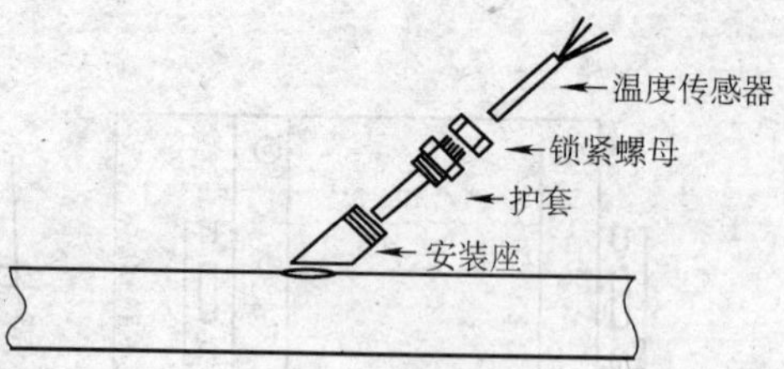

图 4—10　水管温度传感器 PT100 的安装图

2）水管温度传感器的安装应与工艺管道预制与安装同时进行。水管温度传感器的开孔与焊接工作，必须在工艺管道的防腐、衬里、吹扫和压力试验工序前进行。

3）水管温度传感器的安装位置应在水流温度变化灵敏和具有代表性的地方，不宜选择在阀门等阻力件附近和水流流束的死角以及振动较大的位置。

4）水管温度传感器的感温段大于管道口径的一半时，可安装在管道的顶部，如感温段小于管道口径 1/2 时，应安装在管道的侧面或底部。

5）水管型温度传感器不宜在焊缝及边缘上开孔和焊接。

6）PT100 水管温度传感器共 4 条线，分成两组，每组的 2 条线是短路的。在接线前请用万用表测量。将每组 2 条短路的线接入仪表入水温度的（17，18）、（19，20）或回水温度（7，8）、（9，10）接线端子上。安装方法如图 4—11 所示。

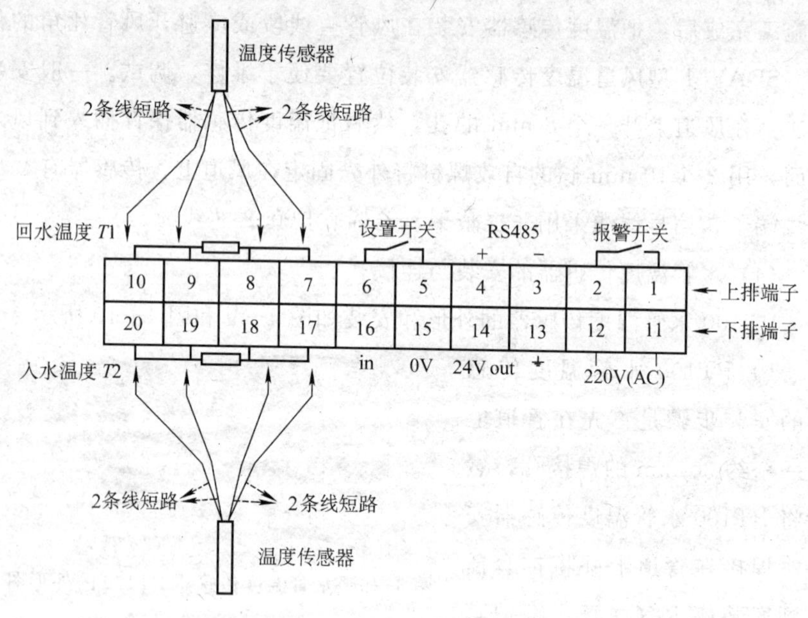

图 4—11　水管温度传感器的接线图

2. 压力、压差传感器和压差开关的安装与连接

(1) 压力传感器的安装与连接

1) 传感器测量结果的准确性，不仅与传感器本身的精度等级有关，而且还与传感器的安装、使用等是否正确有关。安装时压力检测点应选在能准确及时地反映被测压力真实情况的位置。因此，取压点不能处于流束紊乱的地方，即要选在管道的直线部分，且离局部阻力较远的地方。

2) 测量高温蒸汽压力时，应装回形冷凝液管或冷凝器，以防止高温蒸汽与测压元件直接接触。测量腐蚀、高黏度、有结晶等介质时，应加装充有中性介质的隔离罐。隔离罐内的隔离液应选择沸点高、凝固点低、化学与物理性能稳定的液体，如甘油、乙醇等。

3) 压力传感器安装高度要与取压点相同或相近。

4) SDA－P 智能化压力传感器的设置和接线如图 4—12 所示。

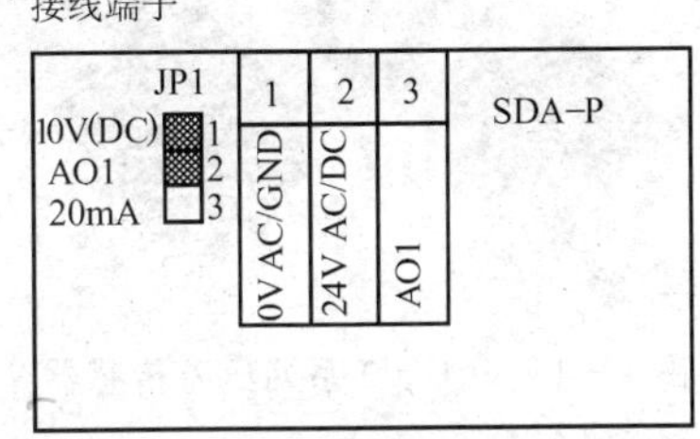

图 4—12 设置和接线端子图

AO1 模拟输出可以利用跳线设置为 0～10 V 或 4～20 mA 的模拟输出信号。跳线位于模拟输出各自接线端子的后面。参数设置和跳线的位置见表 4—1，出厂设置为 0～10 V 输出。

表 4—1 **模拟输出跳线**

Signal Type（信号类型）	Jumper selection（跳线选择）
DC 0～10 V	(1～2) ■■□
DC 4～20 mA	(2～3) □■■

SDA－P 智能化压力传感器的安装和连接基本与 SDA－T 风道温度传感器相同。值得注意的是压力传感器比温度、湿度传感器的密封要求更严格。接线也比 SDA－T 风道温度传感器复杂。

(2) 压差传感器的安装与连接

LD300 系列差压（微压差）传感器如图 4—13 所示。LD300 压差传感器选用进口高精度、高稳定性敏感元件，具有良好的长期稳定性和温度稳定性。信号经精密温度补偿，放大处理转换成 4～20 mA 或 1～5 V 标准信号，可与 DDZ－Ⅲ、DDZS 系列仪表以及工业计算机或集散系统接口连接，实现自动测量和控制。

LD300 压差传感器安装时，先把变送器加以固定；再用塑料软管把高（H）、低（L）压介质压力引到平衡阀对应端，平衡阀的出口接到变送器对应的压力口处。这样做可以避免在使用时单端受压，造成变送器过载损坏。传感器的 1（红）、2（黄）接线端子为恒压源或电流源，3（蓝）、4（白）接线端子为信号输出端。传感器安装位置应便于维修、调试。

（3）压差开关的安装与连接

Delta－PFS™系列压差开关是 ACOL 公司流体控制产品的一个重要系列，它可在水和空气流体工程中检测水过滤器、泵、热交换器、冷水机组及盘管等的压差。WFS11100AA 压差开关外形如图 4—14 所示。

图 4—13　LD300 系列压差传感器

图 4—14　WFS11100AA 压差开关

1）安装方法是先在管道上钻孔，焊接 1/4 in SAE 接口。将压差开关固定在支架上（塑料接线盒的位置无要求），制作从压差式流量开关连接到焊接的 1/4 in SAE 连接口所需的 1/4 in 铜管。

2）压差开关的“High”端接系统高压端（过滤器、水泵和换热器的进水端）的 1/4 in SAE 接口，压差开关的“Low”端接系统低压端（过滤器、水泵和换热器的出水端）。

3）合适的压差开关测压位置非常重要，有利于保证压差测量值的准确性，应尽量靠近水过滤器、换热器和水泵等的进出水口处作为测压口，如图 4—15 所示；阴影部分应为过滤器、换热器等。压差开关的安装位置应考虑冬天室外温度较低时避免压差开关的连接铜管被冻裂，必要时需要对连接压差开关的水管及铜质壳体进行保温及电加热。

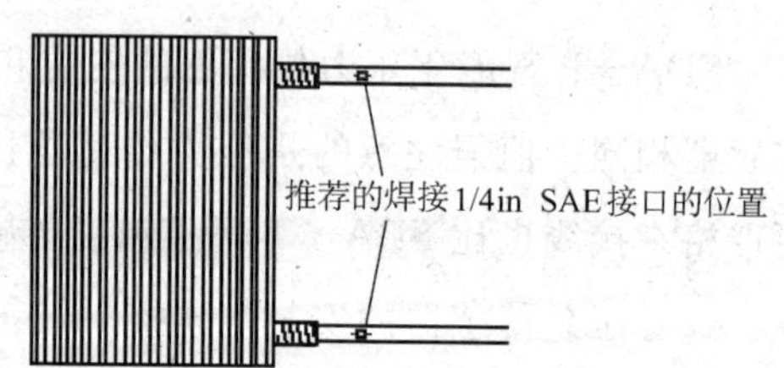

图 4—15　1/4 in SAE 接口安装位置

4）连接管与1/4 in SAE 接口紧密连接，用10 mm 厚橡塑保温板和保温管对铜质接口及连接铜管进行保温处理，也可以用电加热线将连接管逐圈均匀缠绕，并将电加热线与防冻控制装置联锁。将缠绕有电加热线的连接管用保温胶带紧密包裹，可以防止连接管冻裂。

5）可调压差式流量开关直接输出到接线盒内的接线端子上，用户可以根据自己的应用进行内部连接和外部接线。在接线盒上还必须由用户配合适的电缆线及1/2 in NPT 的电缆线防水接头。压差式流量开关的输出触点允许通过电流阻性负载为3 A，感性负载为1 A。

3. 流量传感器的安装与连接

(1) 涡轮流量传感器的安装与连接

涡轮流量传感器有螺纹连接和法兰连接两种形式，标称直径 *DN*40 mm及以下的为螺纹连接，其余为法兰连接。根据用户需要，还可以采用特殊的连接方式。通常情况下传感器为水平安装，典型的安装管路配置如图 4—16 所示。

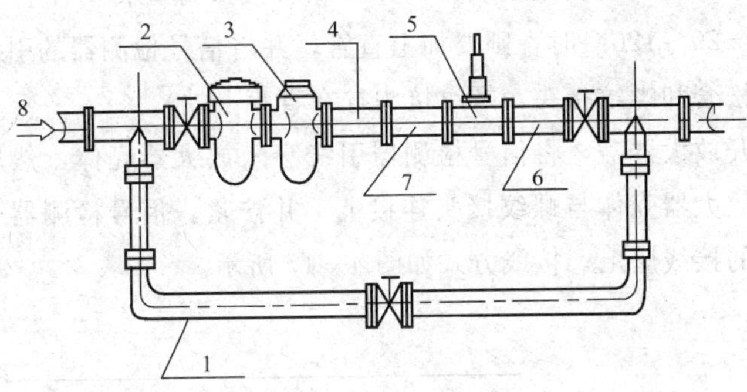

图 4—16 安装管路配置图

1—旁路 2—消气器 3—过滤器 4—整流器 5—传感器

6—后直管段 7—前直管段 8—入口

1）涡轮流量传感器由消气器、过滤器、整流器组成。消气器用来消除流体中的游离气体，避免游离气体占有的体积造成测量误差。过滤器将流体中的各种杂质（如颗粒、纤维、铁磁性物质）过滤掉，不使之进入传感器内，以保证传感器的零件（特别是轴承）不损坏。为了保证传感器的精度和稳定性，还必须安装整流器，以消除偏流，涡流等影响。当传感器前直管段长度不少于20倍标称直径时，可以不装整流器。

2）涡轮流量传感器应采用正确的安装与连接，安装时传感器应水平安装，流体的流动方向应与壳体上流向标志相同。传感器的管道轴心应与相邻管道轴心对准，连接密封用的垫圈不得伸入管道内腔。上下游侧应分别有与传感器相同标称直径的长度不少于 20*DN* 和 5*DN* 的直管段，其内壁应光滑清洁，无明显的凹痕、积垢和起皮等缺陷。否则应在上游侧安装整流器。

3）流量调节阀应安装在传感器的下游方向。当流体中含有杂质时，应加装过滤器，过滤网目数根据流体杂质情况而定，一般为 20～60 目。当流体中混有游离气体时，应加装消气器。整个管道系统都应有良好密封。用户应充分了解被测介质的腐蚀情况，严防传感器腐蚀损坏。

4）涡轮流量传感器应安装在便于维修并能避免管道振动、强磁场及热辐射的场所。涡轮放大器在出厂前一般与传感组件是连接好的。特殊情况下分开包装。其安装与连接按如下步骤操作：

①将信号检测器拧在传感组件上，要拧到底（注意用力要适度）。

②将放大器上的螺纹松套连同螺纹接头拧下，然后将信号检测器上的引线穿过螺纹松套和螺纹接头，并将螺纹接头拧在传感组件上（若介质温度在－20～120℃时，则要加上直管，并将信号检测器的引线穿过直管、螺纹松套和螺纹接头，螺纹接头拧在直管上端）。

③打开放大器盖，将信号检测器引线穿入放大器壳体，然后通过螺纹松套将放大器壳体与螺纹接头连接上，并拧紧。信号检测器引线连接在放大器的接线座上，接线方式如图 4—17 所示。

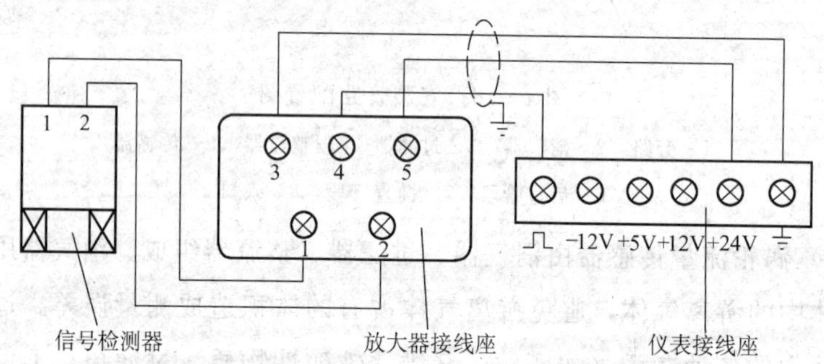

图 4—17　涡轮流量传感器的接线示意图

④将放大器出线口处的压紧螺母、盲板、垫圈、出线塞依次取出，用传输电缆穿入并接好电缆，然后将出线塞、垫圈依次装入出线口内，压紧螺母拧至电缆不能松动为止。若采用挠性软管连接，则用软管代替压紧螺母即可，然后将盖拧上。

⑤若用屏蔽电缆作为传输线，则屏蔽网可通过放大器外壳上的接地螺钉接大地，也可通过显示仪表端接大地，至此，安装完毕。

（2）电磁流量计的安装与连接

电磁流量计的外形如图 4—18 所示。

1）安装地点的选择应使电磁流量计工作可靠稳定，在选择安装地点时应注意以下几方面的要求。

①尽量避开铁磁性物体及具有强电磁场的设备（大电动机、大变压器等），以免磁场影响传感器的工作磁场和流量信量。

图 4—18　电磁流量计外形图

②尽量安装在干燥通风之处，不宜在潮湿，易积水的地方安装。

③尽量避免日晒雨淋，避免安装在环境温度高于 45℃及相对湿度大于 95%的地方。

④选择便于维修，活动方便的地方。

⑤流量计应安装在水泵后端，决不能在抽吸侧安装，阀门应安装在流量计下游侧。

2）为了正确地测量，在用户管道上选择位置时应注意以下几点要求。

①电磁流量计既可在直管道上安装，也可在水平或倾斜管道上安装，但要求两个电极的中心连线处于水平状态。

②介质在安装位置上应该满管流动，避免不满管及气体附着在电极上。

③对于液固两相流体，最好采用垂直安装，使被测介质自下而上流动，可使电磁流量计的衬里磨损均匀，延长使用寿命。电磁流量计上的流向标志应与管内介质流动方向一致。在介质不满管时，这时可采用抬高流量计后端出水管高度的方法使介质满管或用其他方法使传感器测量部位介质满管。

4. 电量变送器的安装与连接

常用的电量变送器有电压、电流、频率、有功功率、功率因数和有功电度变送器等。电压变送器通常将单相或者三相交流电压 110 V、220 V、380 V 变换为 0～5 V、0～10 V 电压或者 0～20 mA、4～20 mA 电流输出。电流变送器通常将单相或者三相的电流 0～5 A 变换为 0～5 V电压或者 0～20 mA、4～20 mA 电流输出。其他频率、功率因数、有功功率、无功功率等变送器均将相关参数变换为上述相同的输出。

电压变送器、电流变送器在进行高电压、大电流测量时，应借助于电压互感器和电流互感器。

TD18 系列电量变送器的外形如图 4—19 所示，安装方式可直接固定在 35 mm 的标准 DIN 导轨上。接线方式如图 4—20 所示。

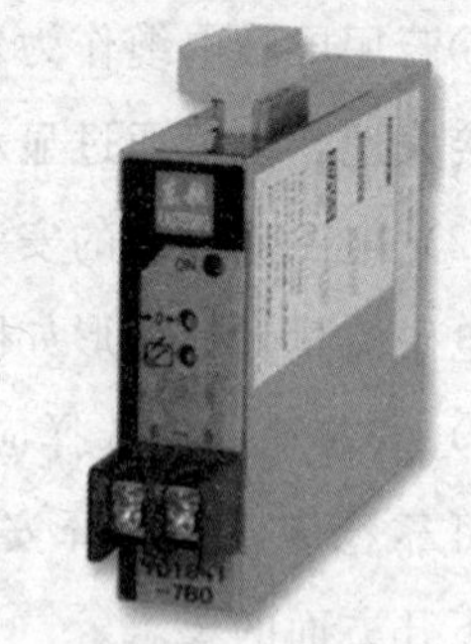

图 4—19　TD18 系列电量变送器外形图

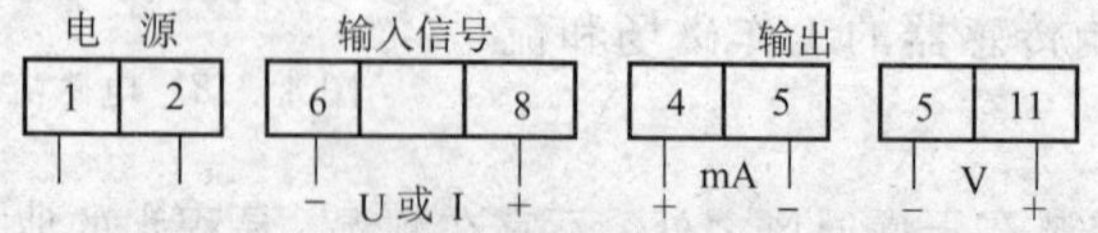

图 4—20　TD18 系列电量变送器接线图

5. 风机盘管温控器的安装与连接

风机盘管系统为房间提供冷/热风，通常有两管制和四管制运行方式，风机盘管温控器具有冬季和夏季两种控制模式。夏季运行时，选择开关换至“冷”状态，冬季运行时，选择开关换至“热”状态。风机盘管温控器通过对室内温度的检测来控制电动水阀的“接通”和“断开”，为房间中的风机盘管提供冷水或热水，从而调节房间的温度。另外，风机盘管温控器上还设有“HIGH”“MO”“LOW”三速开关，以控制风机在不同的速度下工作。温控器外形如图 4—21 所示。

(1) HL107 系列温控器的安装与连接

1) HL107 系列温控器适用于工业、商业及民用建筑的室内温度控制。其安装过程为：

图 4—21　温控器外形图

①对于新建工程，温控器开关的安装应在墙面工作完成后进行。

②温控器开关与其他开关并列时，距地面高度应一致，高差不应大于 1 mm；与其他开关安装于同一室时，高度差不应大于 5 mm；温控开关外形尺寸与其他开关不一样时，以底边高度为准。

③安装时先打开温控器开关盖，取下温控器开关芯体把风机盘管的电源线、控制线一起穿过开关底座，用配套的螺钉或直径、长短合适的

自攻螺钉把底座固定在墙面的 86 盒上，安装开关芯体连接导线，导线不要过紧应有一定余量，检查导线连接是否正确、牢固，确定后安装面盖。温度调节到中间部位，把开关关闭。

2）HL107 系列温控器与风机盘管和电动水阀的接线如图 4—22 所示。

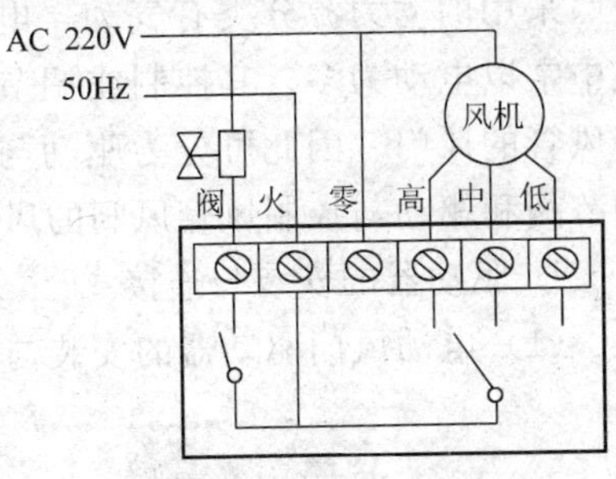

图 4—22 温控器接线图

（2）RAB10 温控器的安装与连接

1）RAB10 温控器用于维持供热或供冷系统的设定温度值。RAB10 温控器典型用于商用建筑、住宅建筑、轻型建筑。RAB10 温控器外形如图 4—23 所示。其功能为供热时，如果房间温度低于设定值，供热触点将会闭合。供冷时，如果房间温度超过设定值，供冷触点将会闭合。风机转速具有两种控制模式：一种是通过温控器的手动三速开关进行选择；另一种是自动控制风机恒速运行。在这种情形下，调试之前必须对相关的跳线位置进行设定。在线路板上有两种跳线位置的选择。

2）RAB10 温控器应该安装在能够尽量准确感知房间温度的位置，而不会受到太阳辐射或者其他冷热源的影响。安装高度距地面约 1.5 m。温控器可以安装在大多数分线盒上或者可以直接安装在墙壁上。RAB10 温控器外形如图 4—23 所示。只有合格的技术人员方可打开温控器。打开之前请务必切断电源。安装的时候，首先固定底板，随后将温控器固定在底板上，并连接电气线路。然后盖上盖子。温控器必须安装在平整的墙面上，且安装时必须遵照当地的电气法规。

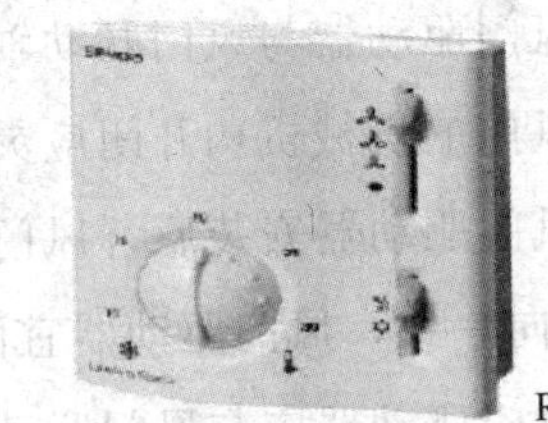

图 4—23 RAB10 温控器外形图

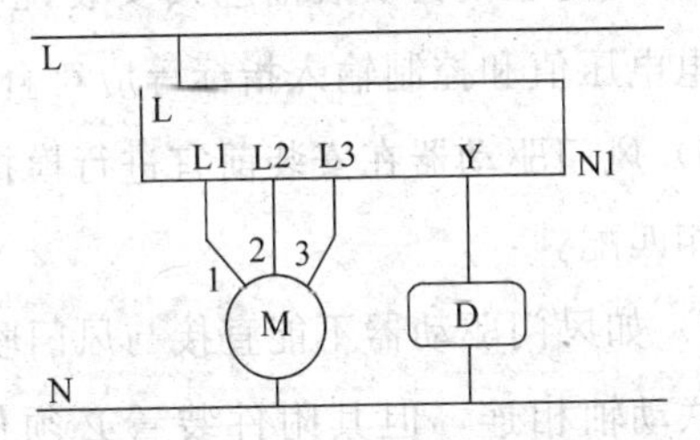

图 4—24 RAB10 温控器接线图

L—相线（火线） N—中性线（零线） N1—接线端子
M—电动机 D—电动调节阀 L—相线端子
Y—温度控制端子 L1、L2、L3—电动机调速端子

3）RAB10 温控器与风机盘管和电动水阀的接线，如图 4—24 所示。

二、驱动器、执行器的安装与连接

驱动器、执行器是楼宇设备自控系统中调节系统的重要组成部分，按照采用的动力源分类有气动、电动、液动等，目前在楼宇设备自控系统中常以电动为多。其控制或调节的对象为装于风管、水管的阀门和装于风管的风门。因此可分为驱动与控制阀门的电磁、电动调节阀，液压调节阀和驱动与控制风管风阀的风阀执行器。

1. 驱动器的安装与连接

(1) 电动风门驱动器的安装与连接图如图 4—25 所示

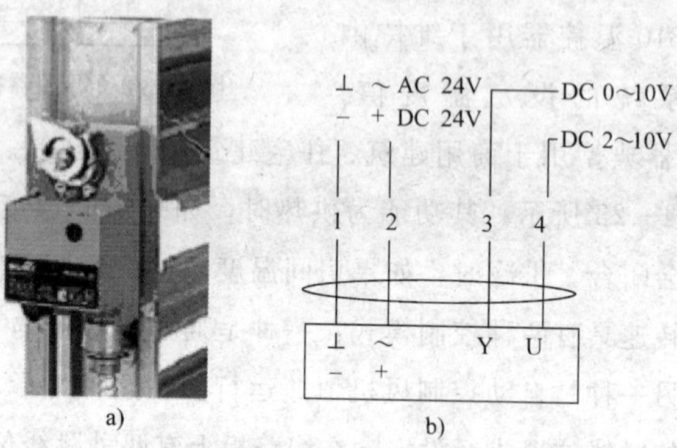

图 4—25　电动风门驱动器的安装与连接图
a) 驱动器外形图　b) 驱动器接线图

1) 风门驱动器与风门联动轴的连接应牢固。

2) 风门的机械机构开闭应灵活、无松动或卡涩现象。

3) 风门驱动器安装后，风门驱动器上的开闭箭头的指示方向应与风门开闭方向一致，风门驱动器宜面向便于观察的位置。

4) 风门驱动器应与风门联动轴垂直安装，垂直角度不小于 85°。

5) 风门驱动器安装前应按安装说明书的规定检查各线的绝缘电阻，且供电电压值和控制输入指标等应符合设计和产品说明书的要求。

6) 风门驱动器在安装前宜进行模拟动作，输出功率必须与风门所需标准相匹配。

7) 如风门驱动器不能直接与风门联动轴相连接时，则可通过附件与风门联动轴相连，但其附件装置必须保证风门驱动器旋转角度的调整范围。

(2) 电动调节阀的安装与连接

电动调节阀由主阀体和电动调节器组合而成，电动调节器的控制信号产生机械力并调节阀门的开度（见图 4—26、图 4—27）。

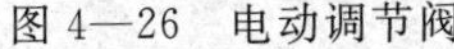

图 4—26　电动调节阀

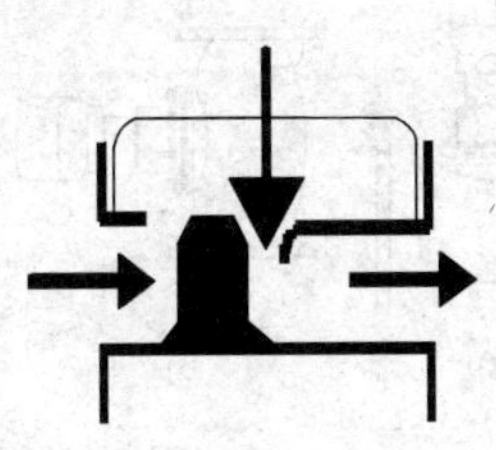

图 4—27　电动调节阀结构示意图

1）阀门按照管线设计图样安装，如果图样上未作规定，阀门可安装在供水或回水管上，一般安装在回水管上较好，同时建议在管道上安装过滤器。电器接线如图 4—28 所示。

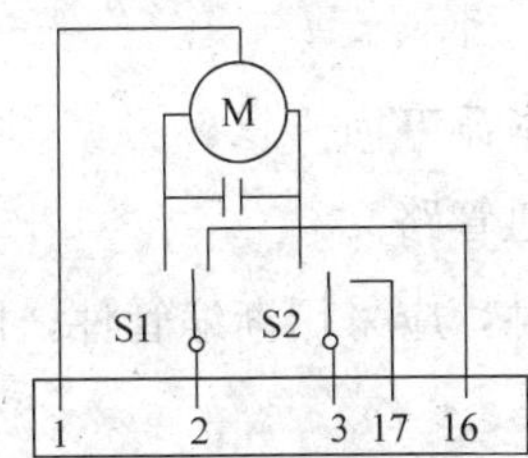

1、2	接通交流24V　　阀杆下行
1、3	接通交流24V　　阀杆上行
2、16	常开　　阀到下止点时导通
3、17	常开　　阀到上止点时导通

图 4—28　电动调节阀接线图

2）安装前应清洗管道，阀门入口侧安装过滤器及排放阀，以便去除沙砾锈垢等杂质。

3）电动调节阀安装方位如图 4—29 所示，应优先考虑垂直安装如图 4—29a，特殊场合可倾斜或水平安装，但体积、重量、振动过大时，要加支撑。

4）预留空间，以便安装及拆卸维修（见图 4—29e）。

5）阀体法兰与管道连接应保持自然同轴，避免产生剪切力，连接螺栓（纹）自然锁紧。

6）安装时，注意阀体上的箭头应与介质流向相同。

7）重要场合应增加旁路管线，以备发生故障和检修时用于切换至手动操作。

8）阀体部分需要同管道一样进行保温处理，尤其是对高温介质，更应该加强保温处理。否则会因为环境温度过高，影响电动执行器的正常工作。电动执行器不必保温。

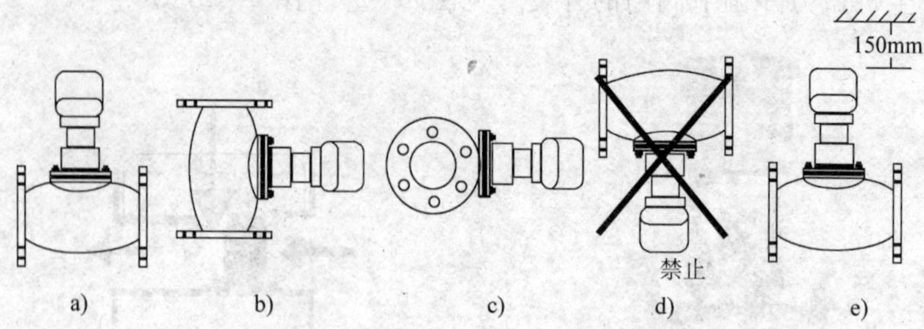

图 4—29　电动调节阀安装方位图

a）垂直安装　b）水平安装一　c）水平安装二　d）倒立安装　e）预留空间

9）电动执行器不得浸水，电气接线必须符合现场施工规范。

10）在通电以前，请注意检查电动执行器所要求的电源电压，以免损坏电动机。在检修时，必须断开电源。

11）用于蒸汽介质的阀门，应在管道上设置排水阀除水。

(3) 电磁阀的安装与连接

1）电磁阀阀体上的箭头的指向应与水流方向一致。

2）空调器的电磁阀旁一般应装有旁通管路。

3）电磁阀的口径与管道通径不一致时，应采用渐缩管件，同时电磁阀口径一般不应低于管道口径两个等级。

4）执行机构应固定牢固，操作手轮应处于便于操作的位置。

5）执行机构的机械传动应灵活，无松动或卡涩现象。

6）有阀位指示装置的电磁阀。阀位指示装置应面向便于观察的位置。

7）电磁阀安装前应按安装说明书的规定检查线圈与阀体间的电阻。

8）如条件许可，电磁阀在安装前宜进行模拟动作和试压试验。

9）电磁阀一般安装在回水管口，管道冲洗前应完全打开。

2. 执行器的安装与连接

(1) IK 系列电动执行器的安装与连接（见图 4—30）

1）驱动轴套的前期准备

将执行器倒向一侧，卸下两个固定底座的螺钉，将带有轴承部件的驱动轴套全部卸下。

按下述方法对驱动轴套重新安装：

①找到并松开钢制轴承挡圈上的平头螺钉。

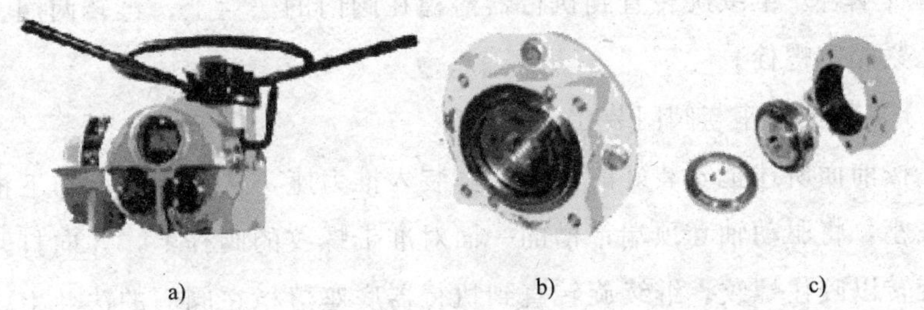

图 4—30　IK 系列电动执行器的结构

a）IK 系列电动执行器外形　b）驱动轴套　c）推力底座组件

②从驱动轴套上拧下轴承挡圈，并将轴承滑出，要保证轴承及挡圈的安全无损。

③安装驱动轴套，使其适合于阀杆，允许提升式阀杆的螺纹有间隙，并确保外螺纹不受损伤。

④清除驱动轴套上的铁屑，确保螺纹及轴承挡圈的清洁和润滑。

⑤将轴承装入驱动轴套，确保与其轴台吻合。

⑥将轴承挡圈固定在驱动轴套上，并用平头螺钉上紧。

⑦将驱动轴套重新安装在执行器底座铸件上，并确保驱动轴套上的槽与空心输出轴上的键吻合。

⑧重新装上底盘并将端盖拧紧。

2）执行器的安装

在组装前，要确保阀门的稳固。否则，由于头重脚轻，有可能不稳。如有必要，可将执行器用吊装设备吊起来，以便安装。如以其他角度安装执行器，应在经过培训及有经验的人员指导下进行，尤其要确保吊装时的安全。

在执行器驱动轴套与阀杆全部啮合及执行器与阀门的法兰吻合之前，执行器应完全被支撑起来。对于已组装好的阀门和执行器整体，在搬运时只能吊装阀门而不能吊装执行器。

执行器与阀门的安装法兰应符合 ISO 5210 标准。执行器与阀门连接支架的材料应符合 ISO 8.8 标准，抗屈强度 628 N/mm^2。

①提升杆式阀门顶部安装。

a）将执行器与推力座装成一体

按前面所述将安装好的驱动轴套装入推力座，降低执行器，使驱动轴套放到带螺纹的阀杆上，选择手轮操作方式，旋转手轮，使驱动轴套与阀杆啮合。继续旋转直到执行器落稳在阀门的法兰上，再转两圈，然后上紧固定螺栓。

b）将推力座与阀门装在一起

按前面所述把安装好的驱动轴套装入推力座，从执行器上卸下推力型底座，将驱动轴套顶端带槽的一面对准带螺纹的阀杆上，并向打开方向旋转以咬住螺纹。继续旋转直到执行器底座落稳在阀门的法兰上。装上固定螺栓，但先不要上紧。将执行器放在推力座上，旋转整个执行器，直到执行器输出轴上的驱动键与驱动轴套啮合。执行器上的法兰盘应与底座上的法兰盘对齐。继续旋转直到固定孔对准，用螺钉将执行器与底座固定紧。向打开方向旋转两圈，将执行器与阀门法兰固定。

②带有齿轮箱的阀门侧面安装。检查安装法兰，应与输入轴呈直角，使驱动轴套与轴的键槽充分啮合。将执行器置于手动状态，并送至转角箱的输入轴。旋转手轮，将键与槽对准后推入，上紧固定螺栓。

③非提升杆式阀门顶部安装。除执行器产生推力之外，此类型也可侧面安装。推力杆应确保与驱动轴套连接紧密。

④手轮密封。确保手轮中心的密封塞（或长形管帽）用聚四氟乙烯带密封并旋紧，以确保水气不能侵入执行器的中心轴。

3）接线

在卸下执行器端盖前应确保所有动力电源为断电状态。检查电源电压是否与执行器上规定的标称相符。在对执行器接线过程中必须安装一个开关或断路器，此开关或断路器应尽量安装在接近执行器的位置，并应设有作为特定执行器断电装置的提示。

①地线的连接

在与接线入口的相邻处铸有一个 6 mm 孔径的接点，用于连接外部地线，用螺栓和螺母固定。内部地线端子也已提供。

②连接端子

参考端盖内的接线图，分清端子功能，检查电源电压应与执行器规定电压相符。卸下电源端子隔离板，接好线后再装回。接线完毕后一定要将接线图放回端子箱内。

（2）KLD－20 电动阀门的安装与连接

1）产品概述

KLD－20 系列微型电动阀门如图 4—31 所示，属于超小型电动阀门品种，其执行器和阀体的一体化设计，极大地减小了外形体积，为在仪器仪表及小型设备上的使用提供了方便。阀球、阀杆采用浮动密封结构，既减小了扭力又克服了结垢导致开关不灵的弊病。

图 4—31　KLD−20 电动阀门

2）适用场合

KLD-20 电动阀门现已广泛应用于暖通、中央空调系统（风机盘管）、太阳能（工程及民用热水器）、节水器具（高校卡式节水系统）、环保工程、给排水、水处理、预付费冷热水表、工业自控等领域。

3）电源电压

电源电压应为 DC 5±0.5 V，最大输出电流应大于 500 mA，此时输出电压不得小于 4.5 V。当电源与阀门距离比较远时，更应特别注意。电源线回路总电阻不得大于 0.5 Ω，以避免在线路上的压降过大影响阀门的正常工作，强行提高操作电压极易导致阀门的损坏。

4）特性表（见表 4—2）。

表 4—2　　**特性表**

阀体规格	转动扭矩（kg·cm）	阀体材料	流体材料	工作电压（V）	工作电流（mA）	静态电流（mA）	防护等级
*DN*15	20	黄铜	水等	DC 5（1±5%）	60±10	15	IP67
*DN*20				AC\DC 12	30±10	12	
*DN*25				AC\DC 24	40±10	20	

5）安装、使用与连接

①请务必按接线图安装，并注意使用电压。

②避免阀门承受轴向过大弯曲应力，其扭紧力也不应过大，以安全可靠，不漏水为准。

③不要长期在过于潮湿和长期水浸危险的场合使用。

④妥善保存相关技术资料，以得到正常的售后服务。

⑤确保正确地介质流动方向。

6）控制方式及接线图

①AC/DC 12 V、24 V、110 V、220 V 控制方式，如图 4—32 所示。

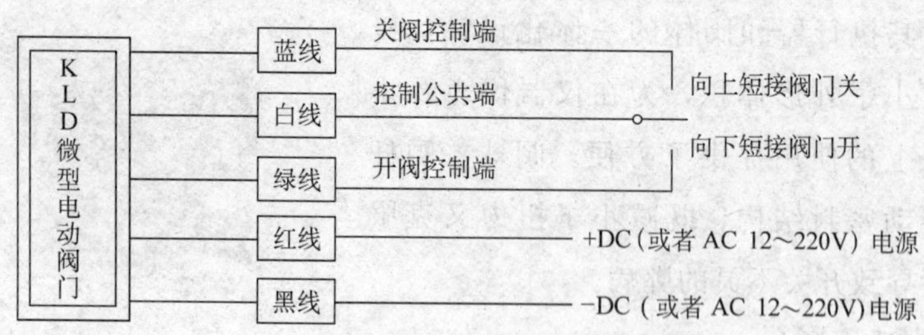

图 4—32 AC/DC 12～220 V 接线示意图

使用说明：

红线和黑线为电源线：直流（DC）电源时，红线接电源正极，黑线接电源负极；交流（AC）电源时，两线可任意接入交流电源的两根线。

白线为公共线。

当绿线和白线短接（短路连接）时，阀门自动打开后保持开阀状态。当蓝线和白线短接时，阀门自动关闭后保持关阀状态。其他任何接线方式都可能损坏阀门。

注意：控制端不能外接电源。

②DC 3～5 V 和 DC 5 V 控制方式。

使用说明：

当红端接正电源，黑端接负电源时，阀将逆时针转到全关位置，并切断内部电流。

当绿端接正电源，黑端接负电源时，阀将顺时针转到全开位置，并切断内部电流，其他接法阀门无法动作，并有可能损坏。

第二节 直接数字控制器（DDC）的安装与连接

学习目标

通过对直接数字控制器（DDC）安装技能的学习，使学员掌握控制器安装、固定和接线的方法，了解现场控制器的系统组成和结构。

相关知识

一、DDC的简介

1. DDC的概念

直接数字控制器（Direct Digital Controller以下简称DDC）是指完成被控设备特征参数与过程参数的测量，并达到控制目标的控制装置。它是一种特殊的计算机，其基本结构与普通计算机相同，同样有中央处理器CPU、存储设备、输入输出设备。在楼宇自动化系统中，DDC被作为现场控制器，具有可靠性高、控制功能强、程序可编写等特点。

DDC本身具有较强的运算功能和较复杂的控制功能，可以独立进行就地控制。它的特点主要体现在两个方面，“数字”是指它可以利用计算机完成控制功能，“直接”意味着它可以安装在被控设备附近。所以DDC既能脱离计算机独立完成现场控制，又可通过通信网络接受中央管理计算机的统一监控和优化管理。

（1）DDC的功能

DDC采用的是计算机集散控制，它通过对模拟量输入通道（AI）和数字开关量输入通道（DI）采集实时数据，然后按照一定的规律进行计算，最后发出控制信号，并通过模拟量输出通道（AO）和数字开关量输出通道（DO）直接控制生产过程。具体功能如下：

1）DDC主机（主控模块）采用计算机图形化语言编程，可以很方便地进行组态设计。

2）具有很强的联网通信能力，可以很大程度地进行站点的组合。

3）可以实时地与上位计算机进行数据的交换。

4）具备现场操作及现场编程接口，一般为RS232接口。

5）具备报警功能、趋势存储功能、失电保护功能等。

6）系统配备了功能强大的I/O智能单元，可以很方便地和现场传感器、驱动器进行连接。

（2）DDC的特点

DDC是建筑物管理的有力工具，它的操作系统可方便地对一个或多个区域实施监控和管理，可及时按客户要求或程序要求做出反应，DDC允许控制器在操作时间内同时具有其他功能，这一点是区别于传统系统的。DDC 可以以单个终端获得整个建筑操作的所有信息，这就具有很强的故障诊断能力。其特点如下：

1）DDC 主机和 I/O 智能模块采用分布式系统设计，可以很方便地任意组合；

2）体积小、可靠性高，具有很长的使用寿命；

3）可以长期稳定地工作，维护维修量很小；

4）具有多种编程手段，大大地方便了工程技术人员的现场调试；

5）无需校准，可减少维修保养费用，并长期保持精度；

6）可完成各种逻辑功能，并按建筑操作的客观情况做出复杂而精确的控制；

7）具有内部时钟控制，极大地方便了程序的编辑；

8）具有可编程功能及系统变更扩展的能力。

2. DDC 的应用

DDC 被广泛地应用于电气工程自动化和楼宇智能化系统中。

（1）在智能楼宇中应用

DDC 在智能楼宇系统中主要应用于建筑设备监控系统。如空调监控（新风机、空气处理机、制冷站、换热站）系统、给排水监控系统、送排风监控系统、供配电监控系统、照明监控系统、电梯监控系统等，如图 4—33 所示。DDC 作为现场控制分站对上述系统进行分散控制，并通过上位计算机管理软件和组态软件进行集中管理。对设备现场的工作状态通过在计算机上显示画面的组态来实现远程监控。在中央控制站可以实现对运行画面的监控、实时数据查询、打印历史曲线、生成数据报表和实时故障报警等操作。

（2）热网监控系统的应用

热网监控系统采用分布式 DDC 系统，如图 4—34 所示。其供热量的自动调节决策功能完全“下放”给就地的热力站系统。其上位计算机负责全网参数的监视以及总供热量、总循环流量的调控。

在热网系统中，每个供热站均可独立运行。DDC 根据二次供水的温度，自动调整一次进水阀门的开度，以改变一次热水的流量；根据定压点的压力自动控制补水泵的转速；根据供回水的温差和环境温度自动调节热循环泵的变频参数并自动检测热循环泵的运行状态。

计算机通过对现场控制场景的监控，实时地反映了现场的运行状态，

图 4—33　建筑设备监控系统显示界面

可以随时打印有关数据报表。特别是报警功能，更体现了计算机智能化管理的优势，系统不仅可以在故障时提供报警界面，而且可以根据报警信息进行火场分析，并自动启动报警装置。

在中央控制站可以实现对运行画面的监控、实时数据查询、打印历史曲线、生成数据报表和实时故障报警等操作。

(3) 供水监测系统的应用

在城市小区供水系统中（生活供水、消防供水），可以应用 DDC 来实现对多台泵的远程监控和数据管理，如图 4—35 所示。DDC 在现场实时地控制各台水泵的启停，通过监测供水管网的压力和流量，调整泵的运行频率和投入运行泵的台数。

可以实现多泵的远程控制泵的启停控制、泵的数量控制、修改变频泵当前运行的频率参数)，在中央控制站可以实现各类数据的实时显示、随机打印数据报表，实现报警显示和数据资料的储存。

二、DDC 的分类

1. 一体式 DDC

所谓一体式 DDC 就是控制器为一体机结构，即输入电源、输入/输出点、通信接口等均在一个控制器上。一体式 DDC 的好处是体积小，价格相对比较便宜，特别适合在小范围内进行集中控制。

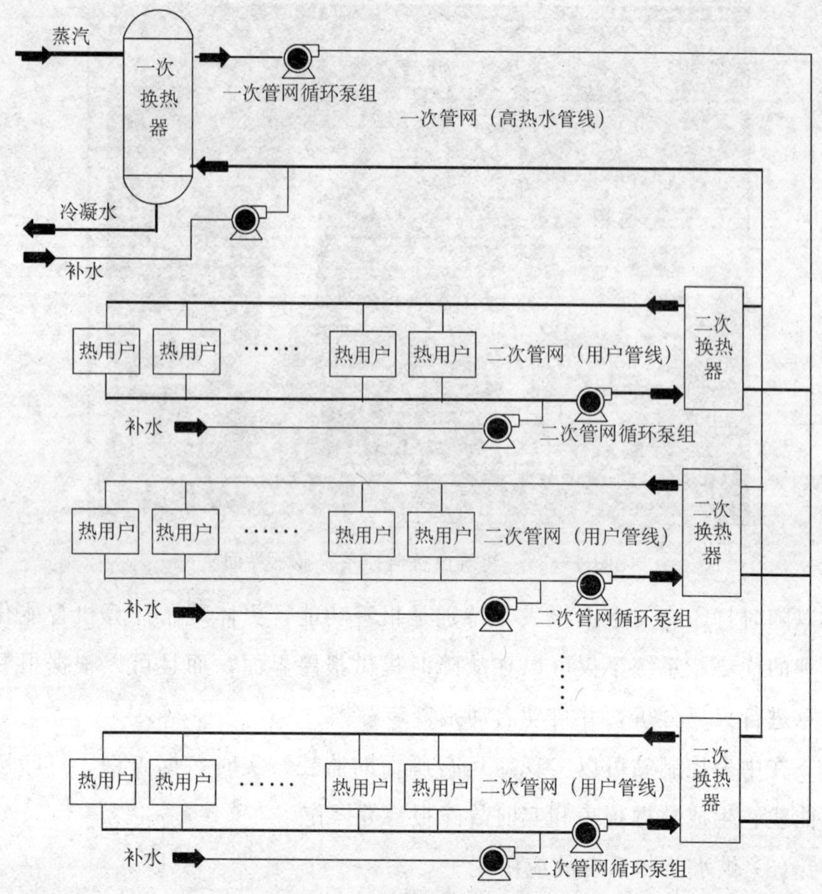

图 4—34　热网控制系统流程图

（1）一体式 DDC 的优势

由于大楼里的设备分布比较散，利用一体式 DDC 可以把大楼里分散的控制点分成若干个小的控制区域，这就使得现场设备与 DDC 的连接比较集中，可以简化布线程序。利用网线和上位计算机将所有分散的 DDC 进行网络连接，就可以实现对建筑物的监控。

控制主机的多点控制可以最大限度地实现系统的优化和配置。如在夏季，当负责控制空气处理机的 DDC 出现故障而不能正常运行时，可以将分管照明的 DDC 调换给空气处理机，以保证空调系统的正常运行。这是分布式 DDC 所做不到的。

（2）一体式 DDC 的扩展

一体式 DDC 的 I/O 点数是固定的，当所控制的系统不能被满足时，一体式 DDC 可以进行最大限度的扩展。扩展一般是由扩展控制器、扩展

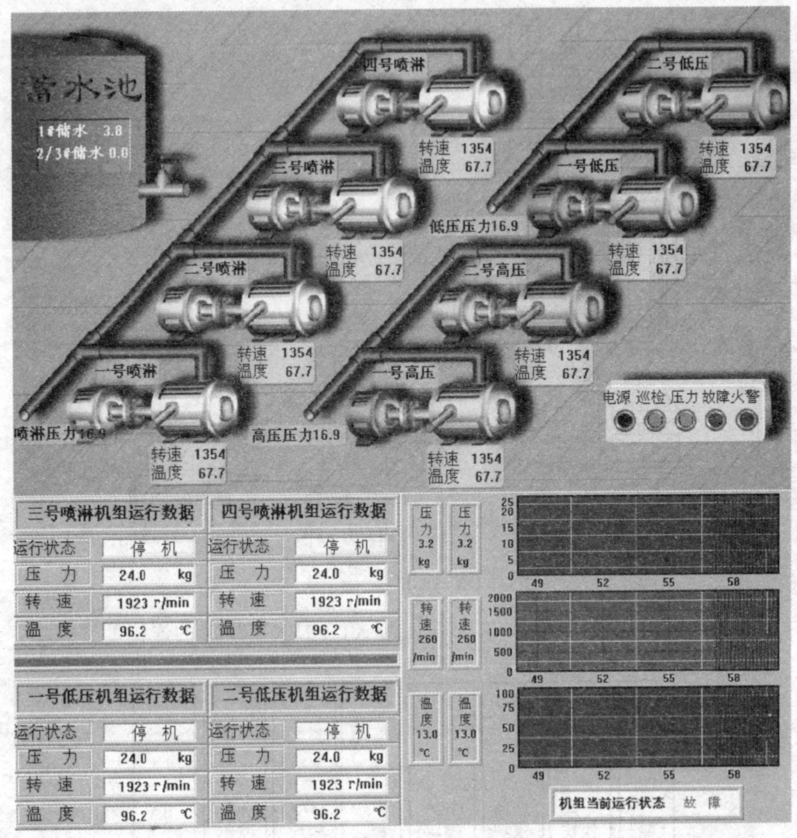

图 4—35　供水监测系统远程监控界面

模块组成，扩展后的 I/O 点数由 DDC 主机统一进行管理。例如美国江森的 DX－9100－8154 与 XT－9100－8304 的连接如图 4—36 所示。

2. 分布式 DDC

分布式 DDC 与一体式 DDC 的不同是它具有很好的通用性和扩展性，控制器的主机、通信、I/O 点等都是模块结构，可以随意的组合。分布式 DDC 适合测控点较多且变化较多的设备，例如：清华同方的 RH－6000 系统。RH－6000 为 2005 年的升级产品。升级后的控制系统采用了多种通信方式，突出应用了“面向对象”的模块化设计、现场总线等技术，是具有完全自主知识产权的分布式控制管理系统。目前广泛地应用于楼宇自控和热网控制领域。

(1) 分布式 DDC 的组成

现场控制器是系统的基本组成部分，用于对现场设备进行测量和控制，简称 DDC（亦称 DCU），如图 4—37 所示。

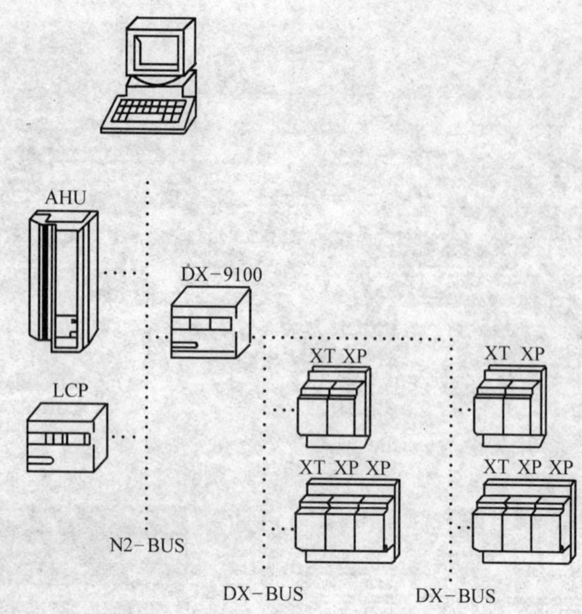

图 4—36 DX-9100-8154 与 XT-9100-8304 的连接

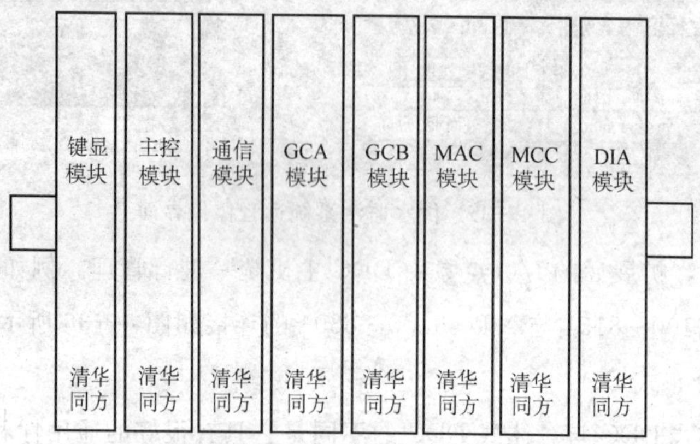

图 4—37 DDC 的系统组成

RH-6000 根据模块类型的不同，最多可以联结 200 多个监控点，单系统最多可以联结 248 个 DDC，所以系统总点数将近 5 万个监控点。

（2）DDC 主控模块

RH6-MCU 是 RH-6000 控制系统中的主控模块，如图 4—38 所示。用于协调 DDC 中各 I/O 模块的测量和控制，实现用户要求的控制方案。在主控模块中设计了 Flash 存储器，支持控制方案下载，随机存储器（RAM）达 128KB。用户或二次开发人员可以在服务器中使用 RH—Basic 语言编制控制方案，控制方案容量不大于 64 K，下载的程序不包括注释部分。经过其服务程序编译后，通过通信网把编译代码下载到主控模块中，由主控模块高速执行。

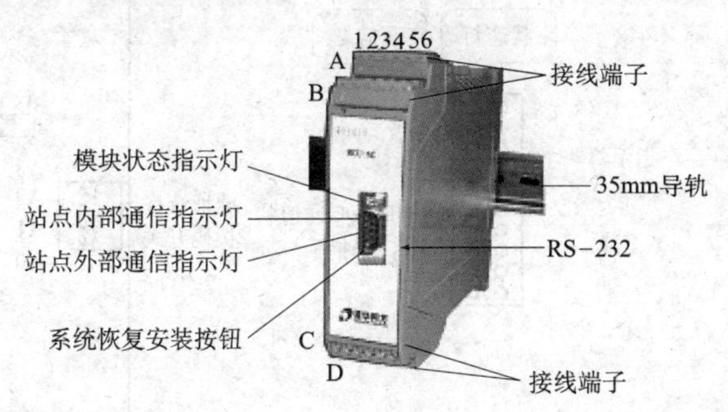

图 4—38　RH6 - MCU 主控模块的基本构成

主控模块模板前面有 RS - 232 端口，它用于连接 PDA 手操器或笔记本计算机，可以方便地浏览整个 DDC 内 I/O 模块的每个通道的数据及属性，也可以通过 PDA 手操器或笔记本计算机直接进行上下载程序。主控模块的功能主要为：

1）就地串口连接方式下手操器可以进行 DDC 登录、设置站名、读取配置等操作。

2）手操器方式下可以运行系统安装和恢复过程。

3）主控模块支持硬件按钮方式直接启动系统恢复过程。

4）主控模块支持上位机和手操器对控制方案的上传和下载及参数的修改。

5）通过控制方案协调控制各个 I/O 模块完成实际控制要求。

6）提供实时硬时钟，在缺省条件下以分钟为单位。

7）主控模块在本站发生故障时会发出蜂鸣器报警声音。

8）支持网络变量传递，接收网络变量映射表，并在需要发送时会根据网络映射表发送。

（3）DDC 的 I/O 模块

I/O 模块的基本功能是完成对现场设备的控制、测量以及故障诊断等，由于内部有 CPU，因此有时也称“智能 I/O 模块”，如图 4—39 所示。

I/O 模块既可插接在现场控制器内部，也可安装在远离现场控制器的测控现场。DDC 系统可以由 16 个地址位组成，I/O 模块放置的位置

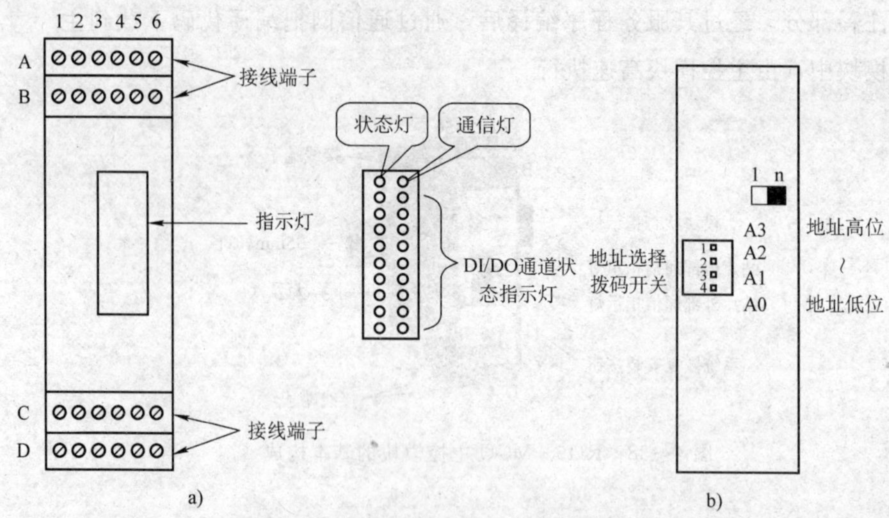

图 4—39 智能 I/O 模块的基本构成

a）智能 I/O 模块正面的结构 b）智能 I/O 模块背面的结构

是由其背面的地址设定开关进行设定后所决定，主控模块地址为 15，不需要设定。

I/O 模块的地址设定开关在模块的背面，由 4 位 DIP 开关（A3、A2、A1、A0）组成。其设定方法见表 4—3。

表 4—3　　　　模块地址设定方法

地址位	拨码开关对应的位置															
A3	□ ■	□ ■	□ ■	□ ■	□ ■	□ ■	□ ■	□ ■	■ □	■ □	■ □	■ □	■ □	■ □	■ □	不能用
A2	□ ■	□ ■	□ ■	□ ■	■ □	■ □	■ □	■ □	□ ■	□ ■	□ ■	□ ■	■ □	■ □	■ □	
A1	□ ■	□ ■	■ □	■ □	□ ■	□ ■	■ □	■ □	□ ■	□ ■	■ □	■ □	□ ■	□ ■	■ □	
A0	□ ■	■ □	□ ■	■ □	□ ■	■ □	□ ■	■ □	□ ■	■ □	□ ■	■ □	□ ■	■ □	□ ■	
地址槽	0	1	2	3	4	5	6	7	8	9	10	11	12	13	14	15

注：模块有效地址设定范围为 0～14。

（4）I/O 模块测控端口的类型

I/O 模块的测控端口用于连接被控制的设备（如风机、水泵、照明等），分为以下 5 种类型：

1）数字量输入（DI）端口的输入方式为“OC”方式，支持触点型数字量输入或集电极开路型数字量输入。数字量输入端口与被测对象的连接如图 4—40 所示。

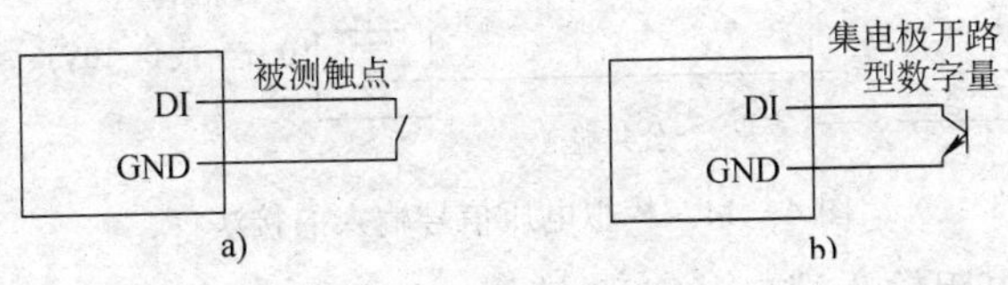

图 4—40　数字量输入

a）触点型数字量输入　b）集电极开路型数字量输入

2）数字量输出（DO）端口有两种类型：一种是集电极开路型，这种类型输出在同一模块内部具有共同的“地”，另一种是无源触点型（3 A/30 V）。数字量输出端口与现场的连接如图 4—41 所示。

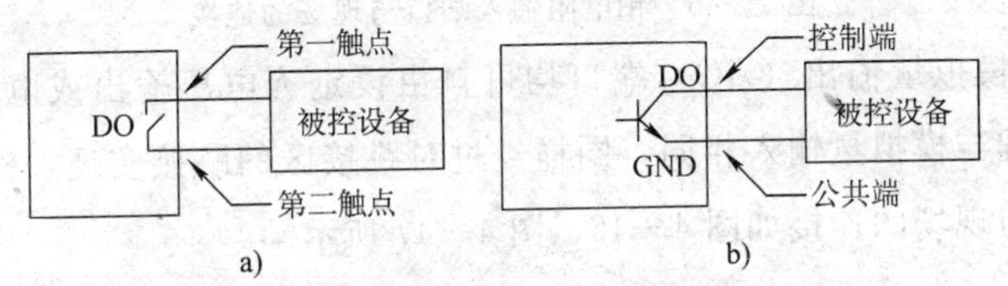

图 4—41　数字量输出端口与现场的连接

a）无源触点型　b）集电极开路型

3）模拟量输入（AI）端口均可自由设定为电压输入或电流输入。模拟量输入信号的量程（0～20 mA 电流输入、0～5 V 电压输入、0～10 V 电压输入）可经过对跳接区的跳接实现。不同类型模拟量输入信号的连接如图 4—42 至图 4—44 所示。

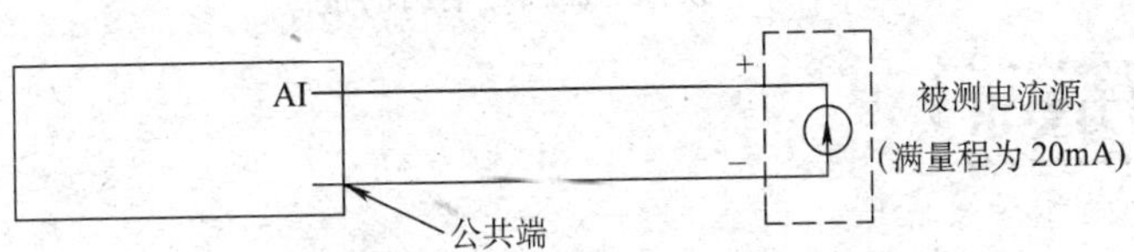

图 4—42　模拟电流信号输入的接法

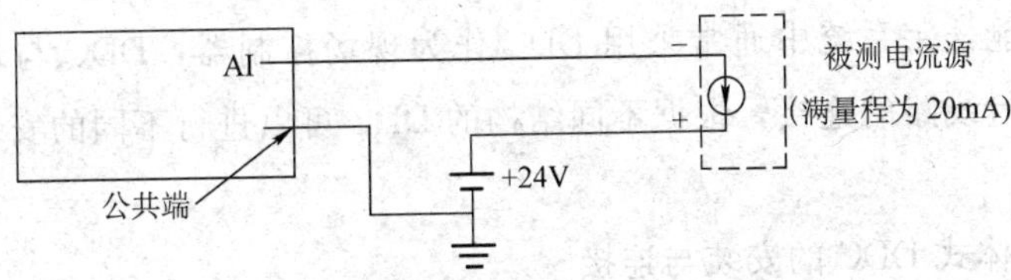

图 4—43　模拟电流信号输入的两线制接法

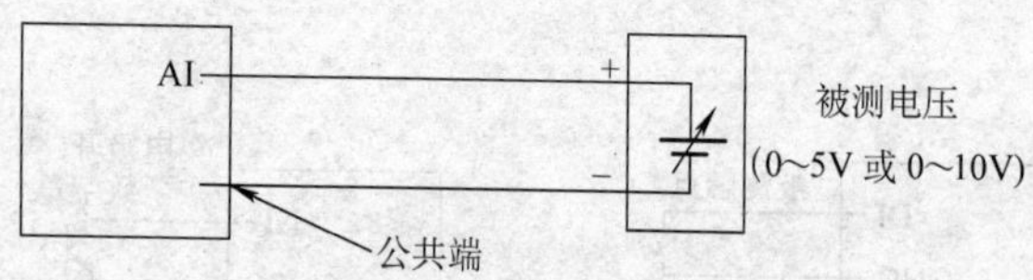

图 4—44　模拟电压信号输入的接法

4）测温电阻输入端口（GCD 模块）通过匹配不同的电阻变送模板可以支持不同的铂电阻输入测温。铂电阻输入端口与现场的连接如图 4—45 所示。

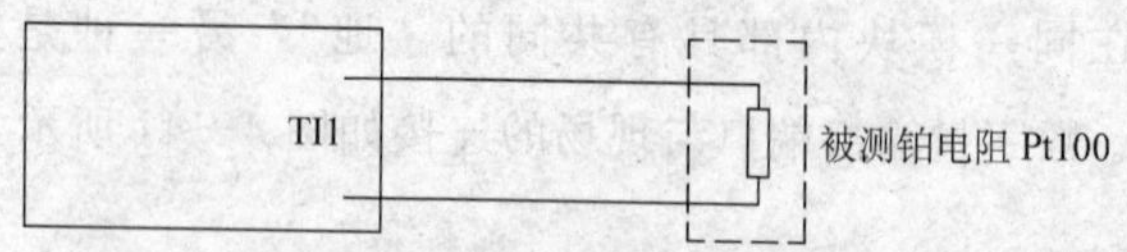

图 4—45　铂电阻输入端口与现场的连接

5）模拟量输出（AO）端口均可自由设定为电压输出或电流输出。信号量程与模拟量输入相同，同样经过对跳接区的跳接实现，模拟量输出端口与现场的连接如图 4—46、图 4—47 所示。

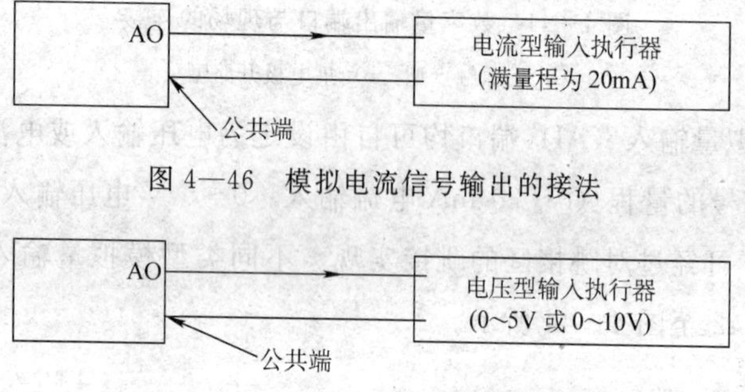

图 4—46　模拟电流信号输出的接法

图 4—47　模拟电压信号输出的接法

能力要求

一、DDC 的安装与连接

在智能楼宇系统中通常采用 DDC 作为现场控制器，DDC 与现场设备直接进行线路的连接，根据不同结构的 DDC 可以进行不同的安装连接方式。

1. 一体式 DDC 的安装与连接

目前国内和国外的一体式 DDC 产品很多，本教程主要以江森 DX - 9100 系列（见图 4—48、图 4—49）为例讲述其安装连接的过程。

DX－9100－8154 控制器本机带有数字量输入点（DI）8 个，模拟量输入点（AI）8 个，数字量输出点（DO）6 个，模拟量输出点（AO）2 个。DX－9100－8454 控制器本机带有数字量输入点（DI）8 个，模拟量输入点（AI）8 个，数字量输出点（DO）6 个，模拟量输出点（AO）8 个。

图 4—48　DX－9100－8154 控制器　　　图 4—49　DX－9100－8454 控制器

（1）DX－9100－8154 控制器的安装

1）DX－9100－8154 控制器采用 35 mm 卡轨安装时，应先截取合适长度的卡轨，将其先安装在机箱或电控柜的安装底板上，卡轨上每间隔 150～200 mm 与底板紧固一个螺钉，然后将 DX－9100－8154 控制器卡接在卡轨上。

2）DX－9100－8154 控制器直接固定安装时，应先拆下控制器的前面板（安装孔在控制器的底盒上），拆卸前面板时，用旋具松开塑料前面板上的螺钉，将底盒放在底板的合适位置上，用划针划好安装孔位置，然后用电钻开出底板上的安装孔并将控制器底盒安装固定好，如图 4—50 所示。

DX－9100－8154 控制器的接线出口在控制器底盒的下部，开孔尺寸为 $\phi16$，孔上装有护套接口，如图 4—51 所示。

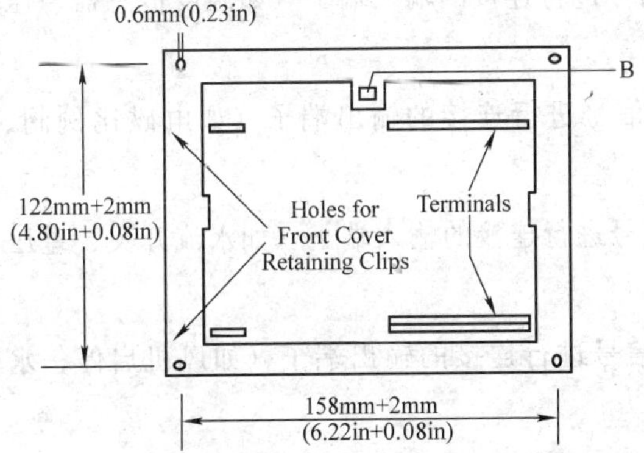

图 4—50　DX－9100－8154 底盒安装孔距

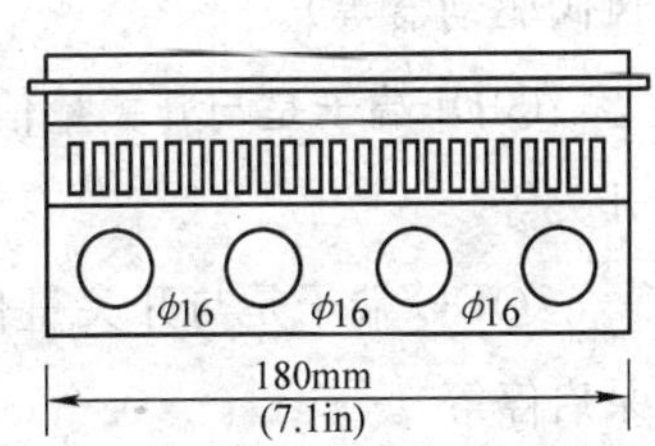

图 4—51　DX－9100－8154 底盒进线护套孔

(2) DX-9100-8154 控制器的接线

1) DX-9100-8154 控制器的接线端子分布在控制器的盒内，接线时需将前面板打开。DX-9100-8154 控制器的接线端子见表 4—4。

表 4—4　　DX-9100-8154 控制器接线端子表

电源接口端子	24V AC (41) 24V AC Common (43) PE (42)
输入模拟量接线端子	AI1～AI8 (5、7、9、11、13、15、17、19) +15V Ext (6、8、10、12) Com AI (14、16、18、20)
输出模拟量接线端子	AO1 (1) Com AO (2) AO2 (3) Com AO (4)
输入数字量接线端子	DI1～DI8 (25、27、29、31、26、28、30、32) Com DI (21、22、23、24)
输出数字量接线端子	DO3～DO8 (51、53、55、57、59、61) Com DO (52、54、56、58、60、62) JP1、JP2、JP3 是 Com DO8～Com DO7、Com DO6～Com DO5、Com DO4-Com DO3 的短路跳线
通信接线端子	XT Bus：RT Com RT+ RT- N2 Bus：RT Com RT+ RT-

2) DX-9100-8154 控制器电源的接线如图 4—52 所示。

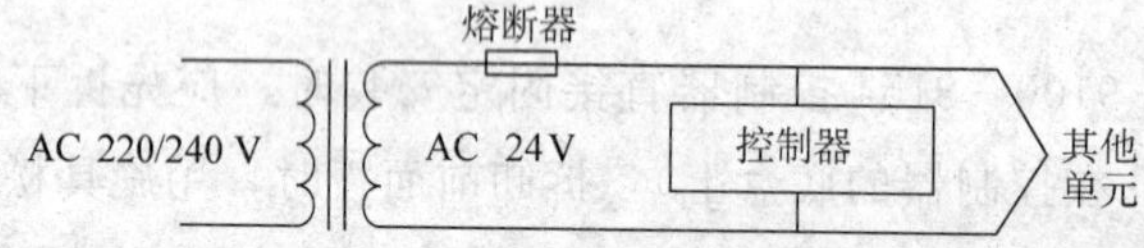

图 4—52　DX-9100-8154 电源接线

3) DX-9100-8154 控制器接线端子如图 4—53 所示。

①XT Bus 端子是与扩展通信器 XT 进行连接的数据通信接口。

②N2 Bus 端子是与网络控信器 NCU 进行连接的数据通信接口。

③AI 端子是与模拟量信号进行连接的输入端子（如温度传感器、压力传感器等）。

④AO 端子是与模拟量信号进行连接的输出端子（如电磁比例阀、风阀驱动器等）。

⑤DI 端子是与开关量信号进行连接的输入端子（如水流开关、差压开关等）。

⑥DO 端子是与开关量信号进行连接的输出端子（如风机启停、水泵启停等）。

4) DX-9100-8154 控制器的接线原理如图 4—54 所示，系统采用 AC 24 V 供电方式，其中，模拟量输入可以接 0～10 V 电压信号，也可

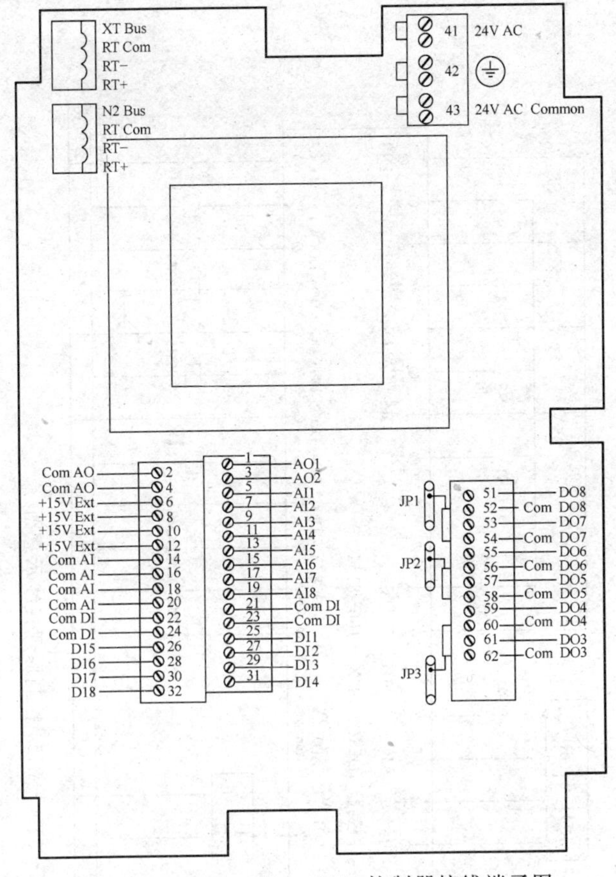

图 4—53　DX-9100-8154 控制器接线端子图

以接 0～20 mA 或 4～20 mA 电流信号（本机提供＋15 V DC 电源输出）和 RTD 电阻信号。模拟量输出信号可以提供 0～10 V 电压信号给电压表或电磁比例调节阀。数字量的输入和输出可以接楼宇自控系统中的开关信号和开关量控制输出。

DX-9100-8154 控制器的接线端子可以连接 1.5 mm^2 的导线一根，供应商为用户提供了完整的内部电气连接。在接线中，只需将外部设备和输出控制单元连接好即可。所以，DX-9100-8154 系统在某种意义上，更像是一个集成电路，它为用户提供了简捷的输入输出端子排，极大地方便了用户的接线。

5）DX-9100-8154 控制器与计算机的通信是通过 IU-9100（RS-232C 接口转换器）进行连接，如图 4—55 所示。DX-9100-8154 控制器与 IU-9100 接口转换器之间可以直接用对绞线在对应的接线端子上进行连接。而 IU-9100 与计算机的通信需要焊接一对 9 针的 RS-232C

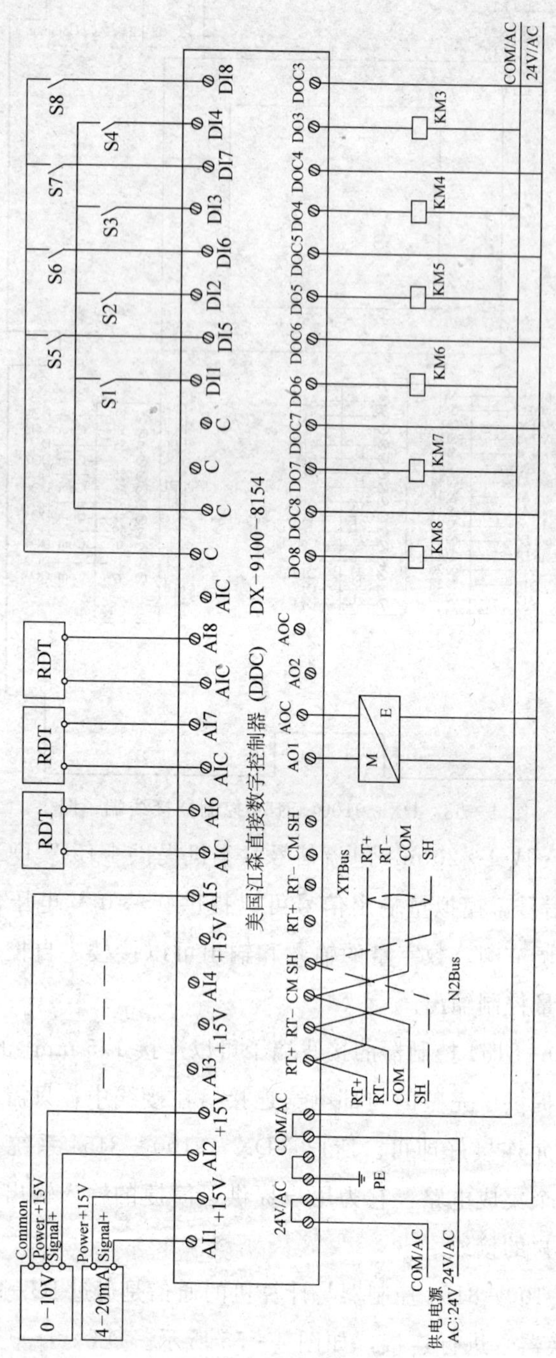

图4—54 DX—9100—8154控制原理接线示意图

接插组件，接插组件的连接如图 4—56 所示。

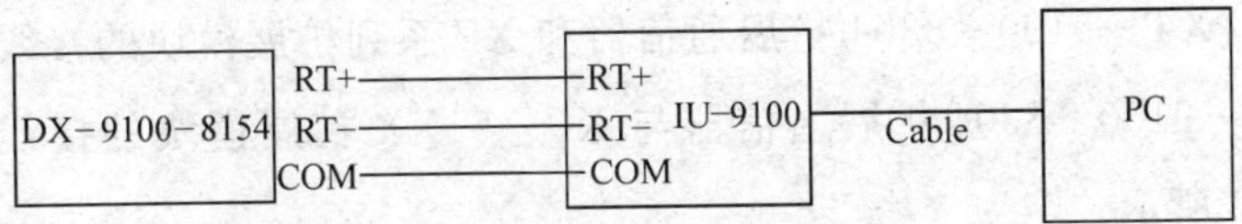

图 4—55　DX-9100-8154 与计算机的通信

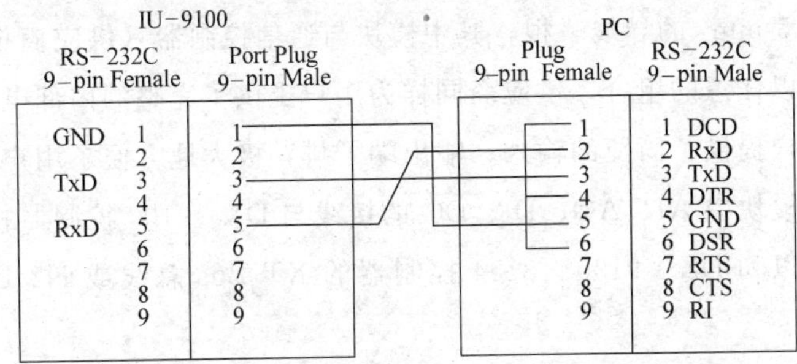

图 4—56　IU-9100 与 PC 的接插组件连接

(3) XT-9100-8304 扩展通信器和 XP 系列扩展模块

DX-9100-8154 控制器可以通过 XT-9100-8304 扩展通信器进行扩展，如图 4—57 所示。每个扩展通信器上可以配置两个扩展模块（不允许是两个 XP-9102-8304 扩展模块）。XP-91XX 系列扩展模块见表 4—5。

图 4—57　XT-9100 与 XP-91XX 的组合

表 4—5　　XT—9100 和 XP—91XX 参数

型　号	扩展模块和点数配置
XT-9100-8304	通信扩展器
XP—9102—8304	扩展模块（6 AI，2 AO）
XP—9103—8304	扩展模块（8 DO—Triacs）
XP—9104—8304	扩展模块（4 DI，4 DO—Triacs）
XP—9105—8304	扩展模块（8 DI）
XP—9107—8304	扩展模块（4 DO—Relay）（North American）24 V noly

XT-9100-8304 和 XP 系列扩展模块的安装均采用 35 mm 卡轨。

安装好后，用电缆连接好扩展通信器、扩展模块之间的通信接口。

(4) XT-9100-8304 扩展通信器和 XP 系列扩展模块的接线

XT-9100-8304 扩展通信器与 XP-91XX 扩展模块的接线原理如图 4—58 所示。

XT-9100-8304 扩展通信器与 XP-91XX 扩展模块的接线端子可以连接 1.5 mm^2 的导线一根，其中模块与通信控制器（供应商根据定货合同）可以任意的组合，供应商同样为用户提供了完整的内部电气连接。同时为用户提供了简捷的输入、输出端子排，极大地方便了用户的接线。

扩展模块中 AI、AO、DI、DO 的接线与 DX-9100 控制器相同。通信接口可以和 DX-9100-8154 控制器的 XT Bus 总线或 N2 Bus 总线连接。

2. 分布式 DDC 的安装与连接

分布式 DDC 控制器是采用结构化模块组合结构，即主控模块和 I/O 智能模块组合在 35 mm 的卡轨上构成一个控制站，下面以清华同方的 RH-6000 系统为例讲述其安装连接的过程。

(1) RH-6000 物理模块安装前的检查

1) 打开包装盒，检查模块外观有无损坏，清点核对模块数量及型号。

2) 保存所有的随机资料（说明书、合格证、保修单等)。

(2) RH-6000 物理模块的安装

RH-6000 的所有模块（主控模块、I/O 智能模块）均安装在35 mm 的卡轨上。

1) 设置模块地址

①当一个新的 DCU 硬件组成时，所有的 I/O 模块必须（通过拨码开关）完成地址的设置，保证其唯一性，主控模块默认地址 15 不用设定地址。

②I/O 模块的地址设定开关在模块的背面，其设定方法见相关知识中模块地址的设定一节。

③只有完成了模块地址的设定后才可以对 I/O 模块进行安装。

2) 安装模块的方法

①将设定好地址的 I/O 模块安装在对应的槽位上，安装时先将模块下端向上倾斜一定的角度，卡接在 DIN35 mm 卡轨的上方，然后向下旋转并按压，当听到“咔嚓”声后模块即安装完毕。

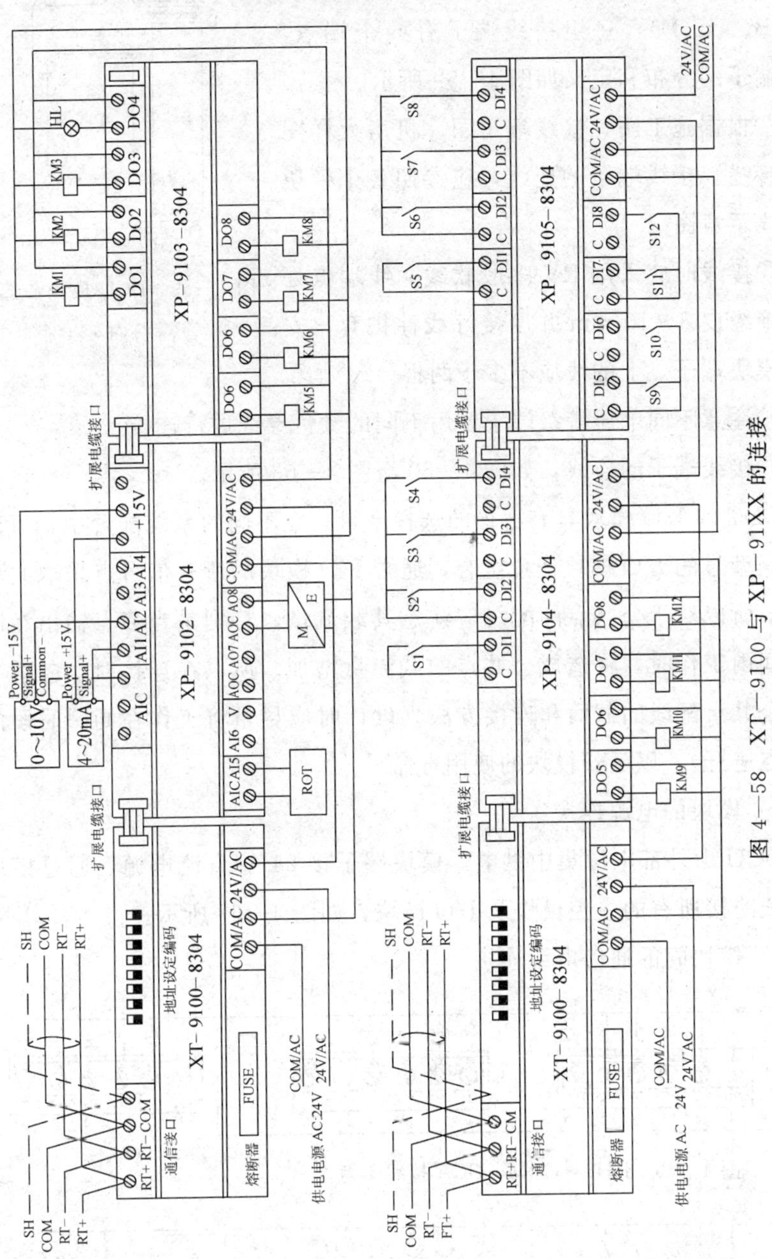

图 4—58　XT—9100 与 XP—91XX 的连接

②主控模块的安装方法与 I/O 模块安装方法相同。

3）RH－6000 物理模块的连接

①每一个模块上都有 2～4 组接线端子（A、B、C、D），每组接线端子有 6 个端点，接线端子的分布和定义如图 4—59 所示。

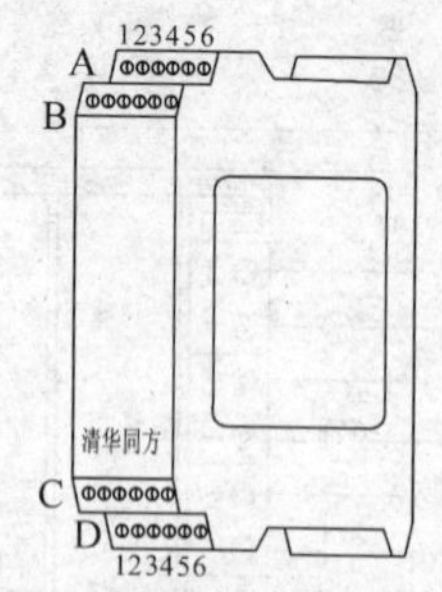

图 4—59　DCU 模块端子分布

②根据施工图、接线端子图、机房大样图进行接线。接线端子的连线，应参照各个模块的接线示意图。

③接线时应采用 RV 多股软线，线端点处剥去绝缘皮 8～10 mm 并压接好线性护套，安装在模块端子点上的线应不多于两根。

④注意不同电压等级端子要用不同的颜色导线进行连接。

⑤接线端子的连线，如图 4—60 至图 4—66 所示。

DDC 的 I/O 模块具有宽松的选择余量，在不同的系统配置中，可以由不同型号的 I/O 模块任意组合。通常 I/O 模块的所有信号点采取共地连接。所以对于公共点的配线应注意其载流量，特别是当多点输出在同一时间内工作时，将造成公共点的载流量增加。所以在连接时，应适当考虑公共点配线的截面和连接方法（设计时应尽量将工作在同一时段的信号点避开），以延长模块的使用寿命。

4）模块的电源连接

DCU 由外部电源集中供电，模块端子接 24 V 直流电源，通过模块连接线跨接所有的主控模块及 I/O 模块，如图 4—67 所示。

5）模块间的通信电缆连接

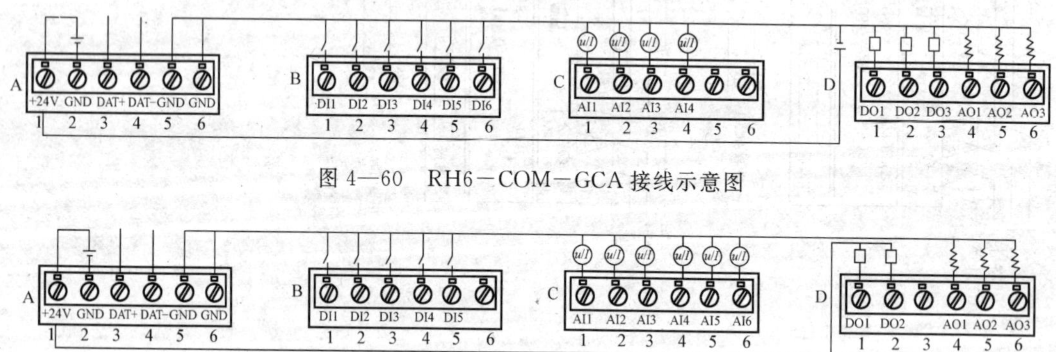

图 4—60　RH6－COM－GCA 接线示意图

图 4—61　RH6－GCB 接线示意图

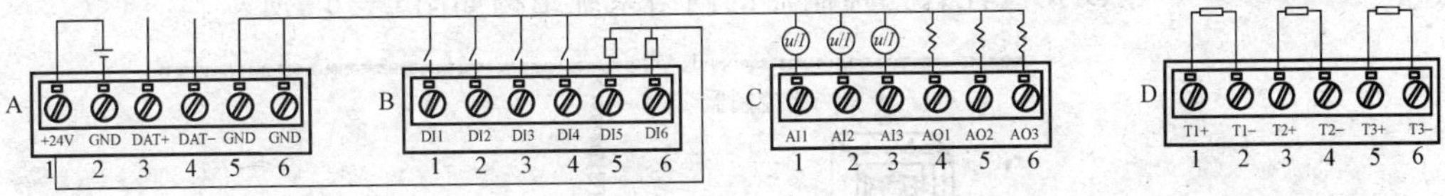

图 4—62　RH6－GCD－B 接线示意图

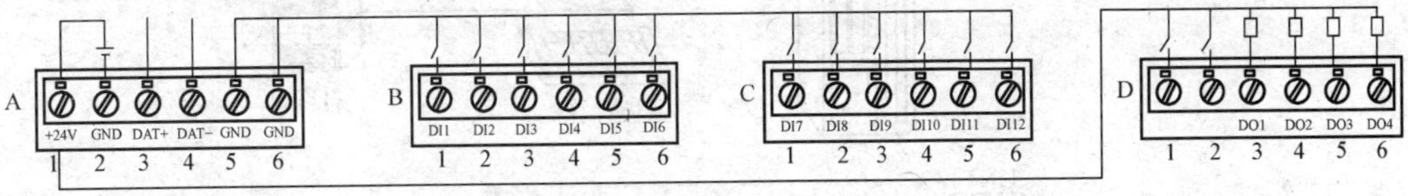

图 4—63　RH6－MCA 接线示意图

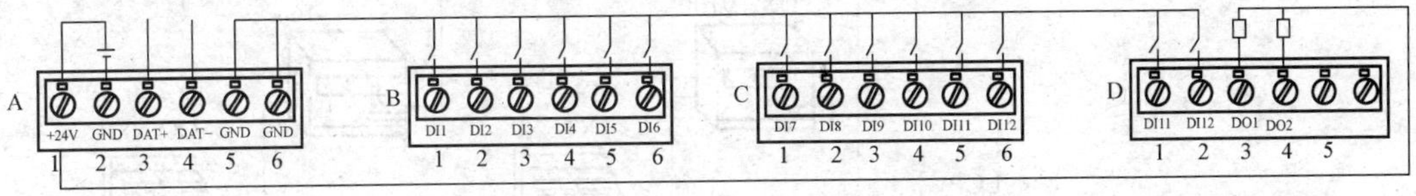

图 4—64　RH6－MCC 接线示意图

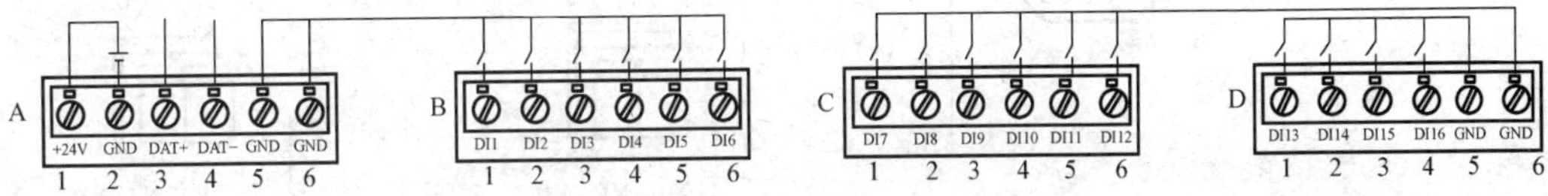

图 4—65　RH6－DIA 接线示意图

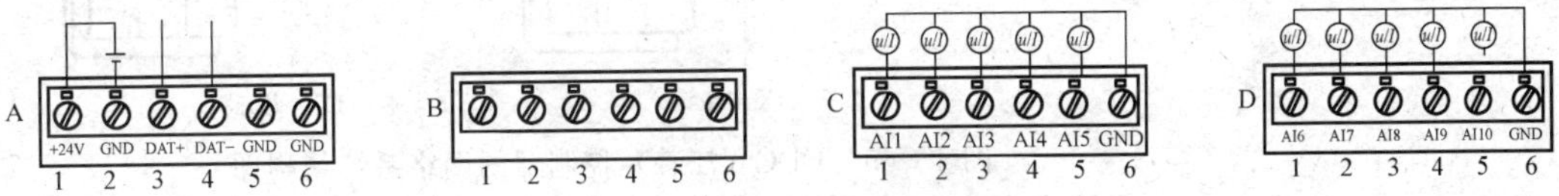

图 4—66　RH6－AIA 接线示意图

图 4—67　主控模块及 I/O 模块的电源连接

用于连接主控模块与各个 I/O 模块之间的内部总线，通过模块连接线跨接所有的主控模块及 I/O 模块，如图 4—68 所示。

图 4—68　主控模块与 I/O 模块的数据总线连接

3. DDC 的组网与连接

（1）DX－9100－8154 控制器的组网和连接

DDC（江森）控制器的网络系统结构如图 4—69 所示。

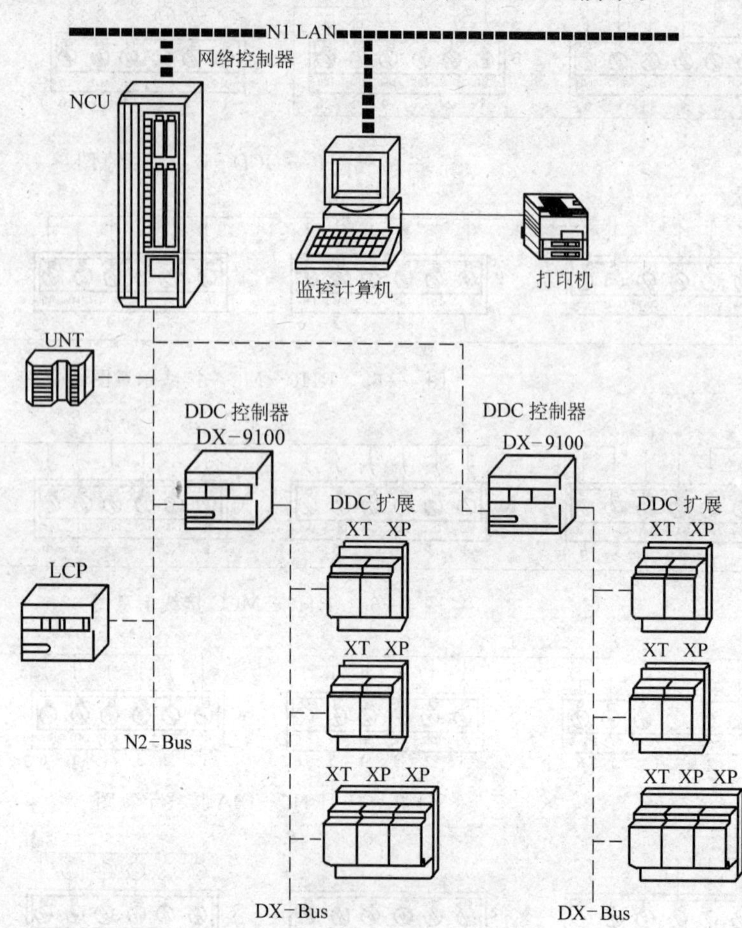

图 4—69 DDC（江森）控制器的网络系统结构图

（2）RH－6000（清华同方）控制器的组网和连接

RH－6000 系统进行组网时主要取决于所选的主控模块，主控模块分为 2 种型号，RH6－MCU－NC 和 RH6－MCU－CC。

1）RH－6000 系统的组网

清华同方的 NCU 主控模块有 RH6－MCU－NC 和 RH6－MCU－CC 两种不同的结构，通常在不组网时，可以选择 RH6－MCU－NC 主控模块，组网时则可以选择 RH6－MCU－CC，如选用多个 RH6－MCU－NC 主控模块时，应通过 CAN 总线通信适配器与各站的通信模块 RH6－COM－CAN 进行组网连接。

①RH6－MCU－NC 主控模块不带站点总线之间的通信功能，DCU 之间如果要组成网络，需选配通信模块 RH6－COM－CAN 和 CAN 总

线通信适配器。计算机与 CAN 总线通信适配器连接，CAN 总线通信适配器再把所有控制站中通信模块进行连接，如图 4—70 所示。

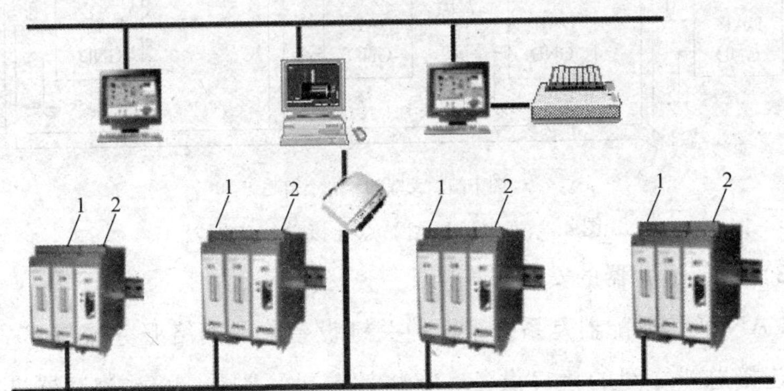

图 4—70　主控模块为 RH6－MCU－NC 时的组网结构

1—通信模块　2—主控模块

②RH6－MCU－CC 主控模块内部带有站点总线之间的 CAN 通信功能，DCU 之间如果要组成网络，无需选配通信模块，但仍需配置一个 CAN 总线通信适配器。计算机与 CAN 总线通信适配器连接，CAN 总线通信适配器再把所有控制站中主控模块进行连接，如图 4—71 所示。

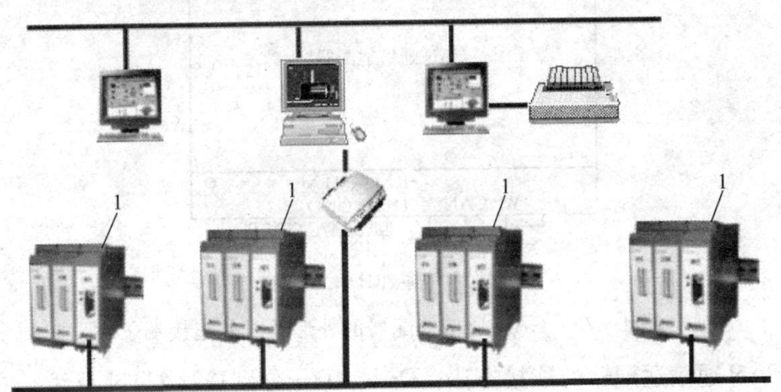

图 4—71　主控模块为 RH6－MCU－CC 时的组网结构

1—主控模块

2）CAN 站点连接总线的网段要求

①CAN 站点连接总线上的分支长度必须限制在 2 m 以内。

②网络连接线应选用特征阻抗为 120 Ω 的对绞线，并且在一个网段的两个物理端点各接入一只与对绞线的特征阻抗相同的匹配电阻（阻值为 120 Ω）。

③一个网段的分支限制以及阻抗匹配要求如图 4—72 所示。

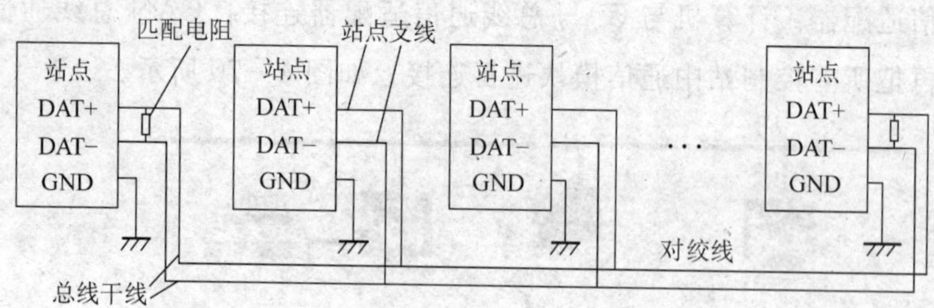

注：图中站点支线的长度不得超过 2m。

图 4—72　CAN 型站点连接总线的网段

3）通信适配器的安装和连接

CAN 通信适配器是系统组网的关键设备，是网络服务器与 CAN 型站点连接总线之间的接口设备。它将计算机、RH－6000 控制器进行网络连接，安装时应将 CAN 通信适配器设置在控制室上位机附近。CAN 通信适配器可以直接摆放在需要位置，也可使用固定螺钉通过安装孔固定在底板上。CAN 通信适配器的外形与对外连接端子如图 4—73 所示。

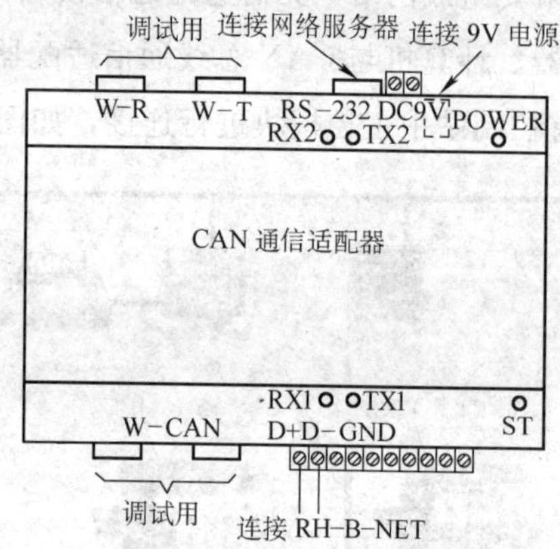

图 4—73　CAN 通信适配器的外形及对外连接端子

CAN 通信适配器的连接方法：D＋、D－分别连接 CAN 总线 CAN＋、CAN－，GND 是公共地，RX1 是接收 CAN 总线数据的指示灯，TX1 是向 CAN 总线发送数据的指示灯。RS－232 是连接网络服务器的通信接口（9 芯），使用普通直连 RS－232 连接电缆线可将该端口与网络服务器的串口连接。RX2 是接收上位机数据的指示灯，TX2 是向上位机发送数据的指示灯。W－CAN 是 CAN 总线数据监视口（限内部测试使用），W－CAN 有 2 个串口插座（9 针），用途一样。POWER 是电源指示灯，DC 9V 是直流 9 V 供电，内部带有极性保护。L、N 是 DC 9V 供电端子（绿色），旁边的黑色圆柱插头也是 9 V 供电端口，二者任选一个供电即可。要求 DC 9V 电源功率大于 15 W，外接电源可以通过圆孔形插座引入，也可以通过两芯接线端子引入，极性任意。

4）集线器的安装和连接

集线器可以将原本一字型的总线网络拓扑结构，改为星型拓扑结构连接，通常应用在整个网络中需要较多分支的情况下。使用 CAN 总线集线器，可以极大地方便布线设计。CAN 总线集线器如图 4—74 所示。

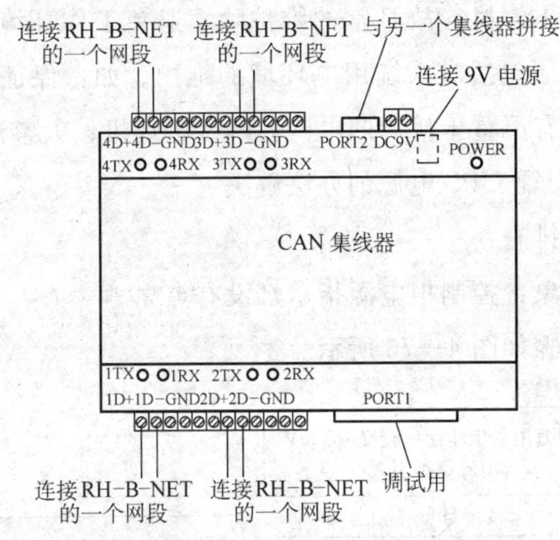

图 4—74 CAN 总线集线器的外形及对外连接端子

CAN 总线集线器的连接方法：xD＋、xD－分别表示第 x 个端口的 CAN＋、CAN－接线端子，GND 表示公共地，xRX、xTX 是第 x 个端口的接收、发送指示灯。POWER 是电源指示灯。DC 9 V 是直流 9 V 供电，内部带有极性保护。CAN 通信适配器采用直流 9 V 供电，内部带有极性保护。提供直流 9 V 电源插座端口（也可通过接线端子连接直流电源）二者任选一个供电即可。要求 DC 9 V 电源功率大于 15 W，外接电源可以通过圆孔形插座引入，也可以通过两芯接线端子引入，极性任意。PORT1（25 芯）、PORT2（9 芯）都是并联扩展插头，二者任选一个即可。

一个 CAN 集线器可支持 4 个 CAN 总线网段的星型连接，并且这 4 个网段在总线网络结构中，处在同一层次。若要 8 个网段形成星型连接，并且使它们处在相同的层次网络，可将两个集线器进行拼接。拼接的方法是使用 RS－232 交叉电缆，将两个集线器 PORT2 口连接起来，如图 4—75 所示。

注意：这里最多只能支持 2 个 CAN 集线器并联。另外也可以通过级联的方式扩展 CAN 网络总线，最多只能支持 4 级连接。

图 4—75 RS—232 交叉电缆的连接

二、DDC 的维护与更换

1. DDC 的维护

作为稳定的控制产品，DDC 的维护要求相对较低。整个系统要求长期可靠稳定运行不停机，故日常的维护除了避免工作环境的高温、高湿和定期除尘外，还包括对系统用电环境的维护。如：保证电网供电电压的稳定，避免和有严重干扰源的电网并网（电焊机、大整流设备等）。通常采用为 DDC 配置 UPS 电源的办法解决。

典型故障及排查：

（1）故障现象：控制柜电源指示灯没有点亮。

故障分析步骤如图 4—76 所示。

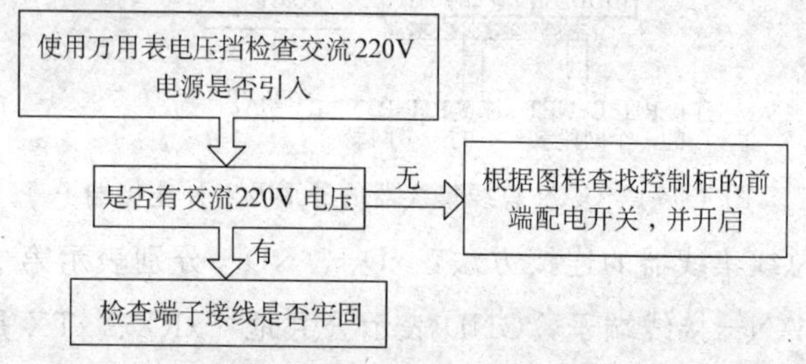

图 4—76 故障分析步骤

（2）故障现象：下位机调试软件 RHOP 报告“BUS ERROR”。

1）站点内部总线端子没有拧紧，或模块端子排没有插牢固。

2）查看内部总线两端是否并联了 120 Ω 电阻。

3）取消所有的 I/O 模块内部总线连接，重新通过 RHOP 进行下位机安装并观察是否还是显示“BUS ERROR”，若故障消失，可以试探着把 I/O 模块逐个加入，如果插上某一个 I/O 模块，导致显示“BUS ERROR”，则可断定是该模块导致故障，更换此 I/O 模块即可。

4）上述方法后仍未解决，则应更换主控模块。

（3）在调试期间，当 DCU 站点安装完毕之后，在下位机监视软件上发现 I/O 模块的部分模拟量的当前值与期望的实际值有差异，原因可能有以下几个方面：

1）忘了设置该对象线性变换的增益（分辨率）和死区或设置错误，

排除的方法是正确计算出增益（分辨率）和死区，重新设置。

2）数变发门限设置是否过大，太大的设置会抑制发送条件，导致模拟量的当前值没有变化，检查其属性，如果过大，则适当减小。

3）通道是否存在故障，首先检查该模块内信号跳接是否正确，确认跳接无误，然后切断电源，拔下该模块的信号端子。

①如果该物理通道是电流信号输入方式，用万用表电阻挡测量信号输入端对地的电阻应当是 100 Ω 或 250 Ω，否则可判定此物理通道已坏。

②如果该物理通道是电压信号输入方式，用万用表电阻挡测量其信号输入端对地的电阻应当在 1 MΩ 以上，否则可判定此物理通道已坏。

③信号源是否有误。比如连接传感器或变送器的连接线正负方向颠倒、未连接等。

4）上述步骤仍未能解决，可重新对此 DCU 进行软件安装，看此模块是否恢复正常，若还不能排除故障，应更换新的模块。

2. DDC 的更换

由于模块采用端子连线形式，可带电插拔，故更换相对简单。

（1）更换模块前要仔细核对更换模块的型号和所在槽的位置。

（2）将原模块接线端子自模块上取下后，即可从导轨上卸下模块。

（3）更换同型号模块前，必须经助理智能楼宇管理师及以上资格人员对新模块进行初始化设置（槽位地址拨码、I/O 通道跳线），然后方可将新模块插上导轨，重新插上接线端子。

（4）更换不同型号模块前，必须经助理智能楼宇管理师及以上资格人员对新模块进行初始化设置（槽位地址拨码、I/O 通道跳线），然后方可将新模块插上导轨，并对新模块的接线按模块接线图进行调整。

（5）更换完毕后用 RHINET 工具软件执行一次 RESTORE 命令（由助理智能楼宇管理师及以上资格人员操作），恢复通道设置数据，新模块即可完全替代原模块工作。

第三节　中央控制室的运行值机

学习目标

通过学习，能够熟悉建筑设备监控系统中央控制室工作站运行界面中的各种信息和操作。掌握各种报警信息数据的处理方法，并能填写运行值班记录。

相关知识

一、运行界面的识读知识

1. 运行界面的识读

在智能楼宇自控系统（BAS）中，中央控制站是监控系统的核心，现场的所有信息都反映在监控主机的画面上，如何正确地识读主机的界面，是每个运行值机人员的主要职责。下面介绍相关的界面。

BAS 中央控制主机上的界面主要有系统设置界面、设备监控界面、数据查询和修改界面、故障报警界面等组成。

（1）系统主界面

在进入 BAS 监控系统后，最先弹出的是欢迎界面（或登录界面），值机人员须用注册的用户名和密码进行登录，登录成功后，系统显示主界面，如图 4—77 所示。

（2）设备监控界面

从系统首页可进入各子系统的设备监控界面，如图 4—77 所示选择“灯光照明”监控界面，再通过选择可监控到“7 层公共照明”运行状况，如图 4—78 所示。图中可以很直观地监测到 S1～S6 回路中，只有 S2 是断开的，其他回路都处于开启状态。

（3）数据查询和修改界面

查询数据过程只要进入各子系统即可实现，以 3 层新风机组监控界面为例，如图 4—79 所示。进入该界面后即能查到各类执行器的各种数据和运行状态。如要修改数据，可调出相应的数据修改窗口，进行在线

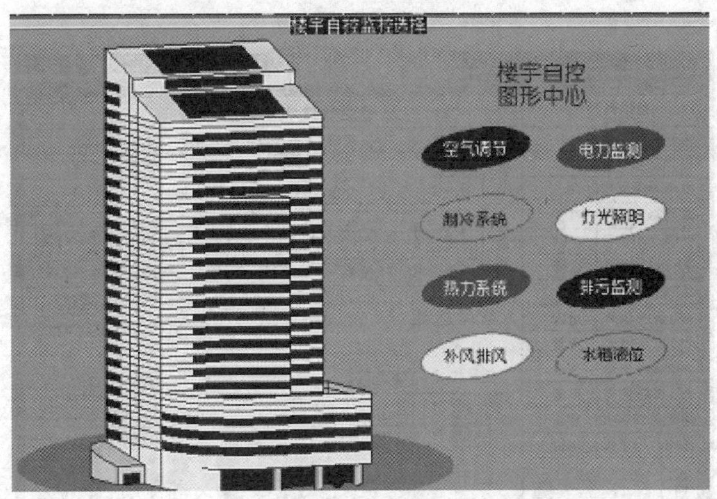

图 4—77　建筑设备监控系统主界面

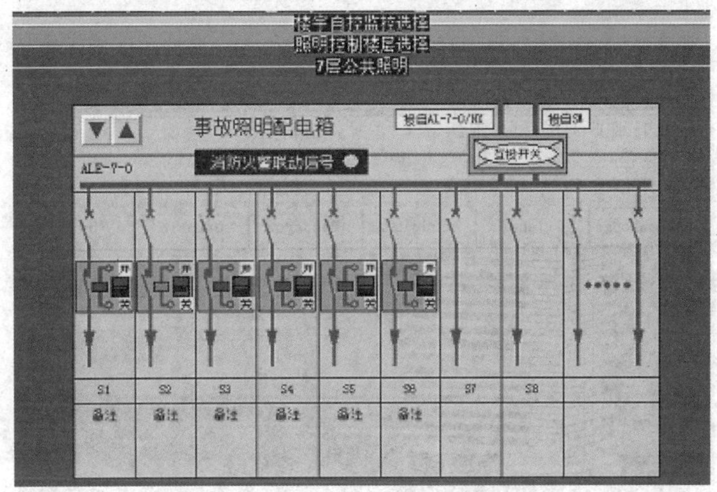

图 4—78　公共照明（7 层）监控界面

实时修改即可。正常运行时，新风机组监控界面按设置好的程序进行操作。

（4）故障报警界面

在运行值机时，中央控制主机的屏幕一般是停留在设备监控界面上的。系统可以根据时间对相关的设备监控界面进行定时切换，也可以利用屏幕上的翻页键或操作菜单进行界面的切换。当有报警故障发生时，报警界面会立即登录到前台并发出警报提示音，如图 4—80 所示。同时，系统会自动记录报警数据和曲线，以供值机人员的日后查询。若系统出现多个报警时，可根据报警的优先级处理，只有所有报警事故全部处理完毕后，系统才可以重新回到监控界面。

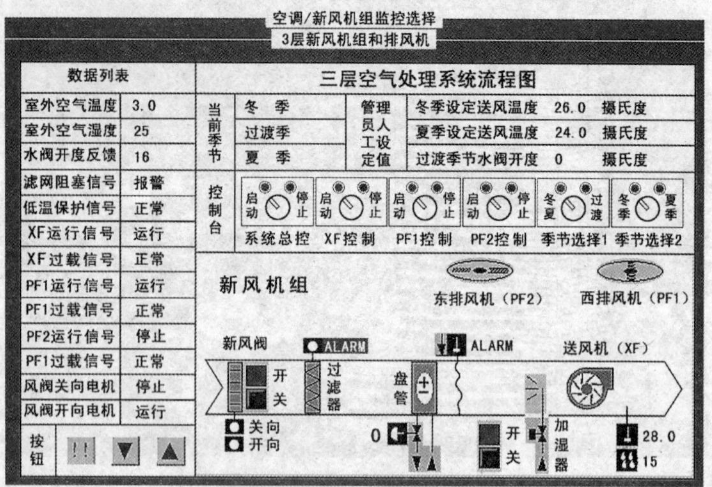

图 4—79　新风机组数据监控界面

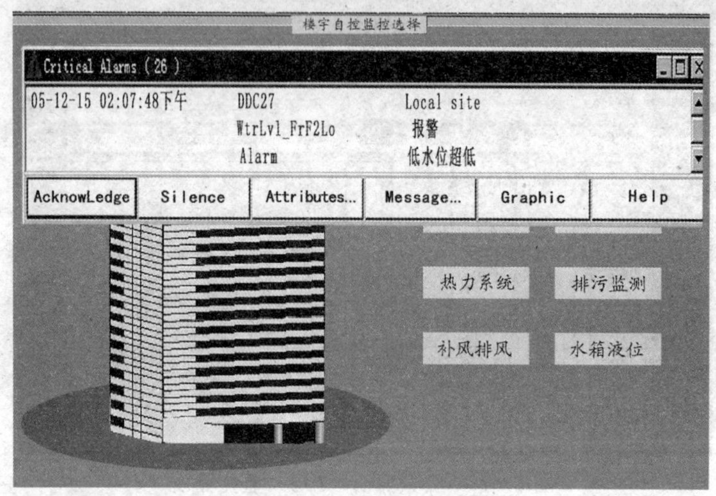

图 4—80　系统报警界面

2. 运行界面中图标的说明

在计算机监控界面上，监控环节由许多参数和图标组成，常见的一些图标是：

（1）灯光照明开关

灯光照明开关运行状态的显示通常用颜色变化来显示，如图 4—81 所示，S1 回路处于开启状态，开关触点闭合，“开”字变为黄颜色。S2 回路处于关闭状态，开关触点打开，“关”字变为黄颜色。

（2）新风机组风阀

如图 4—82 所示。图 4—82a 为新风机组进风风阀图标，图标显示

“开”和“关”两种运行状态，且以颜色表明风阀的开启状态。黄色表示正在运行的现状，目前此阀处于开启状态。图 4—82b 为新风机组加湿器图标，图中也用黄颜色表示加湿器正在运行的状态。目前显示的加湿器是关闭状态。

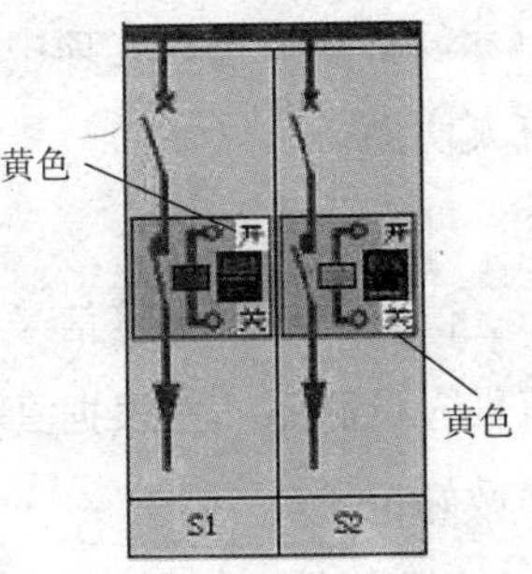

图 4—81 灯光照明开关

(3) 排风机启动停止开关

如图 4—83 所示。图 4—83a 为排风机启动和停止图标，有“启动”和“停止”两种状态，用鼠标点击旋钮即可切换。图 4—83b 所示的为新风机组季节转换开关，也是通过旋钮指向表明新风机运行状态。

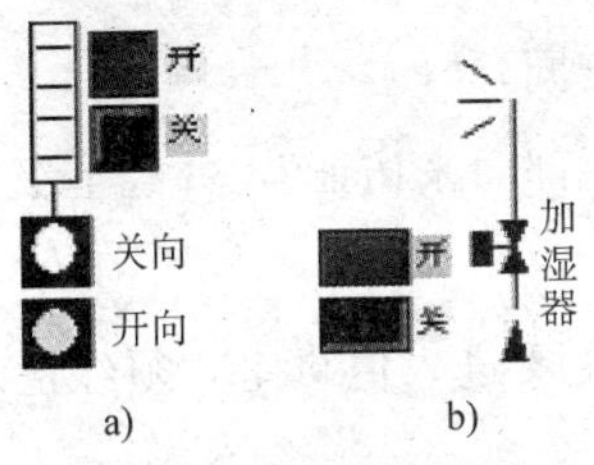

图 4—82 新风机组风阀

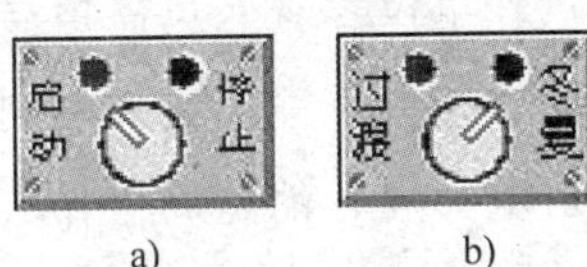

图 4—83 排风机启停开关

二、值班室制度与管理

1. 值机人员工作守则

(1) 岗位职责

值机人员必须坚守岗位，不得擅自离岗。

(2) 值机要求

人员应该对本班设备运行情况做好记录，如控制设备和系统出现故障，应填写故障记录，并立即通知相关部门进行维修。

(3) 值班室卫生

值机人员每班打扫室内卫生，擦拭设施、设备，始终保持地面、墙壁、设备无灰尘、无油渍、无污物。

(4) 交接班

交接班时接班人员要认真仔细地检查各设备的运行情况，并查看上班的运行记录，检查仪器、工具等物品是否齐全完好。

(5) 故障处理

设备故障正在处理中，不能进行交接班，应有交班人负责处理，接班人协助。

（6）应急处理

值班室出现报警信号，应立即核实真伪，如属实应立即与有关部门值班人员联系，并根据具体规定通知各负责人，如属误报，应进行复位，并做好记录。

2. 值班室出入制度

（1）按规定认真填写“来宾登记表”内容；

（2）值班室属于楼宇设备重地，非工作人员严禁入内；

（3）非值班室人员因工作需要进入值班室，须经上级领导批准。并由值班人员陪同方可进入，并填写“来宾登记表”；

（4）上级领导检查工作应有专门人员陪同；

（5）外单位参观人员需填写“大厦重要部门来访证”，并经上级主管领导批准后在值班室负责人陪同下方可进入；

（6）电力局、消防局工作人员因业务需要进入值班室，须经值班室负责人验证后方可进入；

（7）对酒后及精神不正常者，值班人员有权禁止其进入；

（8）值班室内的工具、安全用品、仪器、仪表、消防器材一律不准外借。

3. 值班室的管理制度

（1）值班室实行 24 h 值班，值班人员不得擅离职守；

（2）保持室内卫生清洁，设备无尘，保养完好无损；

（3）值班的原始记录应定期收集、存档备查；

（4）定期对各种信号和报警信息作统计、分析和总结，以便提高系统工作效率，合理安排管理人员工作岗位，加强管理工作；

（5）值班室的电话属于工作联系电话，不得私事占用，影响工作信息传递；

（6）值班室内严禁吸烟，严禁存放易燃易爆等危险品，并应配备便携式灭火器。

能力要求

一、中央控制站的信息识读与处理

1. 信息识读

在中央控制主机的界面上，许多图标和数据都是在实时地发生变化，如：颜色、大小、位置等的变化。这些变化的状态反映了设备现场的工作情况。主要的识读信息为：

（1）设备运行状态的识读

设备运行状态的变化通常用颜色变化来显示，如图 4—84 所示。

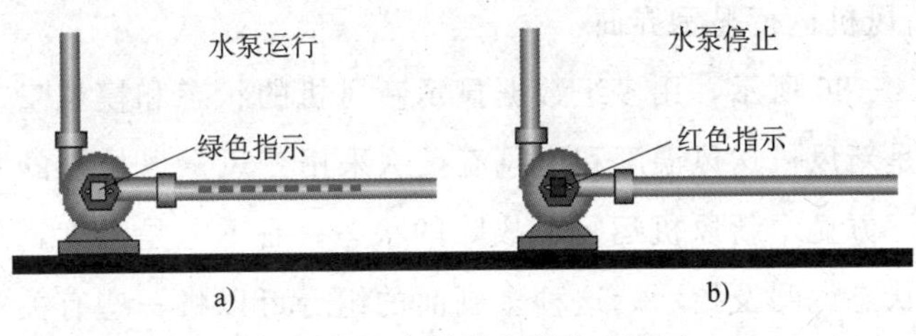

图 4—84　水泵的启停状态显示

1）水泵运行状态指示。

图符与变量“水泵”是直接关联的，当“水泵＝1”即表示水泵当前状态是运行，此时，水泵图标上的颜色块为绿色（见图 4—84a)。管道中有水流动。

当“水泵＝0”即表示水泵当前状态是停止，此时，水泵图标上的颜色块为红色（见图 4—84b)。管道中没有水流动。

以上 a 图和 b 图实际在 BAS 的运行界面上应为重叠的一组图，当变量为真时，显示 a 图，变量为假时，显示 b 图。而组态中的变量与外部设备中的 DI 或 DO 点是连接的（设备通信中将外部设备的 DI、DO 设定为“读”信息)，这样就将外部设备的运行状态真实地反映在计算机的屏幕上。

2）管道中阀门开和管道中阀门关的状态显示。如图 4—85 所示。

图符与变量“阀门”是直接关联的当“阀门＝1”即表示管道上的阀门当前状态是开，此时，阀门手柄图标为绿色（见图 4—85a)。

当“阀门＝0”即表示管道上的阀门当前状态是关，此时，阀门手柄图标为红色（见图 4—85b)。

以上的 a 图和 b 图实际在 BAS 的运行界面上也应是重叠的一组图。

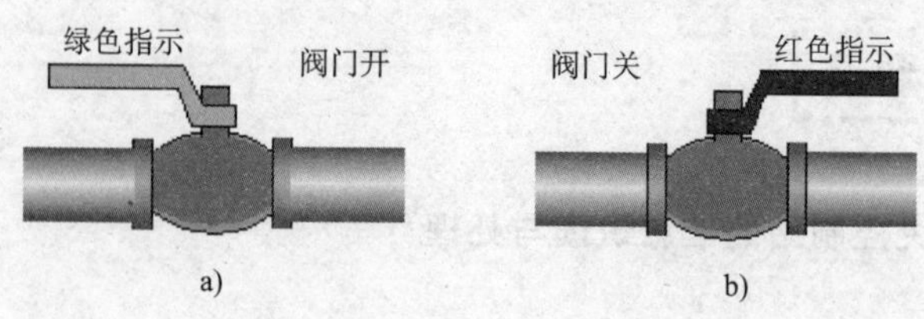

图 4—85　管道中阀门的当前状态显示

a）开状态　b）关状态

（2）系统参数的监测

在中央控制主机的界面上，除了显示设备运行状态外，还会实时地对系统的参数进行监测，如温度、压力、位置等的变化。

1）新风机运行显示界面

如图 4—86 所示，用多组数据显示新风机的状态和模拟量参数。上面的曲线是新风机送风温度和送风流量（采用变风量风机）的实时运行曲线，左下方显示新风机运行、故障的状态。右下方是温度、湿度显示盘和工作状态说明及指示。这种多画面的组合可以将一些有关联的画面放置在一个显示区域中，便于值机人员的察看。

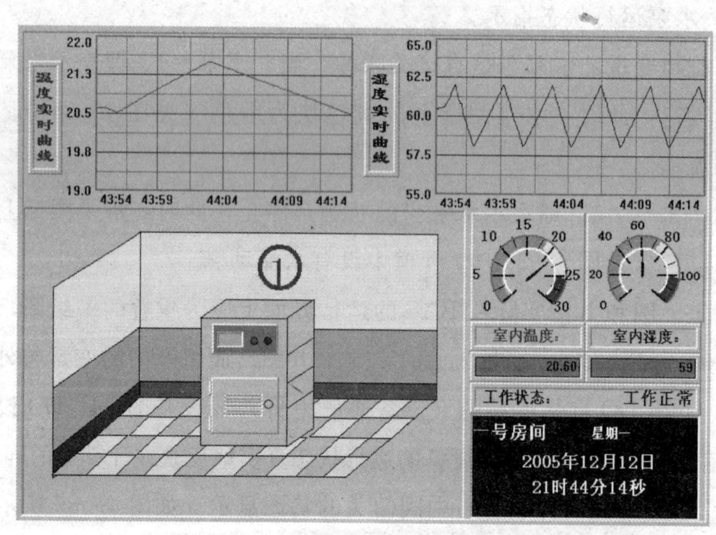

图 4—86　管道中阀门的当前状态显示

2）新风机修改温度设定值的显示界面

如图 4—87 所示是进行温度设定值修改的界面，点击菜单调出设定温度的窗口，在设定值栏目里直接修改就可以完成了。

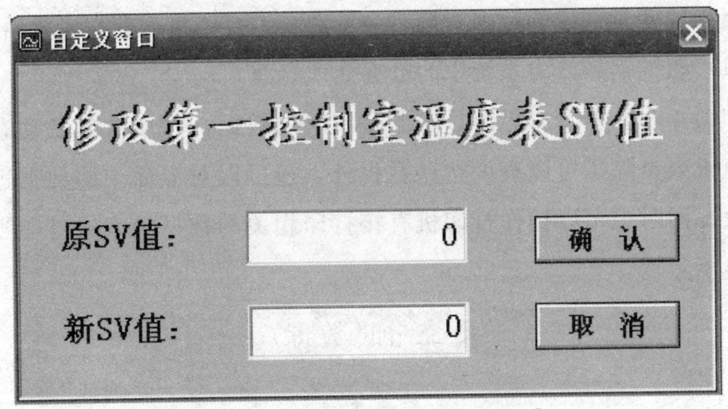

图 4—87　当前温度参数的修改界面

3）智能楼宇照明监控的显示界面

如图 4—88 所示是大楼中的照明监控界面，照明分为办公区域、生活区域、公共区域、节日彩灯等。该界面实时地显示每个区域照明的运行情况，在界面的右下角，有 4 个开关，分别控制 4 个不同区域照明的供电，用鼠标直接点击开关就可以强制改变 4 个区域的运行状态（如周末加班可以直接给某个区域送电）。这些区域的照明可以在现场实施操作控制，也可以由中央控制室直接改变其运行的状态。

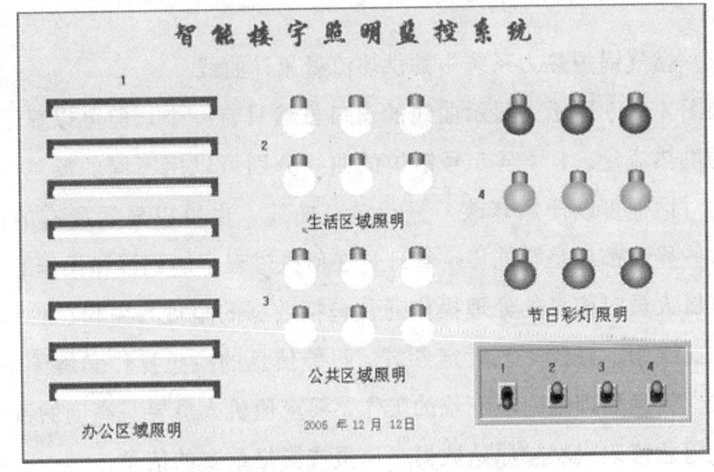

图 4—88　智能楼宇照明监控界面

2. 信息处理

在监控系统中存在着大量的数据和信息，这些信息包括一般信息和报警信息，当我们需要提取信息时，就要显示能被人所接受的画面或打印文档。也就是常说的数据查询、显示曲线、打印报表等技术术语。

（1）燃气锅炉热力系统中的数据处理界面

如图 4—89 所示，界面显示的是实时的数据，许多数据是动态运行的。值机人员除了可以查询这些数据外，还可以对界面中的数据进行在线修改。同时也可以操作打印机直接打印相关的数据报表或打印当前屏幕的显示数据。

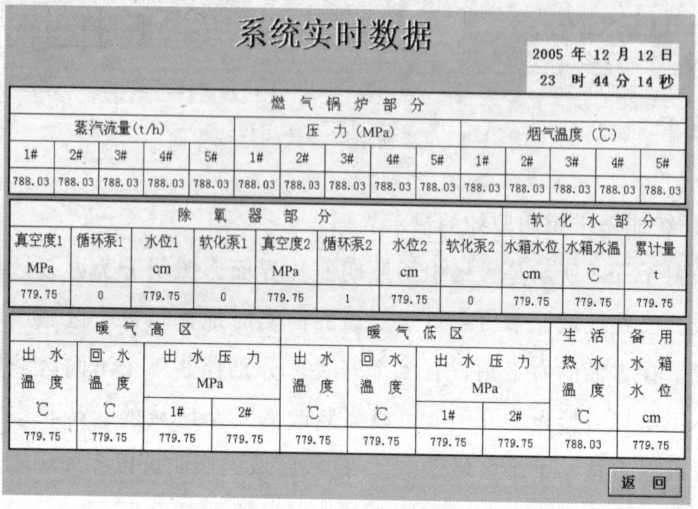

系统实时数据

2005 年 12 月 12 日
23 时 44 分 14 秒

燃气锅炉部分														
蒸汽流量（t/h）					压力（MPa）					烟气温度（℃）				
1#	2#	3#	4#	5#	1#	2#	3#	4#	5#	1#	2#	3#	4#	5#
788.03	788.03	788.03	788.03	788.03	788.03	788.03	788.03	788.03	788.03	788.03	788.03	788.03	788.03	788.03

除氧器部分								软化水部分		
真空度1 MPa	循环泵1	水位1 cm	软化泵1	真空度2 MPa	循环泵2	水位2 cm	软化泵2	水箱水位 cm	水箱水温 ℃	累计量 t
779.75	0	779.75	0	779.75	1	779.75	0	779.75	779.75	779.75

暖气高区				暖气低区				生活热水温度 ℃	备用水箱水位 cm
出水温度 ℃	回水温度 ℃	出水压力 MPa		出水温度 ℃	回水温度 ℃	出水压力 MPa			
		1#	2#			1#	2#		
779.75	779.75	779.75	779.75	779.75	779.75	779.75	779.75	788.03	779.75

返回

图 4—89　系统实时数据的处理

（2）燃气锅炉热力系统中的供热流量累计曲线

如图 4—90 所示，显示曲线的窗口虽然只有一个，但可以显示不同锅炉的供热流量。1 号至 5 号锅炉的曲线分别可以用不同的颜色（调出曲线的对话框可以任意修改）显示单一曲线，也可以显示所有的曲线。所有这些界面都应是智能楼宇管理员在值机过程中能识读和操作的。

值机人员对信息的处理操作通常包括数据的整理与备份、打印数据报表和曲线图、修改工艺设定参数、报警信息的应急操作和解除报警后的复位。信息处理是一项细致的工作，要求值机人员要有高度的责任心，不允许随意修改或删除原始数据，谎报或漏报重要的信息。

二、中央控制站的基本操作

1. 运行参数的修改

运行参数的修改是值班人员主要工作之一，现以某大厦为例，要改

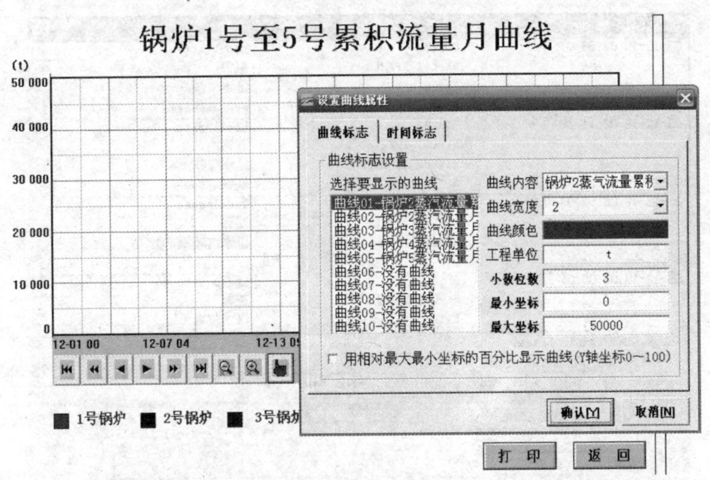

图 4—90　供热流量系统实时数据的处理

变大厦三层新风机组开启和停止的时间，可进行如下操作：首先用鼠标点击“Edit”（编辑）菜单，进入“Time Programs”（时间程序）；进入后选择控制器编号“DDC02”，点击“OK”后进入“Time Programs names”（时间程序名称），再选择“三层新风启停”菜单；从右侧工作菜单中选择“Daily Schedules”（日期明细），选择“春秋工作日”后，将进入时间设置界面，点击“Edit”（编辑）进入控制点界面，即可修改运行时间。

2. 生成数据与报表

各个监控子系统设备运行中，各类运行参数和报警数据均可自动生成报表。按照操作规程可通过打印机打印实时数据记录和报警记录。

3. 报警信息的查询

报警信息的查询可通过系统进入查询报警历史记录，如图 4—91 所示。

如出现多个报警故障时，系统会自动将报警事件记录在数据库中，只有当所有的报警事件都处理完时，系统才会重新回到设备监控界面上来，开始正常监控工作。从系统首页进入“Alarm History”（报警历史），屏幕将显示各类报警记录，包括报警日期、报警时间、报警位置、报警内容。并通过界面可查询具体某一时间区域的报警内容。

4. 报警信号的复位

报警信号的复位通常利用报警界面中的报警提示符。当有报警信息

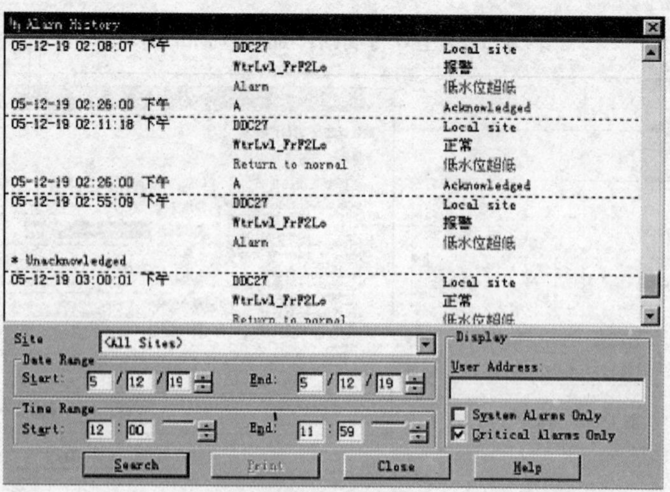

图 4—91　报警信息查询和处理

条弹出界面后，必须通过确认和记录。点击“Acknowledge”（确认），报警界面会立即复位并消除提示音。

5. 填写运行值班记录

前面讲了系统会自动生成一系列运行数据，可免去人工的抄写记录，但工作人员在值班中还是免不了要填写运行值班记录。以此弥补系统软件功能的不足。以下为某大厦新风机组的运行参数记录和变频水泵运行记录表（见表 4—6、表 4—7）。

表 4—6　　新风机组的运行参数记录表

系统名称	数据列表		报警记录		季节选择		备注
空气调节系统	新风机组运行状态		滤网阻塞		春季		
	排风机 1 运行状态		低温保护		夏季		
	排风机 2 运行状态		排风机过载		秋季		
	室外空气温度		新风机过载		冬季		
	室内空气温度		排风机过热		管理员人工设定值		
	水阀开度		新风机过热		冬季设定送风温度		
	风阀开度				夏季设定送风温度		
					过渡季节水阀开度（%）		

表 4—7　　　　调频水泵运行记录表

时间	27 层水箱	1 号泵		2 号泵		3 号泵		4 号泵		5 号泵		6 号泵		供水压力 (MPa)	记录人
	水位（m）	电 流(A)		电流(A)		电流(A)		电流(A)		电流(A)		电流(A)			
		变频	工频	变频	工频	变频	工频	变频	工频	变频	工频	变频	工频		
7:00	3.0	65	/	/	/	/	64	/	/	/	65	/	/	1.1	王明
8:10	3.0	/	65	/	63	/	64	/	65	/	/	/	/	1.1	王明
9:00	3.3	65	/	63	/	/	64	/	/	/	/	/	/	1.1	王明
10:00	3.2	/	65	/	63	/	64	/	/	65	/	/	/	1.1	王明
11:00	3.0	/	65	/	/	/	64	/	/	/	/	/	/	1.1	王明
12:00	2.9	/	65	/		64	/	/	/	65	/	/	65	1.1	王明
13:00	3.3	65	/	/	/	/	64	/	/	/	/	65	/	1.1	王明
14:00	3.2	/	/	/	/	/	/	/	/	/	/	/	/	1.1	张庆
15:00	3.2	/	/	/	63	/	64	/	/	65	/	/	65	1.1	张庆
16:00	3.2	/	/	/	/	/	/	/	/	/	/	/	/	1.1	张庆
17:00	3.1	/	65	/	63	/	64	/	64	/	/	/	65	1.1	张庆
18:00	3.1	/	/65	/	63	/	64	/	/	/	/	65	/	1.1	李力
19:00	3.1	/	65	/	/	/	64	/	64	/	/	/	65	1.1	李力
20:00	3.0	/	65	/	63	/	/	/	/					1.1	李力
21:00	3.0	/	/	/	63		64		64				65	1.1	李力

第五章 安全防范系统的安装与运行

第一节 视频监控系统前端设备的安装与维护

学习目标

通过学习，了解视频监控系统前端设备的种类和作用，掌握系统前端设备的安装步骤和连接方法，能够安装和维护视频监控系统的前端设备。

相关知识

一、视频监控系统的图例符号

1. 图例符号和标志

视频监控系统的图例符号是识图的基础，只有掌握了图例符号及文字符号，才能正确地识图。常用的视频监控系统图例符号见表5—1。

2. 视频监控系统图实例

视频监控系统图实例，如图5—1所示。

表 5—1　　　　　　　　视频监控系统图例符号

符号	名称	符号	名称	符号	名称	符号	名称
	标准镜头		广角镜头		自动光圈镜头		自动光圈电动聚焦镜头
	三可变镜头		黑白摄像机		彩色摄像机		微光摄像机
	室外防护罩		室内防护罩	τ	时滞录像机		录像机
	监视器（黑白）		彩色监视器	VM	视频报警器	Y VS X	视频顺序切换器
AV	视频补偿器	TG	时间信号发生器	Y VD X	视频分配器		云台
	云台、镜头控制器	(X)	图像分割器	O E	光、电信号转换器	E O	电、光信号转换器
P L	云台、镜头解码器	Ao M P K Ai C	矩阵控制器	M VGA DE P K A C	数字监控主机		

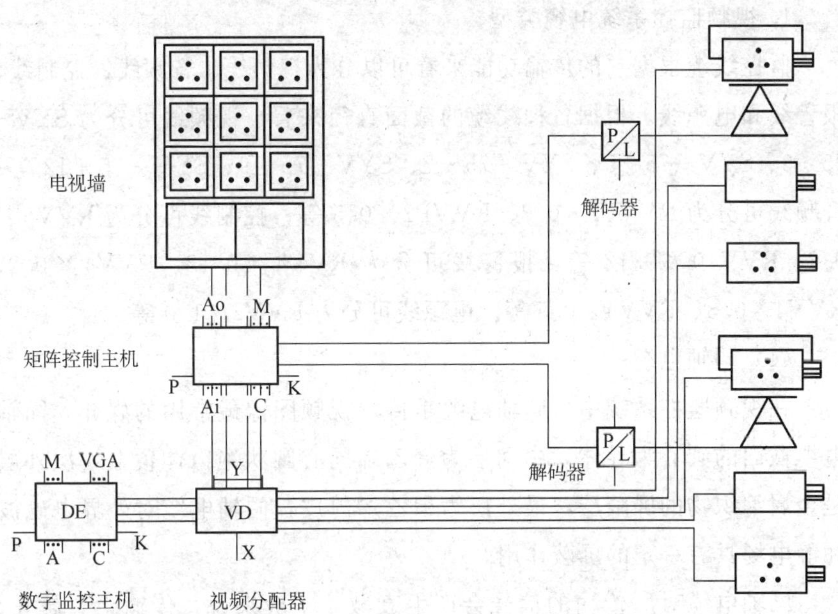

图 5—1　视频监控系统图实例

监控系统前端分别安装彩色摄像机、黑白摄像机和带云台的摄像机，摄像机视频信号传输到监控中心，连接视频分配器。视频分配器将每路视频信号分为两路：一路连接数字监控主机（即数字硬盘录像机），完成对各路视频信号的监视和录像的功能，另一路视频信号进入矩阵控制主机，通过对矩阵控制主机操作，可以将需要的视频信号切换到电视墙上。另外监控中心的矩阵控制主机连接前端动点摄像机的解码器，通过解码器控制云台、镜头的动作。

二、视频监控系统缆线

传输系统由各种缆线、管线、桥架等组成，其作用是将摄像机系统输出的音频、视频信号输出到显示监听系统，同时将控制信号从中心控制机房传输到摄像机等前端设备，控制摄像机镜头、云台等。传输系统包括音、视频信号传输和控制信号传输两部分。

视频监控系统的传输手段有多种形式。从传输介质来讲，传输分为有线传输（同轴电缆、对绞线等铜缆传输方式和光纤传输方式）和无线传输（微波、射频、卫星传输等传输方式）两种方式，目前在监控系统中用来传输图像信号的介质主要为同轴电缆、对绞线电缆和光纤。

1. 视频监控系统电缆类型

监控线缆根据它的传输功能来看可以分为视频线、音频线、控制线、报警线和电源线。根据各种线缆的截面直径来看，视频线可分为SYV-75-3、SYV-75-5、SYV-75-7、SYV-75-9、SYV-75-12等；音频线可分为RVVP2×0.3、RVVP2×0.5等；控制线可分为RVV6×0.2、RVV10×0.12等，报警线可分为RVV4×0.12、RVV4×0.2、RVV4×0.3、RVV4×0.5等，电源线可分为RVV2×1.0等。

（1）同轴电缆

在视频监控系统中，同轴电缆是传输视频图像最常用的媒介。同轴电缆截面的圆心为导体，中间层为聚乙烯同心圆状绝缘体覆盖，次外层是金属编织物的屏蔽层，最外层为聚乙烯封皮，同轴电缆对外界电磁波和静电场具有一定的屏蔽作用。

同轴电缆对所传输的信号会产生衰减，一般来说，传输距离越长、频率越高则信号的衰减越大，但线径越粗则信号衰减越小。所以，同轴电缆只适合于近距离传输图像信号，当传输距离过长时，图像质量将会明显下降。在工程安装中，如采用 SYV－75－5 同轴电缆，一般传输距离超过 300 m 时，应考虑使用电缆补偿器，传输距离超过 500 m 时，必须使用电缆补偿器。需要指出的是，电缆补偿器只能安装在靠近监视器端，如果安装在摄像机端则没有作用。此外，所有电缆均应是阻抗为 75 Ω 的纯铜芯电缆，绝对不可用镀铜或铝芯电缆。

（2）对绞线电缆

从电话设备到工业控制系统中的信号传输，再到局域网络布线系统等等，都是使用对绞线电缆。对绞线之所以使用如此广泛，是因为它具有抗干扰能力强、传输距离相对较远、布线容易、价格低廉等许多优点。将对绞线应用于监控系统中，还可以实现多种信号的共缆传输。用对绞线传输是一种比较经济的传输方式，对于视频信号而言，视频带宽在 6 MHz时，直接用对绞线传输，传输距离可达 150 m。如果通过使用对绞线传输设备把图像信号进行放大和补偿，可以将视频信号传输得更远。

（3）光纤

光纤是能使光信号以较小的衰减从一端传到另一端的透明玻璃或塑料纤维。光纤传输具有衰减小、频带宽、抗干扰性强、安全性能高、体积小、重量轻等优点。一根光纤就可以传送监控系统中需要的所有信号，传输距离可以达到几百千米。光端机可以提供一路和多路图像接口；还可以提供双向音频接口、一路和多路各种类型的双向数据接口（包括 RS232、RS485、以太网等）；并将这些接口的信号集成到一根光纤上传输。

光纤有单模光纤和多模光纤之分。单模光纤只有单一的传播路径，一般用于长距离传输；多模光纤的色散和衰耗较大，其最大传输距离一般不能超过 5 km。

视频监控系统中视频图像、音频、控制信号都可以通过光纤进行传输，传输系统是由一个发射机和一个接收机组成。用光缆作为干线传输系统其优点有：传输容量大、可双向传输、安全性高、系统稳定等。主要缺点是：建网造价高，施工技术难度大等。光缆主要在长距离大系统干线中使用。

（4）其他电缆

在视频监控系统中还需要很多其他线材，包括各种电源线、控制电缆等。在实际使用中，电源线需要考虑电流大小、耐压、绝缘、机械强度等问题，控制电缆要考虑电缆芯数、抗干扰能、机械强度等问题。

2. 视频监控系统电缆参数

同轴电缆是视频信号传输的最常用电缆，不同型号、规格的同轴电缆，尽管其工作原理是一样的，但每种同轴电缆都有其自己不同的物理及电气上的特性。常用的同轴电缆参数见表 5—2。

表 5—2　　常用同轴电缆参数

型号	导线线芯 根/直径(mm)	绝缘外径 (mm)	电缆外径 (mm)	波阻抗 (Ω)	最大传输距离 (m)
SYV－75－3	7/0.17	3.0±0.5	5.0±0.2	75±3	250
SYV－75－5	7/0.26	4.6±0.2	7.1±0.3	75±3	500
SYV－75－7	7/0.4	7.3±0.25	10.2±0.3	75±3	600
SYV－75－9	1/1.37	9.0±0.3	12.4±0.4	75±3	700

三、视频监控系统前端设备

1. 摄像部分

(1) 摄像机的分类及用途

安全防范系统中，图像的生成主要是来自摄像机，摄像机的分类有多种方法。

1) 依成像色彩划分

①彩色摄像机：适用于景物细部辨别，如辨别衣着或景物的颜色。

②黑白摄像机：适用于光线不充足地区及夜间无法安装照明设备的地区；在仅监视景物的位置或移动时，可选用黑白摄像机。

③昼夜型黑白/彩色两用摄像机：在白天或光线充足的环境条件下，整个摄像机画面显示为彩色，当工作环境进入到夜间或光线不充足状态时，整个摄像机画面显示由彩色自动转为黑白，从而保证无论是在什么样的照明环境下都能显示出清晰的图像。

2) 依分辨率灵敏度划分

影像像素在 38 万以下的为一般型，其中尤以 25 万像素、分辨率为 400 线（512×492）的产品最普遍。影像像素在 38 万以上的为高分辨率型。

3) 按摄像机的光电转换器件分

有电真空器件（即光电导摄像管）摄像机和固体摄像器件（CCD）摄像机。其中，CCD 器件摄像机具有体积小、重量轻、不受磁场影响、抗振动和撞击之特性而被广泛应用。

4）按 CCD 靶面大小划分

有 1 in、2/3 in、1/2 in、1/3 in、1/4 in 等，目前采用的 CCD 芯片大多数为 1/3 in 和 1/4 in。

5）按扫描制式划分

有 PAL 制 SECAM 制和 NTSC 制。中国采用隔行扫描（PAL）制式。

6）按供电电源划分

有 AC 110V（NTSC 制式多属此类），AC 220V，AC 24V，DC 12V 或 DC 9V（微型摄像机多属此类）。

7）按同步方式划分

①内同步：用摄像机内同步信号发生电路产生的同步信号来完成操作。

②外同步：使用一个外同步信号发生器，将同步信号送入摄像机的外同步输入端。

③外 VD 同步：将摄像机信号电缆上的 VD 同步脉冲输入外 VD 同步。

④多台摄像机外同步：对多台摄像机固定外同步，使每一台摄像机可以在同样的条件下作业。因各摄像机同步，这样即使其中一台摄像机转换到其他景物，同步摄像机的画面亦不会失真。

8）按 CCD 所需照度划分：

①普通型：正常工作所需照度 1～3 lx；

②月光型：正常工作所需照度 0.1 lx 左右；

③星光型：正常工作所需照度 0.01 lx 以下；

④红外型：采用红外灯照明，在没有光线的情况下也可以成像。

9）按组合方式划分

①组合式摄像机：摄像机机身、镜头、防护罩、云台、支架等可根据需要自行配置。

②一体化普通摄像机：即摄像机、镜头、防护罩设计为一体。

③高速球型摄像机：即摄像机、镜头、防护罩、快速云台设计成一体，外形为球形或半球形。

10）按外观划分

分为机板型、半球型、针孔型。

(2) 镜头的分类及用途

摄像机镜头是视频监视系统的关键设备，镜头的种类繁多，选择得合适与否，直接关系到摄像质量的优劣。镜头有以下几种分类方法：

1) 以镜头安装方式分类

摄像机镜头均是螺纹口的，CCD 摄像机的镜头安装有两种工业标准，即 C 安装座和 CS 安装座，两者区别在于从镜头到感光元件表面的距离不同。

2) 以摄像机镜头规格分类

摄像机镜头规格应视摄像机的 CCD 尺寸而定，两者应相对应。即摄像机的 CCD 靶面大小为 1/2 in 时，镜头应选 1/2 in。摄像机的 CCD 靶面大小为 1/3 in 时，镜头应选 1/3 in。

3) 以镜头光圈分类

镜头有手动光圈（manual iris）和自动光圈（auto iris）之分，配合摄像机使用，手动光圈镜头适合于亮度不变的应用场合，自动光圈镜头因亮度变更时其光圈亦作自动调整，故适用亮度变化的场合。自动光圈镜头有两类：一类称为视频输入型，是将视频信号及电源从摄像机输送到镜头来控制光圈；另一类称为 DC 输入型，是利用摄像机上的直流电压来直接控制光圈。

4) 以镜头的视场大小分类

①标准镜头：视角 30°左右，在 1/2 in CCD 摄像机中，标准镜头焦距定为 12 mm，在 1/3 in CCD 摄像机中，标准镜头焦距定为 8 mm。

②广角镜头：视角 90°以上，焦距可小于几毫米，可提供较宽广的视景。

③远摄镜头：视角 20°以内，焦距可达几米甚至几十米，此镜头可在远距离情况下将拍摄的物体影像放大，但使观察范围变小。

④变倍镜头（zoom lens）：也称为伸缩镜头，有手动变倍镜头和电动变倍镜头两类。

⑤可变焦点镜头（vari - focus lens）：它介于标准镜头与广角镜头之间，焦距连续可变，即可将远距离物体放大，同时又可提供一个宽广视景，使监视范围增加。

⑥针孔镜头：镜头直径几毫米，可隐蔽安装。

5) 从镜头焦距上分类

①短焦距镜头：因入射角较宽，可提供一个较宽广的视野。

②中焦距镜头：标准镜头，焦距的长度视 CCD 的尺寸而定。

③长焦距镜头：因入射角较狭窄，故仅能提供狭窄视景，适用于长距离监视。

④变焦距镜头：通常为电动式，可作广角、标准或远望等镜头使用。

6）按镜头参数可调整项目分类

①三可变镜头：可调焦距、调聚焦、调光圈；

②二可变镜头：可调焦距、调聚焦、自动光圈。

(3) 防护罩的分类及用途

防护罩是视频监控系统中重要的组件，用于保护摄像机和镜头工作的可靠性，延长其使用寿命。防护罩保护摄像机及镜头不受诸如有害气体、恶劣天气、灰尘等因素的影响，还可以尽量防止人为因素对摄像机和镜头的破坏。

1）按照安装环境划分

分为室内防护罩、室外防护罩。

2）按照形状划分

分为枪机式防护罩、球型防护罩和坡型防护罩等。

3）按用途划分

分为通用性防护罩和特殊用途防护罩。

特殊用途防护罩包括：高安全度防护罩（也称为铠装防护罩）、高防尘防护罩、防爆防护罩、高温防护罩等。

2. 控制部分

(1) 解码器的用途及分类

在有云台、电动镜头和室外防护罩的电视监控系统中，必须配有控制解码器。这样在控制室中操纵键盘相应按键即可完成对前端设备各动作及功能的控制。控制解码器必须与系统主机的通信协议一致，否则不可选用。

解码器分为室内型和室外型，室外型有一个防水箱。解码器功能是把主机控制码转换成模拟信号输出，提供云台 24 V 或 220 V 交流电压，镜头直流电压等。

(2) 云台的分类及用途

云台是安装、固定摄像机的支撑设备，它与摄像机配合使用达到上下左右转动的目的。分为固定和电动云台两种。

固定云台适用于监视范围不大的情况。在固定云台上安装好摄像机后可调整摄像机的水平和俯仰的角度，达到最好的工作姿态后只要锁定调整机构就可以了。

电动云台适用于对大范围目标进行扫描监视，它可以扩大摄像机的监视范围。电动云台一般是由两台执行电动机来实现的，电动机接受来自控制器的信号精确地运行定位。在控制信号的作用下，云台上的摄像机既可自动扫描监视区域，也可在监控中心值班人员的操纵下跟踪监视对象。

1）按承受负载能力划分

①轻载云台：最大负重 9.08 kg。中载云台：最大负重 22.7 kg；

②重载云台：最大负重 45 kg。

2）按使用环境分

分为室内型云台和室外型云台，主要区别是室外型云台密封性能好，防水、防尘，负载大。另外还包括在专门用于危险环境下，能够防爆和防粉尘点燃的防爆云台，用于水下的水下云台以及用于高温环境下的耐高温云台。

3）从运动方向划分

有水平旋转云台和全方位云台。

4）从云台使用电压类型划分

有 AC 220V 云台、AC 24V 云台 、直流供电云台。

5）从旋转速度划分

有恒速云台、变速云台、高速云台。

6）按安装方式划分

分为侧装和吊装，即云台是安装在天花板上还是安装在墙壁上。

7）按外形分为普通型和球型云台。

(3）射灯的分类及用途

目前绝大多数视频监控系统均配置随摄像机转动的射灯以辅助照明，其最大好处是灵活、方便，且价格适中。黑白视频监控系统宜配置高压水银灯；彩色视频监控系统宜配置碘钨灯。

实现夜视的方法，可以采用常规的可见光照明，但此法不利于隐蔽，反而更加暴露监控目标。隐蔽的夜视监控，目前都是采用红外摄像技术。

红外摄像技术分为被动红外摄像技术和主动红外摄像技术。如果选用红外线照明设备，则需要使用黑白摄影机，因为黑白摄影机对红外线感光较为灵敏，而彩色摄影机则无法发挥红外线功能。

红外灯有室内、室外，短距离和长距离之分。常用的有范围为 10～20 m 的室内红外灯，因为室内墙壁反射，在这种环境下，红外灯的使用效果比较理想。在室外远距离的红外灯，一般使用效果欠佳，且价格昂贵，不到必要时不推荐使用。

能力要求

视频监控系统一般由前端、传输、显示/记录和控制设备 4 个主要部分组成，其中显示/记录和控制设备均放在中心控制室内，又称为终端部分设备。

前端设备部分主要负责被监控区域图像信号的采集，主要设备有摄像机、镜头、云台、防护罩、球形一体化机、解码器、支架等。

传输部分将被监控现场的图像信号传输到控制中心，同时将从控制中心的控制信号传输到现场。传输部分包括视频信号和控制信号传输两部分。

一、视频监控系统前端设备的安装与调试

1. 摄像部分的安装与调试

(1) 摄像机、镜头的安装调试

摄像机的使用很简单，通常只要正确安装镜头、连通信号电缆，接通电源即可工作。但在实际使用中，如果不能正确地安装镜头并调整摄像机及镜头的状态，则可能达不到预期使用效果。以下介绍摄像机的正确安装方法。

1) 安装镜头

摄像机必须配接镜头才可使用（一体化摄像机除外），一般应根据应用现场的实际情况来选配合适的镜头，如定焦镜头或变焦镜头、手动光圈镜头或自动光圈镜头、标准镜头、广角镜头或长焦镜头等。另外还应注意镜头与摄像机的接口，是 C 型接口还是 CS 型接口（这一点要切记，否则用 C 型镜头直接往 CS 接口摄像机上旋入时极有可能损坏摄像机的 CCD 芯片）。

安装镜头时，首先去掉摄像机及镜头的保护盖，然后将镜头轻轻旋入摄像机的镜头接口并使之到位。对于自动光圈镜头，还应将镜头的控

制线连接到摄像机的自动光圈控制接口上。

2）调整镜头光圈与对焦

关闭摄像机上电子快门及逆光补偿等开关，将摄像机对准欲监视的场景，调整镜头的光圈与对焦环，使监视器上的图像最佳，镜头即调整完毕。

3）后焦距的调整

后焦距也称背焦距，指的是当安装上标准镜头（标准 C/CS 接口镜头）时，能使被摄景物的成像恰好成像在 CCD 图像传感器的靶面上，一般摄像机在出厂时，对后焦距都做了适当的调整，因此，在配接定焦镜头的应用场合，一般都不需要调整摄像机的后焦距。

后焦距调整的步骤如下：

①将镜头正确安装到摄像机上，然后镜头光圈尽可能开到最大。

②通过变焦距调整（Zoom In）将镜头推至望远（Tele）状态，拍摄 10 m 以外的一个物体的特写，再通过调整聚焦（Focus）将特写图像调清晰。

③进行与上一步相反的变焦距调整（Zoom Out）将镜头拉回至广角（Wide）状态，此时画面变为包含上述特写物体的全景图像，但此时不能再作聚焦调整（注意：如果此时的图像变模糊也不能调整聚焦），而是准备下一步的后焦调整。

④将摄像机前端用于固定后焦调节环的内六角螺钉旋松，并旋转后焦调节环，直至画面清晰为止，然后暂时旋紧内六角螺钉。重新推镜头到望远状态，看看刚才拍摄的特写物体是否仍然清晰，如不清晰再重复上述①、②、③步骤。

⑤旋紧内六角螺钉，将光圈调整到适当的位置。

4）摄像机本体安装

摄像机本体安装比较简单，在摄像机下部或上部都有一个安装固定螺孔，可以用一个 M6 或 M8 的螺栓加以固定。一般标准的支架、吊架、云台或防护罩均配有这种专门用于固定摄像机的螺栓。

摄像机应先安装于防护罩内再安装到云台或支架上，一般不允许将摄像机直接安装于云台或支架上。

（2）摄像机防护罩、支架的安装调试

摄像机防护罩也称为防尘罩，它保护摄像机及镜头不受诸如有害气体、天气、灰尘等环境条件的影响及人为破坏。

1）普通枪机式防护罩的安装

在枪机式防护罩中，有一块固定摄像机用的摄像机滑板。首先打开防护罩的上盖，将紧固摄像机滑板的螺钉拧松，取下摄像机滑板；然后用装配螺钉（一般防护罩的配件包中都配有）将摄像机固定在滑板上，将滑板及摄像机放入防护罩内，如镜头可调，则将镜头扩大至最大长度，滑动摄像机滑板，使摄像机、镜头与滑板处于防护罩内的最佳位置，固定牢固；最后，将出线护口安装在防护罩底槽上，连接摄像机的视频电缆，将摄像机的电源线、控制电缆连接到防护罩的接线排上，将防护罩的出线孔锁紧，调整好摄像机的焦距，关闭防护罩的盖子。

摄像机在防护罩内的安装，如图 5—2 所示。

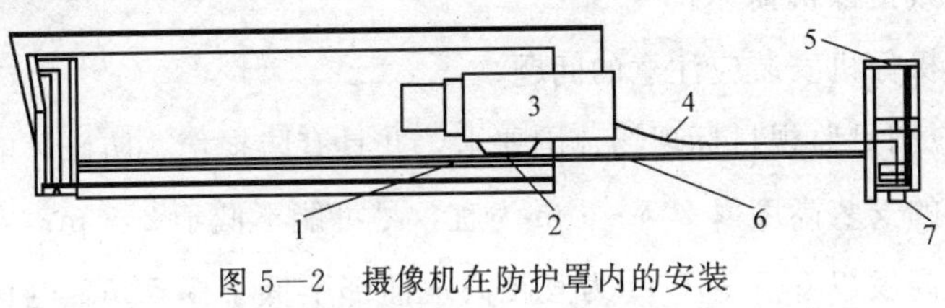

图 5—2　摄像机在防护罩内的安装

1—定位柱　2—摄像机固定螺钉　3—摄像机　4—视频输出线
5—后盖　6—安装板　7—出线孔

2）摄像机支架的安装

摄像机的安装，首先是支架或云台的安装，固定式摄像机使用各种支架支撑，支架结构简单，安装、使用和调节都很方便，而且价格低廉，广泛应用于固定目标的监视。根据不同型号的摄像机、不同的使用目的、不同安装条件的限制和要求，选择相应的支架进行安装。支架安装好后，摄像机放入防护罩中再安装于支架上。

支架的安装一般采用螺钉将之固定在建筑物的墙、柱、顶等地方。

在墙壁安装时可用电锤打孔后用相应的膨胀螺栓进行安装固定。如有吊顶的顶装，必须将支架直接固定于原顶上，不能将支架或摄像机安装于吊顶面板上。

（3）摄像机基本连接

摄像机的基本连接，如图 5—3 所示。

1）使用同轴电缆（75 Ω）连接摄像机的 VIDEO OUT 接口（BNC 接口）到监视器或录像机的 VIDEO IN 接口。

2）电源线的连接是将电源接入摄像机的电源接线端子上，加电后摄像机的电源灯将点亮。接入电源时要注意摄像机的供电电压和极性（摄

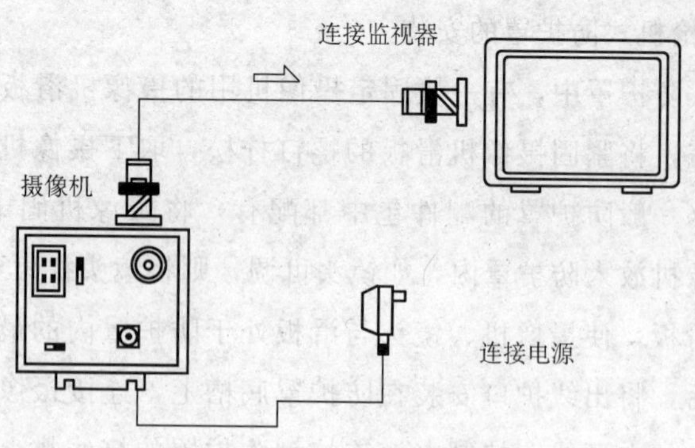

图 5—3 摄像机的基本连接

像机的供电一般有 DC 12V、DC 24V 或 AC 220V 三种方式)，电源连接错误会导致摄像机损坏。

(4) 摄像机安装应注意的问题

1) 应满足监视目标现场范围要求，并具有防损伤、防破坏能力。室内摄像机的安装高度以 2.5～5 m 为宜，尽可能不低于 2.5 m；室外摄像机的安装高度以 3.5～10 m 为宜距离地面部不低于 3.5 m。电梯轿箱内安装在其顶部，与电梯操作器成对角处，且摄像机的光轴与电梯的两壁及天花板成 45°角。

2) 各类摄像机安装应牢固，且应有一定防破坏能力。摄像机配套设备（防护罩、支架、雨刷等设备）安装应灵活、可靠。

3) 摄像机在安装前，应逐个通电检查和调试。如调整后焦面、电源同步等，待处于正常工作状态后方可安装。

4) 摄像机在功能检查完闭且监视区域和图像质量达标后方可固定。

5) 在高压带电的设备附近安装摄像机，应遵守高压带电设备的安装规定。

6) 摄像机的信号线和电源线应分别引入，并用金属管保护，且不影响摄像机的转动。

7) 摄像机镜头应避免强光直射，还应避免逆光安装。

2. 控制部分的安装与调试

(1) 电动云台的安装调试

云台是安装、固定摄像机的支撑设备，它与摄像机配合使用达到上下左右转动的目的。云台的安装要注意其转动范围，不能影响其灵活、平稳地转动。

不同类型的云台分别适应于安装在屋梁、平台、墙面、顶面、吊顶、吊架等地方。在安装中要根据实际需要加以考虑。

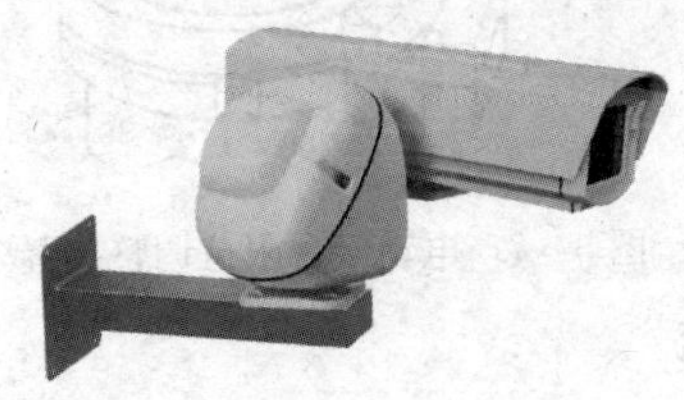

图 5—4　L7235 室外云台外形

1）室外云台的安装步骤

下面以 L7235 室外云台为例讲述室外云台的安装方法。L7235 是一个云台防护罩一体化云台，其外形如图 5—4 所示。

①将摄像机安装在防护罩内，安装过程与上面讲过的普通枪机式防护罩类似。拆下护罩后盖 4 个螺钉，将后盖与摄像机安装板一起拉出，摄像机固定在安装板上。云台摄像机安装板，如图 5—5 所示。根据镜头高度将安装板插入槽中慢慢推入，并固定后盖螺钉。

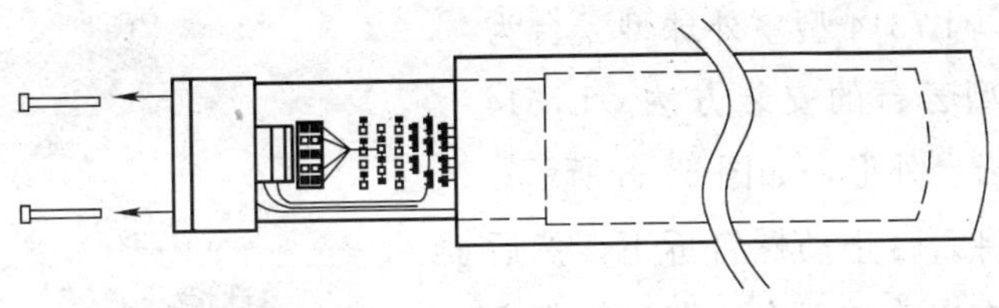

图 5—5　云台摄像机安装板

②云台支架的安装为将支架固定于适当的位置，可采取壁装或座装的方式。

③云台控制线的连接为将云台控制线连接插件由圆孔穿过后，用连接螺钉（一般包含在云台的附件中）将云台和支架连接在一起，并将外部进线连接在云台的接线端子上。电动云台接线端子图，如图 5—6 所示。

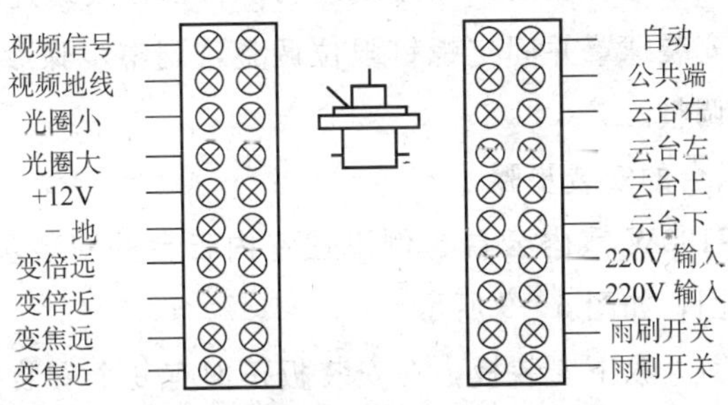

图 5—6　电动云台接线端子图

④云台限位的调整可设置为水平运动 180°，垂直运动下俯 60°，限位调整时，将云台两个侧盖拆下，在水平转轴与垂直转轴上有两个限位调整装置。电动云台限位调整装置，如图 5—7 所示。

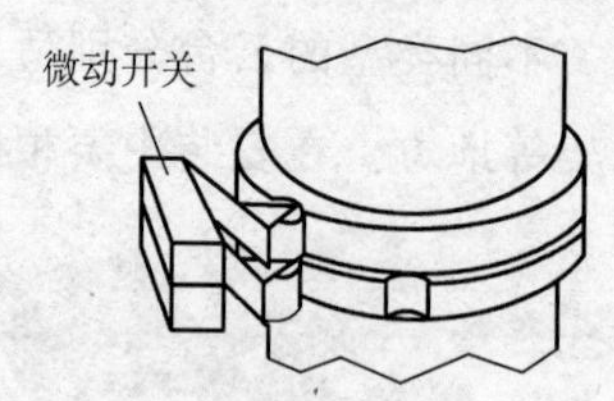

图 5—7　电动云台限位调整装置

a. 水平限位调整：调节两个限位调整环的缺口与限位开关的相对位置，两个限位环缺口在一个轴向时，云台可水平转动 180°，限位环缺口重合时，云台可水平转动 358°。

b. 垂直限位调整：调节两个限位调整环的缺口与限位开关之间的位置，即可限定垂直仰俯角度。当水平转动到 0°或 180°时，应注意调整好垂直限位的位置，使护罩不能与支架相碰，否则会造成不良后果。

注意：调整限位需转动云台时，应通电旋转，严禁用手搬动旋转。注意安全，保护接地。

2）室外球型云台的安装步骤

下面以 L7314 型室外球型云台为例讲述球型云台的安装方法。L7314 室外球型云台外形，如图 5—8 所示。

图 5—8　L7314 室外球型云台外形

首先将云台止动螺钉拆下，然后按逆时针方向旋转云台，即可拆下云台。反之即可装上云台（注意：云台装好后，必须将止动螺钉拧紧，以防止云台松脱）。

云台拆下后再拆下球罩三个螺钉，取下球型云台球罩，将摄像机及镜头固定在机心摄像机安装架上。从出线孔引出摄像机镜头连接线。将支架固定于安装位置，上球罩的出线穿入支架内，并且上球罩用 4 个安装螺钉固定在支架上。最后按照接线说明，将云台线缆连接在支架内的接线端子上，安装球罩并固定螺钉限位调整，调整步骤参见上面 L7235 室外云台限位调整。

3）室内云台的安装步骤

下面以 L7130W 室内云台为例讲述室内云台的安装步骤，L7130W 云台部位示意图，如图 5—9 所示。

①拆除底盖，取下安装板，在安装板正面有 6 个安装孔，根据安装需要选择安装孔，并将云台支架固定在墙上。

②云台接线，安装板上有云台接线板，如图 5—10 所示，将从控制器出来的各控制线，按照图示一对一接好。把云台主体与墙式安装板相固定，再装上底盖。

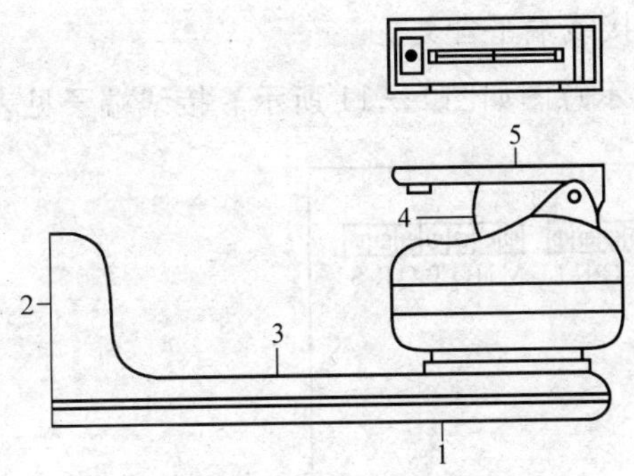

图 5—9　L7130W 云台部位示意图

1—底盖　2—安装板　3—云台支架　4—俯仰齿轮　5—摄像机固定板

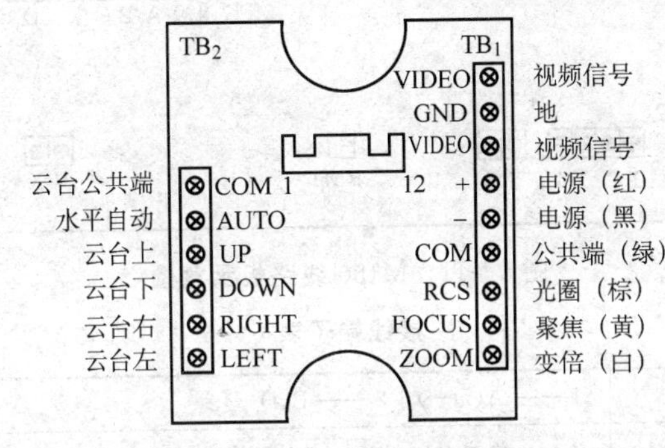

图 5—10　云台接线板图

③拆下摄像机固定板，把摄像机或摄像机防护罩固定在固定板长型划道上，并重新将已固定好的摄像机固定板与俯仰齿轮相固定。

④将摄像机镜头的接线与云台镜头线相连。

（2）解码器的安装

解码器功能是把主机的控制码转换成模拟信号输出，用于控制电动云台、电动三可变摄像机、镜头、灯光、雨刷等外部设备。解码器是控制系统中最常用的设备，前端有一个云台或电动镜头，就需要有一个解码器，安装时不同设备要分配不同的地址码，以免冲突。

将解码器固定在合适位置，连接好云台、镜头、摄像机和辅助设备的连线，连接好控制主机的通信控制线、视频线和供电电源。通信控制线如有极性要求的不能接错。根据云台和摄像机供电要求，将解码器内相应转换插头放在需要的电源上。设置好地址码开关。连线和设定完成后，应仔细检查，保证连接正确。

室外安装设备应做好密封和防水的处理，并固定稳固。下面以 M150 解码器为例讲述解码器的安装调试步骤。

1）解码器的接线端子含义

M150 线路板示意图如图 5—11 所示。接线端子见表 5—3。

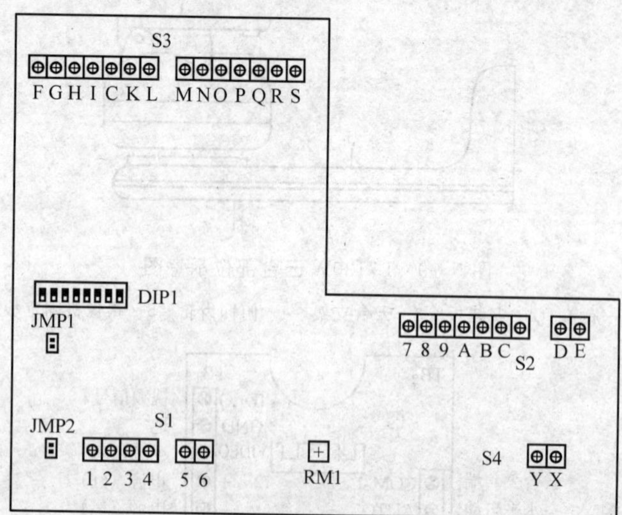

图 5—11　M150 线路板示意图

表 5—3　　**接线端子表**

RS485 总线接口	1——A(D+)　2——B(D−)
曼彻斯特码总线输入	3——总线 D1　4——总线 D2
监听输出	5——监听(AUDIO)　6——监听地(GND)
解码器供电接线端子	7、8——交流 24 V　9、A——交流 12 V　B、C——交流 220 V
附属开关 1 输出	F——COM(公共)　G——ZOOM+(−)　H——FOCUS+(−)　I——IRIS+(−)　G——AL 报警输入端（共地）　K——地(GND)　L－DC 12V
云台控制输出及附属开关 2 输出	M——24 V 公共端(COM)　N——下(DOWN)　O——上(UP)　P——右(RIGHT)　Q——左(LEFT)　R——自动水平旋转(AUTO PAN)　S——附属 2(AUX2)，输出交流 24 V、0.5 A
附属开关 1(AUX1)	D、E——输出交流 220 V，1.5 A
220 V 输入	Y、X——交流 220 V 输入

2）解码器的设置

①DIP1：8 位解码器地址设置拨码开关，设置的地址号应与控制器的摄像机号相对应，多个解码器不能使用同一地址。拨动开关 DIP1 的状态与解码器地址对应。

②JMP1：三可变镜头控制电压选择，断开时，为 DC 9V，短路时为 DC 12V。

③JMP2：RS485阻抗匹配电阻设置，断开时未接匹配电阻，短路时接匹配电阻。

④RM1：监听灵敏度调整。

⑤总线说明：采用曼彻斯特码，主机的控制总线应该接解码器的D1、D2，主机采用RS485总线，这些主机的控制总线应该接解码器的A、B。

3）云台接线图

解码器与云台的连接，如图5—12所示，解码器与三可变镜头摄像机连接，如图5—13所示。

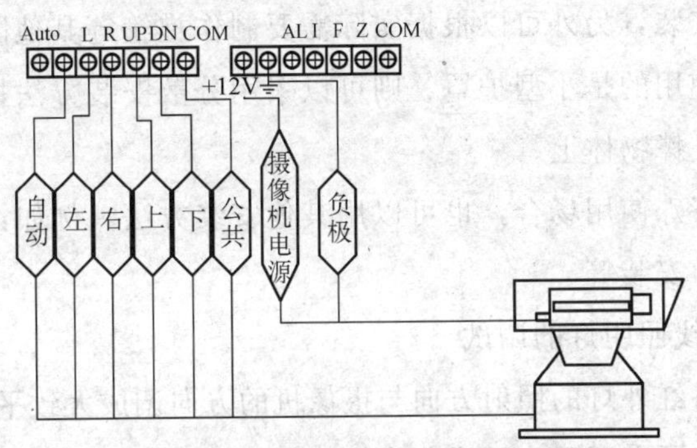

图5—12　解码器与云台连接系统图

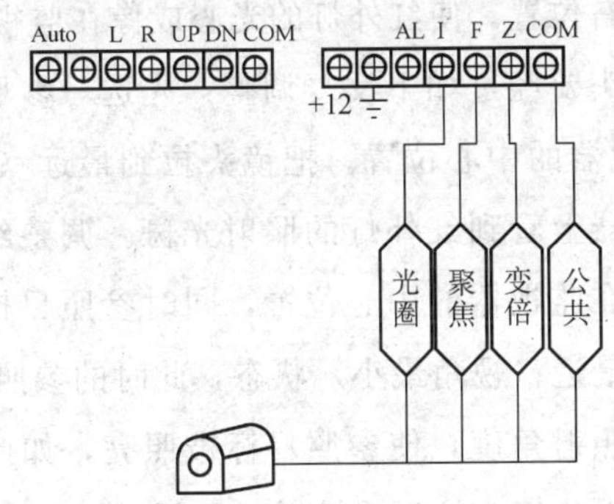

图5—13　解码器与三可变镜头摄像机连接系统图

（3）射灯的安装调试

夜晚使用摄影机时，为了避免反射和阴影，通常需要照明设备。大多数电视监控系统均配置随摄像机转动的射灯以辅助照明。下面介绍红外线照明灯的安装调试方法。

1）红外照明灯的安装

根据使用环境的不同，一般有以下几种安装方法：

①室内近距离红外灯的安装多为分散安装，除了要保证与摄像机的方向平行外，还要考虑与现场环境的协调性，然后结合夜间的图像效果再适当的对红外灯的方向进行调整。对于室内专用广角红外灯（180°），其基本不受方向性的限制，只考虑与环境的协调性。安装时可吸顶，也可壁装。

②室外带云台红外灯的安装一般采取护罩顶装方式，直接在护罩上加工安装孔即可。在实际应用中，红外灯的云台侧装也较为常见，这时需要根据云台型号加工制作安装板。

③室外红外灯不带云台的安装，在护罩承载力润泽的情况下，最好采用顶载式安装，另外可以根据实际需要制作抱箍等其他附件加以二次保护；如果使用的是小型护罩，则可以采用分散安装方法把红外灯装在支架或别的支撑物体上。

④对于特殊使用场合，也可以用其他安装方法，例如：红外灯远距离安装，接力安装等。

2）红外线照明灯的调试

①首先将红外灯的照射方向与摄像机的方向调成大致平行状态。

②系统接通电源后，再进行微调，对于定焦镜头来说，通过红外灯支架调整其上下左右位置。使红外灯的光心成像在监视器的中心即可。

③对于变焦镜头要经过如下反复调整：先选一参照监视目标（人或物体），成像在监视器的中心位置。把镜头拉到最远（视角最大）状态，此时应可以在监视器上看到红外灯的照射光斑。调整红外灯支架的上下左右角度，使光斑在监视器的中心位置，同时参照目标也应被照亮。然后把镜头焦距推至最近（视角最小）状态，此时的参照目标也应被照亮。否则调整红外灯的照射角度，使参照目标被照亮，如此重复上述步骤反复进行调整。直至无论镜头拉远或推近，参照目标始终被照亮为止。

④最后紧固红外灯支架，调试完毕。

二、视频监控传输系统的安装与连接

1. 视频监控电缆的敷设与设备连接

（1）视频监控电缆的敷设

视频监控电缆的敷设应注意：

1）必须按图样进行敷设，施工质量符合《电力工程电缆设计规范》。

2）施工所需要的仪器、设备、工具及施工材料应尽可能储备就绪，施工现场有障碍物时应提前清除。

3）电源线与信号线应分开敷设。根据设计图上各段线路的长度选配电缆，尽量避免电缆的接续，必须接续时应采用专用接头件。

4）对有强磁干扰的场所，应采用镀锌钢管或封闭金属线槽敷设并做接地处理。

5）对有酸、碱腐蚀性介质的场所和潮湿的场所，应采用 PVC 管敷设，但 PVC 管不适用于高温、易碰撞与易摩擦场所。

6）敷设管道电缆前应先清刷管孔，穿放电缆时宜涂抹黄油或滑石粉，进入管口的电缆应保持平直，并应采取防潮、防腐等处理措施。

7）管线两固定点之间距离不得超过 1.5 m。

8）电缆应从所接设备下部穿过，并留一定的余量。

9）在地沟或天花板内敷设的电缆，必须穿管（视具体情况选用金属或 PVC 阻燃管），并固定在墙上。

10）线路敷设完成后，应对线路进行校对与绝缘测试，并加线标。

11）线路校对无误、绝缘测试符合要求后，根据实际敷设情况提交线路敷设图纸（竣工图），对中间接头以及接头的处理方法加以标注。

（2）同轴电缆与设备的连接

在视频监控系统中，同轴电缆两端通过 Q9 接头连接摄像机、监视器、录像设备。用同轴电缆传输视频信号需在同轴电缆两端制作 Q9 接头。Q9 接头制作步骤如下：

1）剥线

同轴电缆由外向内分别为保护胶皮、金属屏蔽网线（接地屏蔽线）、绝缘层和线芯（信号线），线芯由一根或几根铜线构成，金属屏蔽网线是由金属线编织的金属网，内外层导线之间用乳白色透明绝缘物填充，内外层导线保持同轴，称为同轴电缆。剥线用小刀将同轴电缆外层保护胶皮剥去 1.5 cm，小心操作不要割伤金属屏蔽线，再将芯线外的乳白色透明绝缘层剥去 0.6 cm，使线芯裸露。

2）连接线芯

Q9 接头由 Q9 接头本体、屏蔽金属套筒、芯线插针三部分组成，芯线插针用于连接同轴电缆芯线。

使用电烙铁焊接线芯与线芯插针，焊接线芯插针尾部的小孔中置入一点松香粉或中性焊剂后焊接，将屏蔽线焊接到 Q9 头上的焊接点上。

3）装配 Q9 接头

连接好线芯后，先将屏蔽金属套筒套入同轴电缆，再将芯线插针从 Q9 接头本体尾部孔中向前插入，使线芯插针从前端向外伸出，最后将金属套筒前推，使套筒将外层金属屏蔽线卡在 Q9 接头本体尾部的圆柱体上。

2. 其他传输系统的安装与连接

（1）光缆的敷设

1）在敷设光缆前，应检查光缆有无断点、压痕等损伤。

2）根据施工图样修配光缆长度，配盘时应使接头避开河沟、交通要道和其他障碍物。

3）光缆的弯曲半径不应小于光缆外径的 20 倍。光缆可用牵引机牵引，端头应做好技术处理，牵引力应作用于加强芯上；牵引力大小不应超过 1 470 N；牵引速度宜为 10 m/min；一次牵引长度不宜超过 1 km。

4）光缆接头的预留长度不应小于 8 m。

5）光缆敷设一段后，应检查光缆有无损伤，并对光缆敷设损耗进行抽测，确认无损伤时，再进行下步工作。

6）光缆接续应由专门受过训练的人员操作，接续时应用光功率计或其他仪器进行监视，使接续损耗最小。接续点应做接续保护，并安装好光纤接头护套。

7）光缆接头应用塑料胶带包扎，盘成圈置于光缆接续盒中，接续盒应固定于墙面、电线杆或机柜中。

8）地下光缆引上电线杆，必须穿入金属管。

9）光缆敷设完毕后需测量通道的总衰减，并用光时域反射计观察光纤通道全程波导衰减特性曲线。

10）光缆的接续点和终端应做永久性标志。

（2）光纤传输设备

视频图像光端机可将实时图像信号（视频/语音）及反向控制信号，利用一根光纤高品质地传输数千米甚至数十千米。通常情况下，单模光缆可以传输 0～160 km，多模光缆传输 0～3 km。光缆传输需要增加一套单路或多路的多功能光端机。光端机的连接如下：

1）光纤的连接。用酒精或类似清洁剂清洁光纤芯表面，将光纤的

FC/PC 或 ST/PC 接头连接到光端机的光纤连接器上。插接时要对准插入缺口插到底并拧好。

2）视频连接。视频信号从光发送机的 VIDEO IN 连接口输入，视频信号源离光发送机越近越好，一般不超过 200 m，输入阻抗为 75 Ω。经过光纤传输后由光接收机的 VIDEO OUT 连接口输出，可直接连接监视器等设备，同样视频输出到监视器的距离也不要超过 200 m。

3）音频连接。音频信号可以连接监听麦克风等声音信号源，光端机的音频传输可以是单向也可以是双向。

4）数据连接。RS－232/RS－485/TTL 数据连接，用于数据的传输。

5）连接好光纤、视频、音频和数据线，并检查无误后，接通电源。

三、视频监控系统前端设备、传输系统的维护与更换

视频监控系统是由各种电子、电气设备及机械运动部件组成的，而且长时间处于连续工作的状态。要确保各个设备、器件正常稳定地工作，需要对各个设备进行按时检查、保养和维护。

1. 前端设备的维护与更换

（1）月保养。每月一次，用清洁的镜头纸将各摄像机防护罩的玻璃擦干净；摄像机焦距和光圈如不对的应重新调整；检查、测量设备供电电源的电压值，如与正常值不符合，进行调整。检查各个设备有无失灵和损坏现象，检查各运转部分是否正常，发现问题及时处理。

（2）年保养。每年一次，对摄像机、防护罩、云台、射灯等前端设备进行彻底的检查、除尘；对机械运动部件进行清洁和润滑，更换有损或失灵的部件，发现问题及时处理。

2. 传输系统的维护与更换

要经常检查每个摄像机所供电源的插座，防止插头脱落，保证每个摄像机正常工作。

定期检查系统各种电缆及电缆接头是否接触良好，是否损坏，如氧化变质等。视频电缆的损坏或变质会造成图像的模糊不清甚至无图像。控制电缆的故障，则会导致受控设备反应不灵敏甚至完全失控。老鼠经常出没的地方，线路也容易遭到损坏，如天花板内的走线应经常检查。

第二节　入侵报警系统前端设备的安装与维护

学习目标

通过学习，了解入侵报警系统前端设备的种类和作用，掌握入侵报警系统前端设备的安装步骤和连接方法，能够安装和维护入侵报警系统前端设备。

相关知识

一、入侵报警系统的图例符号

1. 图例符号和标志

常用的入侵报警系统图例符号见表 5—4。

表 5—4　　　　入侵报警系统图例符号

	栅栏	IR	微波入侵探测器		监视区边界	U	超声波入侵探测器
	保安巡逻打卡器	X/Y/Z	三复合探测器		警戒电缆传感器		声、光报警器
	接口盒		警铃箱	Tx IR Rx	主动红外入侵控测器		警号箱
Tx M Rx	遮挡式微波探测器		时钟或程序操作控制箱	L	埋入线电场扰动探测器		灯光示警控制器
F	光缆探测器		打印输出控制箱		压力差探测器		电话报警联网适配器
	振动、接近式探测器		电话联网，电脑处理报警接收机		声波探测器		无线报警发射装置器
B	玻璃破碎探测器		有线和无线联网电脑处理接收机	A	振动探测器		模拟显示屏
	易燃气体探测器	D P A	防区扩展模块		感应线圈探测器	R D K S	报警控制主机

续表

	保护区边界（防护区）	IR/U	被动红外/超声波双技术探测器		加强保护区边界(禁区)	IR/M	被动红外/微波双技术探测器
	警戒感应处理器		声、光报警箱		周界报警控制器		报警灯箱
W	引力导线探测器		密码操作报警控制箱	E	静电场或电磁场探测器		开关操作控制箱
C	弯曲或振动电缆探测器		声响告警控制箱		拾音器电缆探测器		开关操作声、光报警控制箱
H	高压脉冲探测器	S	保安电话	LD	激光探测器		密码操作电话自动报警控制箱
	分布电容探测器		无线联网电脑处理报警接收机	P	压敏探测器		有线和无线报警发送装置
A/	振动声波复合探测器		安防系统控制台		商品防盗探测器	KP	键盘
	空间移动探测器	Tx	传输发送器	IR	被动红外入侵探测器	Rx	传输接收器

2．入侵报警系统图实例

入侵报警系统平面图实例，如图 5—14 所示。

此例中，入侵报警系统前端分别配置主动红外对射入侵探测器、空间移动探测器、振动探测器等，探测器通过通信电缆连接到报警中心的报警控制主机。报警控制主机完成报警系统的设置、操作，接收探测器发出的报警信号，并发出声、光报警，同时报警位置可以在报警模拟显示板上显示出来。

联网电脑报警处理机与报警控制主机连接通信，完成对报警控制主机的设置和操作功能，监视报警控制主机和报警探测器的工作状态，对报警信息进行记录、统计。

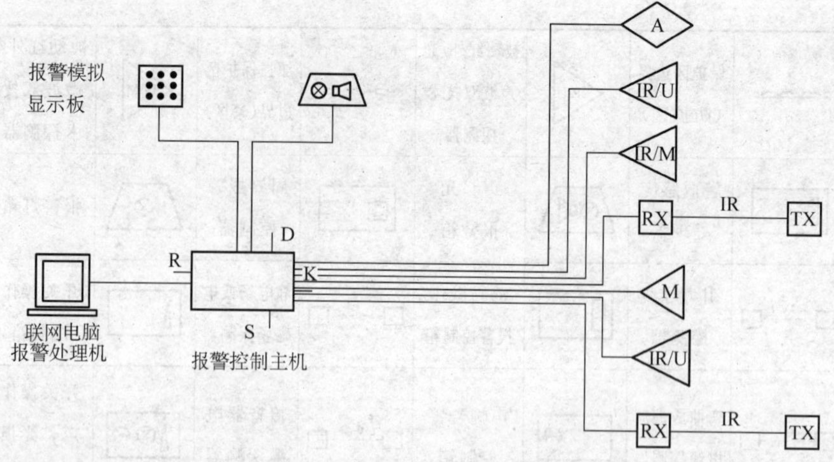

图 5—14　入侵报警系统图实例

二、入侵报警探测器

1. 入侵报警探测器的分类

探测器是由用来探测入侵者的移动或其他动作的电子及机械部件所组成的装置。对探测器进行分类，有助于我们从总体上去认识和掌握它们，对今后在选择、使用、安装探测器时能有所帮助。

对于探测器来讲一般可按工作方式、传感器种类、信号传输方式、警戒范围、应用的场合、用途等划分。

(1) 按探测器的工作方式分类

按工作方式分，探测器可分为主动式探测器和被动式探测器。

主动式的探测器有超声波式探测器、电场式探测器、微波式探测器、主动红外式探测器、激光式探测器等；被动式的探测器有振动式探测器、声控式探测器、被动红外式探测器、感温式探测器等。

(2) 按传感器的探测原理分类

传感器种类按其探测的原理来区分，一般分为磁控开关探测器、振动探测器、超声波探测器、声波探测器、微波探测器、红外探测器、激光探测器、电场探测器、感烟探测器、感温探测器、感光探测器等。

(3) 按探测电信号传输方式分类

探测电信号的传输方式可分为有线传输方式和无线传输方式。

有线传输方式是指探测电信号是由传输线（对绞线、双芯线、电话线、电源线、光缆、同轴电缆等）来传输的探测器，称为有线传输探测器。无线传输方式是指探测电信号是由空间电磁波来传输的探测器，称为无线传输探测器。

（4）按警戒范围性质分类

按警戒范围性质划分，探测器可分为点控制探测器、线控制探测器、面控制探测器和空间控制探测器。

（5）按应用场合分类

按应用场合分类，探测器可分为室外探测器和室内探测器。

（6）按用途分类

按用途分类，有防盗、防破坏探测器和防火、防爆炸探测器等。

2. 入侵报警探测器的性能、用途

入侵报警探测器是以探测目标处的各种物理量变化（温度、频率、声音、光、振动等）作为探测对象，并将变化的物理量转变为符合控制器处理要求的电信号。

各种探测器有各自不同的工作原理，它们各有优缺点。要使探测器在任何场合都能有效地发挥作用，就应该进行精心选择、精心安装，安装时应尽可能考虑到对探测器的保护措施。同时，还需要根据不同用户的实际情况对报警系统进行裁剪。做到以上要求才能使探测器更好地发挥作用。

（1）探测器的工作方式

主动式探测器在工作时，探测器本身要向外界（防范现场）发射出某种形式的能量，经物体反射或直射在接收传感器上形成一个稳定的信号。当危险情况出现时，接收传感器上的稳定信号被破坏，形成带有报警信息的探测信号，经处理后产生报警信号，发出报警。其发射装置与接收传感器可装在统一位置，也可分装在不同位置。

被动式探测器在工作时，探测器本身不需要向外界（防范现场）发射出能量。而是依靠接收外界物体本身存在的能量，在接收传感器上形成一个稳定的信号。当危险情况发生时，接收传感器上的稳定信号被破坏，形成带有报警信息的探测信号，经处理后产生报警信号，发出警报。

（2）探测器的探测范围

点控制探测器的警戒范围仅是一个点。当这个警戒点的警戒状态被破坏时，即可发出报警信号，如开关探测器。

线控制探测器的警戒范围是一条线束。当这条警戒线上任意处的警戒状态被破坏时，即可发出报警信号。如激光探测器，激光发射机发射出一束激光，由激光接收机接收，当这一激光束被遮挡时，探测器即可发出报警信号。

面控制探测器的警戒范围是一个面。当这个警戒面的警戒状态被破坏时，即可发出报警信号。如振动探测器装在屋内的墙壁上，当屋内墙壁上任何一点受到振动时，即可发出报警信号。

空间控制探测器的警戒范围是一个空间。当这个警戒空间内任意处的警戒状态被破坏时，即可发出报警信号。如微波多普勒探测器所警戒的空间，不论入侵者是从何处进入（门、窗、天花板、四壁、地下等）都会发出警报信号。

（3）探测器的应用场合

室外探测器一般分为周界探测器和建筑物外围探测器。周界探测器用于区域周界防卫，是防范入侵者的第一道防线。如导线拉紧式开关探测器、泄漏电缆探测器等。建筑物外围探测器用于区域内建筑物的外围防卫，是防范入侵者的第二道防线。如主动红外探测器、室外微波探测器、激光探测器等。

室内探测器是用来探测入侵者在某一位置的行动或存在的。它对财产提供直接的保护。如被动红外探测器、微波开关探测器、微波多普勒探测器等，是防范入侵者的最后一道防线。

探测器的种类很多，有的探测器既可以用于室内，也可以用于室外，只是在室内和室外应用时，对探测器的结构要求、环境适应性要求、抗干扰要求等往往是大不一样的。因此，在选择使用时要特别注意这一点。

能力要求

一、常用入侵报警探测器的安装与连接

1. 室内入侵报警探测器的安装与连接

（1）被动红外入侵探测器的安装与连接

1）安装位置选择

被动红外入侵探测器一般安装在室内，其误报率与安装的位置有极大的关系。

被动红外入侵探测器应尽量安装在室内的角落以取得最理想的探测范围。探测范围内不得有隔屏、家具、大型盆景或其他隔离物，也不要

面对窗户安装。探测器安装位置如图 5—15a 所示，图中 C 为不正确的安装方式，因为视野内能看到窗户，而 A、B、D 则为正确的安装方式。

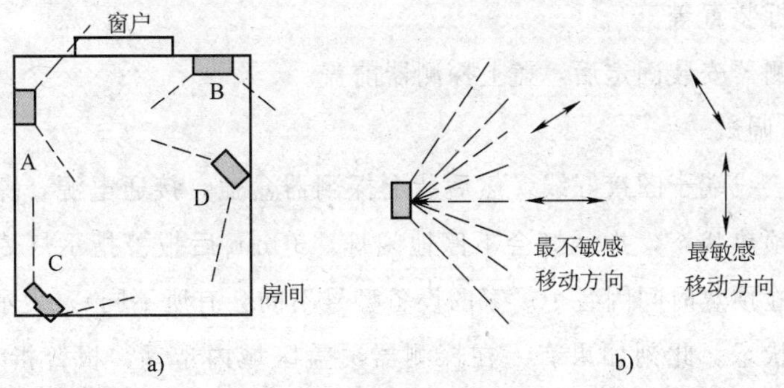

图 5—15　探测器安装位置

a）探测器探测范围　b）探测器探测敏感方向

探测器的安装位置应与人在室内的行走线呈一定的角度，如图 5—15b 所示。被动红外入侵探测器对于径向移动反应最不敏感，而对于切向（即与半径垂直的方向）移动则最为敏感。在现场选择合适的安装位置是避免红外探测器误报、求得最佳检测灵敏度的极为重要的一环。

壁挂式被动红外入侵探测器应安装在与可能入侵方向成 90°角的方位，并视防范具体情况确定探测器与墙壁的倾角。

吸顶式被动红外入侵探测器一般安装在重点防范部位上方的天花板上，必须水平安装。

理想的安装位置应具备如下条件：对于所有要保护的对象都可以直视无遮挡；不要正对窗户；远离冷热源等空气温度变化敏感的地方和动态物体（电扇等）。正确的安装位置应离地面 2.0～2.5 m。

2）安装方法

下面以 IS－150 壁挂式被动红外入侵探测器为例讲述安装方法。IS－150 壁挂式被动红外入侵探测器外形，如图 5—16 所示。

图 5—16　IS－150 入侵探测器

拆开前盖取出电路板。用旋具插入探测器顶端的插销脱钩槽中轻轻向上推，直到打开前盖。再用旋具压下锁定扣拆开前盖。压下电路板锁舌取出电路板。

固定探测器。通过探测器后面的进线预留孔，按预定安装位置在墙上做出标记，将电缆从墙面穿入机壳内部，并预留出适当的长度，用螺钉把底座固定到墙上合适位置。

探测器接线。将电缆连接到接线端子，接线端子包括电源、报警输出、防拆装置等。

探测器安装固定后，盖上探测器前盖。

3）调试

按接线端子图接好线，然后装上探测器盒盖，接通电源，探测器进入自检预热状态，指示灯会不停地闪烁，3 min后报警指示灯熄灭（探测器自检预热时间因各个厂家的设备型号不同会有所不同），表示进入正常监测状态。此刻如果有人在探测器覆盖区域内走动，报警指示灯亮，表明探测器正常工作。一般可根据需要，调整好探测器的安装角度，以获取最佳的探测效果。

探测器一般均有一个开关或跳线，设置后，可以关闭探测器的指示灯指示，不影响探测器正常工作。

（2）微波—被动红外双鉴探测器

1）安装方法

微波—被动红外双鉴探测器的安装方法与被动红外入侵探测器的安装方法类似。

需要注意的是壁挂式微波—被动红外双鉴探测器应安装在与可能入侵的方向成45°角的方位，如果受条件限制应优先考虑被动红外探测单元的探测灵敏性。

2）调试

微波—被动红外双鉴探测器在出厂时，其微波探测范围一般都开在最大位置。因为微波具有穿透能力，如果不调整很容易通过门窗跑到室外，造成误报。因此除了不设调整机构的部分微波探测器外，其他微波探测器安装完毕后都必须进行此项调整。

微波调节机构一般为一个电位器小拨轮。步测时应先将其调至最小位置，然后根据需要逐渐加大直至探测距离满足要求为止。如果不论房间大小和周围环境如何，微波均开最大位置（出厂设置），会导致微波穿透到室外或误报因素进入微波视区留下误报隐患。

（3）玻璃破碎探测器安装

玻璃破碎探测器可检测到玻璃破碎的声音及撞击声音，并对该两种信号分析后才做出报警，探测器灵敏度出厂时已经预置好，因此不必再做调整，且玻璃破碎探测器的误报及漏报的可能性也比较低。

玻璃破碎探测器外形如图 5—17 所示。

房间布局会影响探测范围，安装时应用适当仪器检查测试。玻璃破碎探测器可以壁挂安装或吸顶安装，最佳的安装位置是被保护玻璃对面的墙壁或掉顶，传声路径不能被其他东西阻挡。注意玻璃破碎探测器必须安装在以下设备 1 m 外如，门铃、空调机、风扇或任何其他发出噪声的设备。

(4) 门磁开关探测器安装

门磁开关探测器安装在您需要进行布控的门或窗的门框上，即把门磁探测器（主件、副件）固定在门窗的边框上。其误报率与安装的位置有极大的关系，推荐的安装位置应该是主件和副件间隙不大于 2 mm。门磁开关探测器外形如图 5—18 所示。

图 5—17　玻璃破碎探测器外形

图 5—18　门磁开关探测器外形

门磁开关探测器应牢固安装在被警戒的门、窗上，距离门窗拉手边的距离为 15 cm。舌簧管安装在固定的门、窗框上，磁铁安装在活动门、窗上，两者对准。

2. 室外入侵报警探测器的安装与连接

(1) 主动红外入侵探测器的安装与连接

1) 安装方式

主动红外入侵探测器利用不可见的红外光对射为原理，其中一端为投光器，另一端为受光器。两端之间为红外光束，形成一个看不见的封锁面，只要两相邻光束被挡断，就会立即产生报警信号。

2) 安装位置选择

室外主动红外入侵探测器一般采用支柱式安装或墙壁安装方式。设置在通道上的探测器，其主要功能是防备人的非法通行，为了防止宠物、小动物等引起误报，探测器的位置一般应距离地面 50 cm 以上；设置在围墙上的探测器，其主要功能是防备人为的恶意翻越，采用顶上安装和侧面安装两种方式均可。顶上安装的探测器，探测器的位置应高出栅栏，距围墙顶部 25 cm 以减少在墙上活动的小鸟等引起误报；侧面安装则是将探测器安装在栅栏，围墙靠近顶部的侧面，一般是作墙壁式安装，安装于外侧的居多。

在探测器安装中应特别注意：线路绝对不能明敷，必须穿管暗设，这是探测器工作安全性的最起码的要求。安装在围墙上的探测器，其射线距墙沿的最远水平距离不能大于 30 cm，这一点在围墙弧形拐弯的地方应特别注意。

3）安装方法

下面以 ABT－80 红外探测器为例讲述主动红外入侵探测器的安装步骤。ABT－80 主动红外探测器外形，如图 5—19 所示。

图 5—19　ABT－80 探测器外形

拆下探测器的固定螺钉取下外罩，将附带的安装板黏在墙上，按其位置打孔。将电缆穿过配线孔配线，然后将探测器本体固定在墙上。

将线接于接线端子上。投光器的接线一般包括电源、预备端子和防拆开关端子，受光器的接线包括电源、报警输出、防拆开关端子等。

在长距离警戒时，可安装多组探测器，注意应该采用正确方式安装，以免互相间的光束干扰（见图 5—20）。

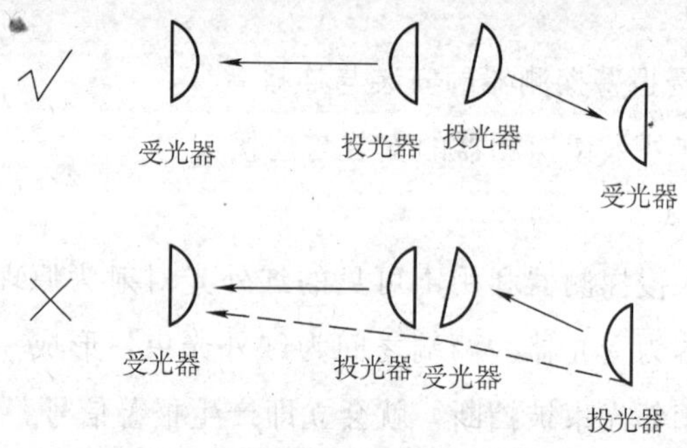

图 5—20　多组探测器安装方式

探测器的受光器与投光器应安装在一个平面上，并且高度一致，中间不应有遮挡物。安装后先目测投光、受光器是否位于同一水平线上，如不在一水平线上应对其进行调整。用一吊线锤，测试一下投光、受光器是否同时垂直，不垂直应对其进行调整。调整探测器角度使受光器与投光器光轴对应，此时，受光器的 GOOD 指示灯应点亮。

4）探测器的调整

①投光器光轴调整。打开探测器的外罩，观察瞄准器内影像的情况。探测器的光学镜片可以直接用手在 180°范围内左右调整；用旋具调节镜片下方的上下调整螺钉，镜片系统有上下 12°的调整范围。反复调整使瞄准器中对方探测器的影像落入中央位置。投光器光轴的调整对防区的敏感度性能影响很大，一定要按照正确步骤仔细反复调整。

②受光器光轴调整。第一步：按照“投光器光轴调整”一样的方法对受光器的光轴进行初步调整。此时受光器上红色警戒指示灯熄灭，绿色指示灯长亮，而且无闪烁现象，表示套头光轴重合正常，投光器、受光器功能正常。第二步：受光器上有两个小孔，上面分别标有“＋”和“－”，用于测试受光器所感受的红外线强度，其值用电压来表示，称为感光电压。将万用表的测试表笔（红“＋”、黑“－”）插入，测量受光器的感光电压。反复调整镜片系统使感光电压值达到最大值。反复调整使受光器位置达到最佳。

投光轴调整螺钉方法，如图 5—21 所示。受光器感光电压测量，如图 5—22 所示。

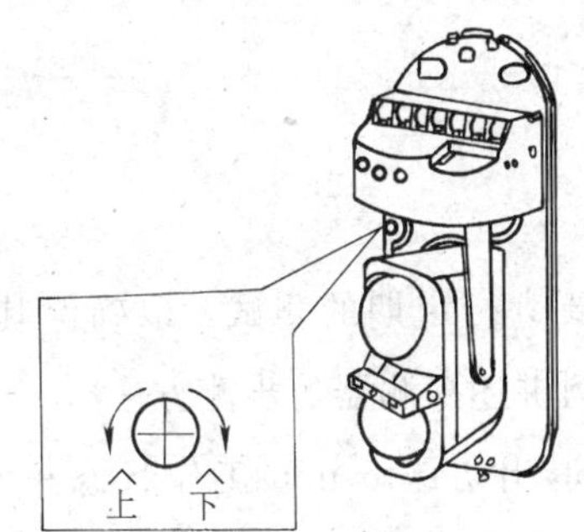

图 5—21 投光轴调整螺钉方法

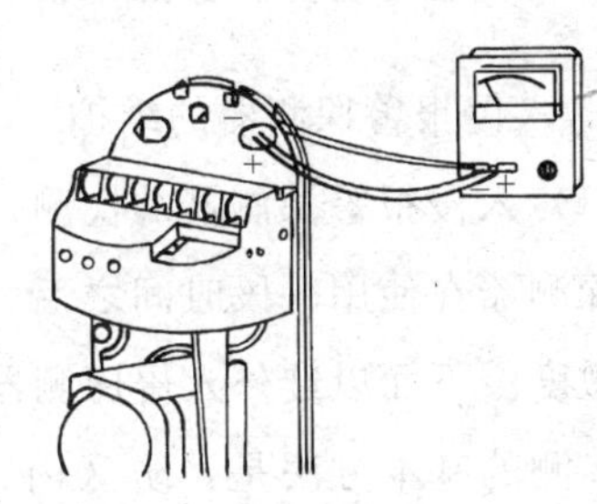

图 5—22 受光器感光电压测量

③遮光时间调整。在受光器上设有遮光时间调节钮，一般探测器的遮光时间在 50～500 ms 间可调。一般而言，遮光时间短，探测器敏感性就高，但对于像飘落的树叶、飞过的小鸟等的敏感度也强，误报警的可能性增多。遮光时间长，探测器的敏感性较低，漏报的可能性增多。一般应根据设防的实际需要调整遮光的时间。

探测器设定后，将防拆开关接入防区输入回路中，连线完毕，盖上探测器的外壳，拧紧紧固螺钉。

（2）电缆式振动探测器的安装

电缆式振动探测器在网状围栏上安装时，须将信号处理器安装在栅栏的桩柱上，电缆敷设在栅网 2/3 高度处。敷设振动电缆时，应每隔 20 cm 固定一次，每隔 10 cm 做一个半径为 8 cm 左右的环。

若警戒周界需过大门时，可将电缆穿入金属管中，埋入地下 1 m 深度。在周界拐角处须作特殊处理，以防电缆出现死角和磨损。

施工中不得过力牵拉和扭结电缆，电缆外皮不可损坏，电缆末端处理应符合《电气装置安装工程施工及验收规范》的要求，并加防潮处理。

振动传感电缆型入侵探测器安装示意图，如图 5—23 所示。

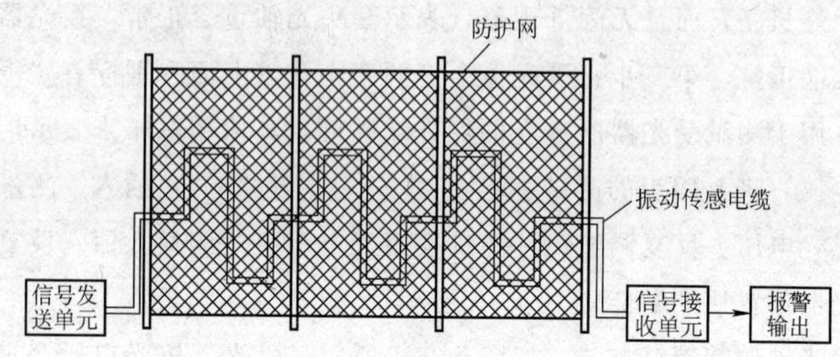

图 5—23　振动传感电缆型入侵探测器安装示意图

二、入侵报警探测器的维护与更换

1. 入侵报警探测器的维护

（1）入侵报警探测器的检测

探测器在使用一段时间之后，需要进行定期的测试，以确保其探测的灵敏度。下面以红外入侵探测器为例讲述探测器的步测方法。

步测的基本方法是：防区内人员退出防区 5 min 工作状态正常后，根据设防的要求，在探测视区内，用与防范相似的所有可能尺寸，形状的物体，用不同的速度、不同的方式动作（如直立的人体目标＜体重 40～80 kg＞沿着一定的方向以 0.75 m/s 的正常步速连续行走 2～4 步等）应能点亮报警灯，触发一次报警。在报警现场用无线对讲机与控制中心联系，检验报警情况是否正常，同时要仔细留心报警主机上有没有闪动或不稳定状态，以免给报警系统留下隐患。对壁挂式探测器，步测时的行走方向为侧向行走，即切割红外视区的方向，而不是朝着或背对探测器的方向。对吸顶式探测器，步测时的行走方向为以探测器为圆心的圆周方向，而不是朝着或背对探测器的方向。

探测试验的目的就是要测试防区能否具有正常报警的能力，测试防区防护的范围是否能达到预定的要求，是否存在防护死区。

（2）探测器的故障判断

故障是指报警器在规定的使用时间内，在规定的使用环境条件下，不能实现规定的功能。由于报警器的某一个元器件参数发生变化而使报警器的整个技术性能发生变化，引起误报警或漏报警。

一般可以根据探测器的指示灯进行探测器故障的判断。

下面以 CK 系列探测器为例，介绍探测器指示灯的含义：

探测器分为有红、黄、绿三只 LED 灯的产品和只有一只红色 LED 灯的产品，红色 LED 灯为报警指示灯，黄色 LED 灯（微波）和绿色 LED（灯）（红外）为步测指示灯。

一般规律：探测器成功地探测到目标，红色 LED 灯应点亮。探测器视区内无目标活动的情况下，所有 LED 灯均应熄灭。

快闪：红色 LED 灯快闪（对仅有一只 LED 灯的产品）或者红、黄、绿三只 LED 灯一齐快闪（对装有三只 LED 灯的产品），表示探测器正在上电自检——“预热”，也有可能是探测器出现故障。红色和绿色两只 LED 灯一齐快闪，代表探测器被遮挡。

慢闪：探测器上的两只 LED 灯（红和绿或者红和黄）一齐慢闪，代表“比例监控电路”发现问题。问题既有可能出在环境方面，也有可能是探测器本身出了故障。具体可参照说明书上给出的慢闪灯情况处理表进行判断。

（3）探测器的维护

探测器在日常工作中，不可避免地受到环境及周围情况变化的影响，如大气中粉尘、微生物以及雪、霜、雾的作用，在探测器的外壁上往往会堆积一层粉尘样的硬壳，这些东西会阻碍探测器的探测，造成误报或漏报。所以为保证报警器的正常工作状态，减少故障的发生，必须对所有设备进行定期的维护，建立相应的规章制度。发现问题，在最短的时间内，以最快的速度解决，保证报警器处在良好的工作状态中。探测器在使用一段时间之后，需要进行定期的维护。

1）注意定期检查探测器的探测使用环境。例如，不能在被动红外探测器附近或对面，安置或放置任何温度快速变化的物体（空调、电加热器等），探测器前不能放置任何遮挡物、防止任何光源直射探测器等。

2）注意保护探测器的透光系统，避免被硬物或指甲划伤。当其上面沾有灰尘时，可用镜头纸擦去灰尘，注意必须保证探测器的方向与角度与擦拭前一致。使用磁控制开关要经常注意检查永久性磁铁是否减弱，否则会导致开关失灵。

3）定期在探测范围内模仿入侵者移动，以检查探测器的灵敏度，若发现问题及时调整或维修。

2. 入侵报警探测器的更换

报警探测器损坏时，应及时更换。各种类型的入侵报警探测器具有各自不同的特点和安装要求，更换前应仔细熟悉探测器类型和特性，了解探测器的探测方式和探测范围，确保新探测器更换后符合报警系统的要求。更换的探测器应与原设备品牌、型号保持一致。探测器更换前应首先对新的探测器进行检测，确保新探测器可正常工作。更换完毕后对探测器进行设置（灵敏度等）并检测，确保探测器工作正常，达到系统要求。

第三节　门禁系统用户端设备的安装与维护

学习目标

通过学习，了解门禁系统前端设备的种类和作用，掌握门禁系统前端设备的安装步骤和连接方法，能够安装和维护门禁系统前端设备。

相关知识

一、门禁系统的图例符号

1. 图例符号和标志

门禁系统图例符号，见表 5—5。

2. 门禁系统系统图实例

门禁系统图实例，如图 5—24 所示。

表 5—5　　　　门禁系统图例符号

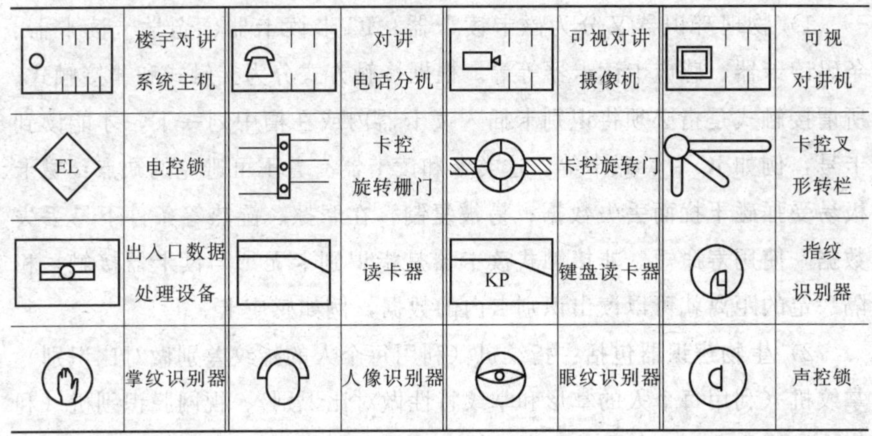

图例	名称	图例	名称	图例	名称	图例	名称
	楼宇对讲系统主机		对讲电话分机		可视对讲摄像机		可视对讲机
EL	电控锁		卡控旋转栅门		卡控旋转门		卡控叉形转栏
	出入口数据处理设备		读卡器	KP	键盘读卡器		指纹识别器
	掌纹识别器		人像识别器		眼纹识别器		声控锁

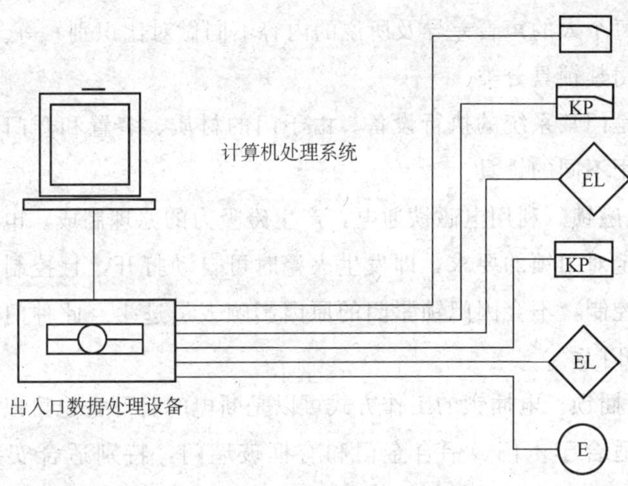

图 5—24　门禁系统图实例

此例中，门禁系统前端设置读卡器、键盘读卡器、出门按钮以及电控锁等，前端设备通过通信控制电缆连接到管理中心的门禁系统控制主机。门禁控制主机完成对门禁系统的设置与控制。计算机处理系统与门禁控制主机连接通信，完成从计算机上对门禁系统进行设置、操作、监视，对门禁系统数据进行记录、储存、统计等功能。

二、门禁系统前端设备

1. 门禁系统前端设备

(1) 读卡器的分类

读卡器是门禁系统的前端设备，有物理辨识器（证件认证）和生物辨识器（身份认证）两大类。

1）物理辨识器又分为磁卡读卡器、IC卡读卡器、光学卡读卡器、条码读卡器、感应卡读卡器等等。根据接触方式分为接触式和非接触式。所谓接触式是指必须将识别卡插入读卡器内或在槽中划一下，才能读到卡号，例如IC卡、磁卡等。这类卡和读卡器有着不可避免的缺点：磁卡极易受强磁干扰而丢失数据；易被复制，在摩擦、湿热等条件下易丢失数据，使用寿命短。非接触式读卡器是指识别卡无须与读卡器接触，相隔一定的距离就可以读出识别卡内的数据，例如感应卡。

2）生物辨识器包括：指纹机（利用每个人的指纹差别做对比识别）、掌纹机（利用每个人的掌形和掌纹特性做对比识别）、视网膜识别机（利用光学摄像，对比每个人的视网膜血管分布差异做对比识别）、声音识别机（利用每个人的声音差异及所说的内容不同做对比识别）等。

（2）门禁锁具分类

锁具是门禁系统的执行设备。由于门的材质、装置和开门要求的不同，可选用不同的锁具。

1）电磁锁。利用电磁铁通电，产生磁吸力的原理制成。电磁锁要符合消防规定对门锁的要求，即发生火警时可自动打开，且控制器自动断电或解除控制，不会因门锁紧闭的原因影响人员逃生。此种门锁的门适合于单向开门。

2）电插锁。电插锁的工作方式可以是断电时打开，也可以是断电时关闭，它适合于木门、铝合金门和有框玻璃门，特别适合安装于开启180°的门。

3）阴极锁。阴极锁是与传统的锁具配套使用的新型电控锁。当安装完传统的锁具中的锁头后，把阴极锁安装在原来要安装锁舌匣（或称锁扣）的地方，这样，当阴极锁被通电后，阴极锁的翻板部分能因人力的推动而被翻开，使锁舌从锁舌匣中脱出从而打开门。阴极锁主要适合安装在木门上，适合于单向开门。

2. 门禁前端附属设备

自动闭门器，又称为门弹簧，按其安装位置一般可分为门顶闭门器、门底弹簧和地弹簧三类。

能力要求

门禁系统是对建筑物内外正常的出入通道进行管理的系统，该系统可以控制人员的出入，还能控制人员在楼内及相关区域的进出活动。门禁系统的方式为先识别，然后进行相应的控制。识别的形式通常有磁卡、IC 卡、射频卡、TM 卡、指纹、掌纹、视网膜、语音、密码等，识别功能由门禁系统的前端设备完成信息的输入。

一、门禁系统前端设备的安装与连接

门禁系统包括三个层次的设备，底层即输入模块，是直接和人员打交道的设备，有读卡器（磁卡、IC 卡、射频卡、TM 卡等）或生物识别设备（指纹、掌纹、视网膜、语音等）、电子门锁、出口按钮、入口对讲设备、报警器、警灯等，完成信息的输入。中层设备即控制处理模块，完成信息的对比、判断和控制功能。上层设备即信息分析处理的计算机。

1. 门禁系统前端控制设备的安装与连接

(1) 门禁读卡器的安装

以下以普通 ID 读卡器（SYRDS1）为例讲述读卡器的安装方法。

门禁读卡器外形，如图 5—25 所示。

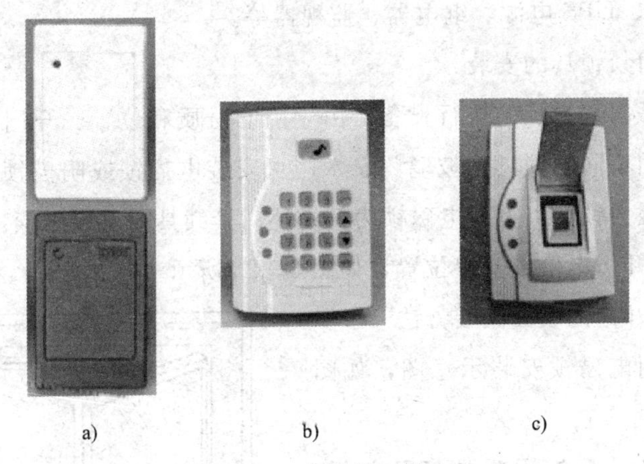

a)　　b)　　c)

图 5—25　门禁读卡器外形

a) 普通 ID 读卡器　b) 密码键盘读卡器　c) 指纹读卡器

1) 安装步骤

打开读卡器前面罩。依照读卡器上的两安装孔在墙上的相应位置打孔；连接读卡器电缆（读卡器与控制器的连接必须采用暗线敷设的方式，在读卡器安装的地方要预留读卡器的接线孔），用螺钉把读卡器固定在墙上。盖上前面罩，安装完毕。

2) 读卡器的连接

读卡器连接线定义如下：

红线：DC＋5～12 V　黑线：地　黄线：4R＋　绿线：4R－

白线：DO1　棕线：DO2　蓝线：DI1　紫线：DI2

橙线：防拆开关　灰线：防拆开关

按照读卡器连接线的定义与控制器电缆对应连接。

3）安装应注意问题

读卡器发射频率为 125 kHz，因此在读卡器安装现场，不得有 100～150 kHz 之间的无线频率源。

如果在同一个出入口处安装两台供进门和出门使用的读卡器时，为了防止读卡器发射磁场的相互影响，两台读卡器安装距离应大于 50 cm（理想状态：两台读卡器分别安装于门的两侧，不得将读卡器安装为背靠背方式）。

严禁将读卡器安装于磁性金属物体表面，金属材料会严重影响读卡器信号，影响读卡距离。

严禁将读卡器安装于产生干扰电磁场设备附近，如：电动机、AC/DC 转换器、UPS 电源、继电器、监视器等。

（2）门禁锁具的安装

锁具是门禁系统的执行设备。由于门的材质和位置、开门要求的不同，可选用不同的锁具。玻璃门、木门可安装电插锁或阴极锁，铁门可安装电动磁力锁。以下以电磁锁为例讲述门禁锁具的安装步骤：

1）外开门电磁锁安装位置，如图 5—26 所示。

2）外开门的表面安装方法

外开门电磁锁安装示意图，如图 5—27 所示。

第一步：首先用旋具打开盖板，再用六角扳手打开边板，准备安装。如图 5—27a 所示。

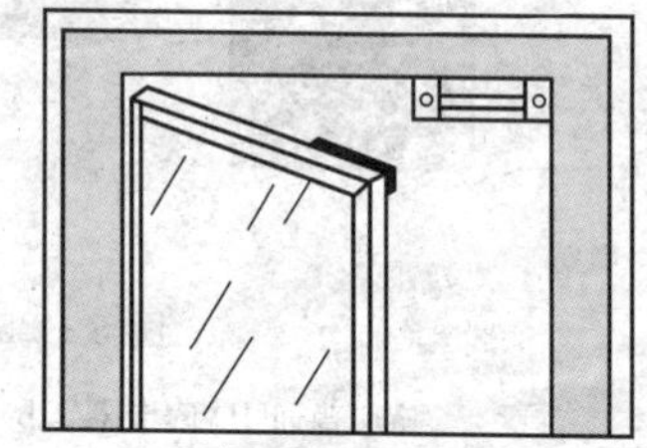

图 5—26　外开门电磁锁安装位置

第二步：拿出安装纸板，将纸板沿着虚线折叠（见图 5—27b），把纸板放到所需装锁的位置，然后把需要打孔的地方做上记号后打孔，在门框上钻 2 个孔，在门上钻 3 个孔。

第三步：

①继铁板的固定如图 5—27c 所示，将内六角螺钉插入继铁板中，把

橡胶片置与两金属片之间，然后套在内六角螺钉上。将继铁板插入门上打的 3 个孔中，同时把内六角螺钉穿过到门的另一面，利用六角扳手将继铁板锁在门上。

②边板的固定如图 5—27c 所示，把边板用两个半圆头螺钉固定在先前打孔的门框上（固定在边板的长形孔中）。注意：不要将边板锁紧，让其能前后移动以利于位置的修正。

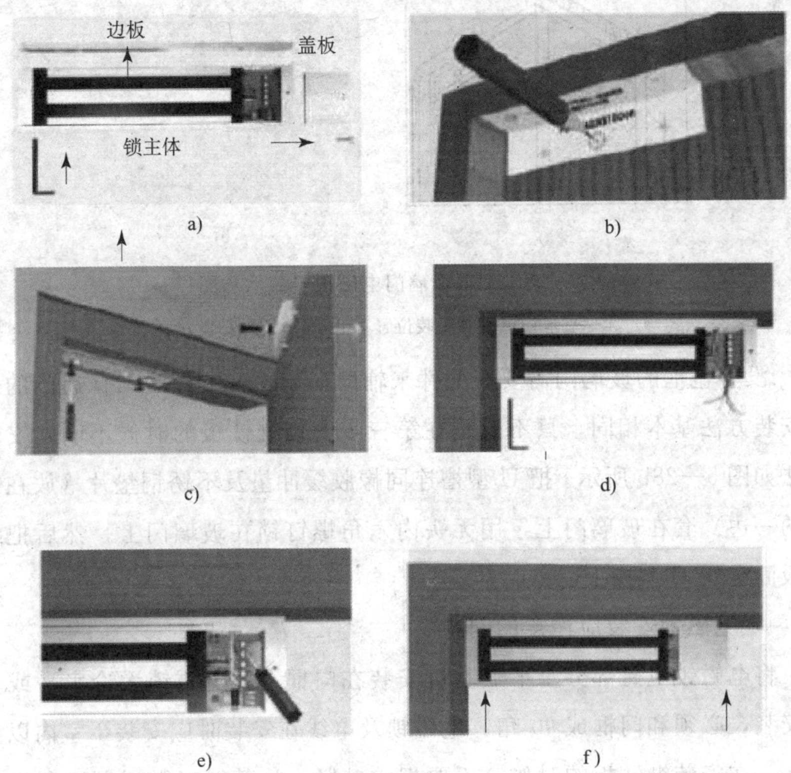

图 5—27　外开门电磁锁安装示意图

a）拆开盖板、边板　b）确定装锁位置　c）边板、继铁板的固定

d）锁主体固定　e）接线　f）盖板安装

③修正边板的位置使边板与继铁板的位置合适，目的是使锁主体能与继铁板紧密的接触。

④固定锁主体与锁紧边板的半圆头螺钉后，再锁上所有的沉头螺钉，然后再卸下半圆头螺钉，在适当的位置钻孔以便接线。最后用六角扳手把锁主体锁在边板上。如图 5—27d 所示。

第四步：按照说明书的指示接线。如图 5—27e 所示。

第五步：盖上盖板，把小铝柱体塞进锁主体的螺钉孔中。如图 5—27f 所示。

3）无框玻璃门的安装方法

利用 U 型支架安装磁力锁在无框玻璃门上。无框玻璃门电磁锁安装示意图，如图 5—28a 所示。

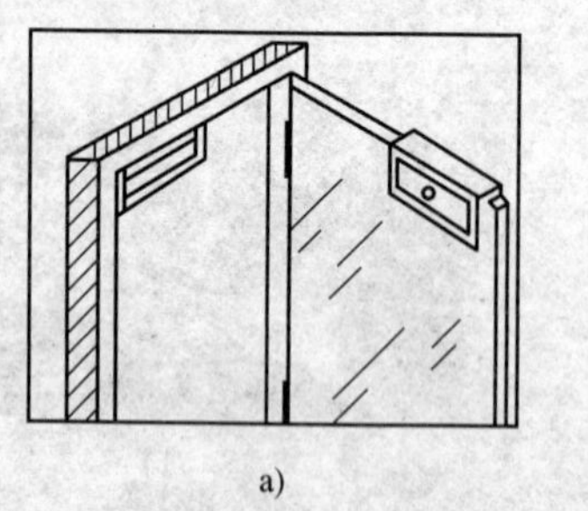

a)

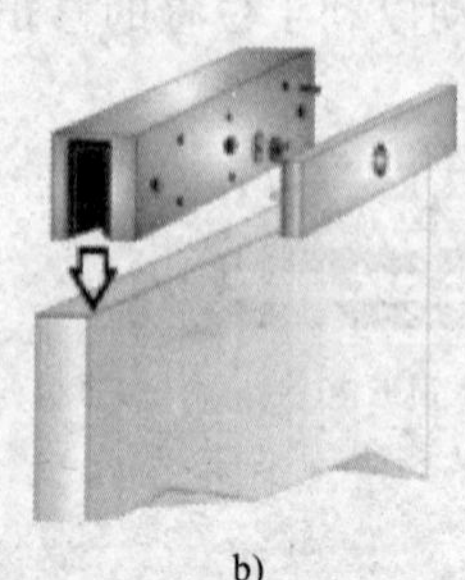

b)

图 5—28 无框玻璃门电磁锁安装示意图

a）无框玻璃门电磁锁安装位置 b）继铁板的安装方法

没有包框的玻璃门需要有配件来辅助安装。安装方法与普通门的表面安装方法基本相同，只不过是在第三步安装继铁板的时候不同，安装方法如图 5—28b 所示。把 U 型槽连同橡胶缓冲垫及不锈钢垫片（放在螺钉的一边）套在玻璃门上，用无头内六角螺钉锁在玻璃门上，然后把继铁板固定在 U 型槽上。

4）电磁锁安装应注意的问题

将电磁锁电磁部分水平或垂直安装在门框上，电磁锁无论水平或垂直安装，必须和门框成 90°角。电磁锁及电线在安装时应安装于室内以防破坏。在安装继铁板的时候，不要把它锁紧，让其能轻微摇摆以利于和锁主体自然的结合。

(3) 门禁出门按钮的安装

门禁系统可以在各门内侧安装出门按钮，用于解除门禁管制，可无须刷卡直接外出。出门按钮的接线比较简单，直接连接到控制器的出门按钮接线端子上即可。

2. 门禁系统前端附属设备的安装与连接

(1) 闭门器的安装

门顶闭门器安装示意图，如图 5—29 所示。

自动闭门器，又称为门弹簧，按其安装位置一般可分为门顶闭门器、门底弹簧和地弹簧三类。下面以门顶外装式闭门器为例讲述闭门器的安装步骤：

外装式闭门器装有液压缓冲油泵装置，可使门开启后自动关闭。其主要特点是门关闭时速度较慢，且关闭后无碰撞声音。

1）安装机体。用四个螺钉将机体固定在门扇上，再把杠杆套进齿轴上端，另一端装上帽盖、拧紧紧固螺钉（见图 5—29a）。

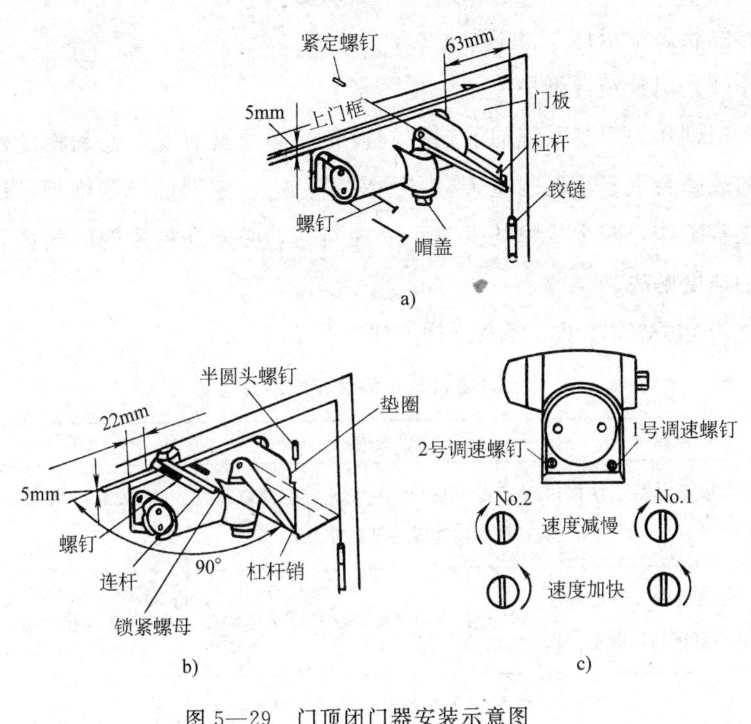

图 5—29　门顶闭门器安装示意图

a）闭门器机体的安装　b）闭门器连杆的安装

c）闭门器关门速度的调整

2）安装连杆。用两个螺钉，如图 5—29b 所示，将连杆固定在门框上。手持连杆与上门框成直角。松动锁紧螺母，调节连杆至适合长度，轻轻板动杠杆，使杠杆销正好插进连杆端部的孔，检查连杆与上门框成直角。放上垫圈，用半圆头螺钉紧固。锁紧螺母，安装完成。

3）调整关门速度。若需要改变速度，按图 5—29c 所示转动调速螺钉。

（2）门禁电源的安装

门禁读卡器可以由门禁控制器直接供电，也可以安装专用的门禁电源。专用的门禁电源可减小门禁控制器的负荷，节省工程布线，减少故障隐患。专用的门禁电源设NC/NO输出，可控制电锁，设开门按钮输入，可直接开启电锁。

二、门禁系统前端设备的维护

1. 门禁前端控制设备的维护

(1) 读卡器的维护

对于读卡器的维护比较简单，应该定期对读卡器进行清洁，检查读卡器的状态指示灯是否工作正常。

(2) 门禁锁具维护

门锁作为门禁系统的前端控制设备，必须具有安全性和稳定性，门锁的故障会引起很大的危害。必须对设备进行定期的检测维护，保证锁具正常工作，减少故障的发生。发现问题，必须在最短的时间内，以最快的速度解决。

1) 电磁锁常见故障及维护方法，见表5—6。

表5—6　　电磁锁常见故障及维护方法

故障现象	检查内容	处理方法
磁力锁送电后，铁板吸不住	检查电源是否供应正常，电源灯是否亮；检查控制器输出是否正确	更换电源供应器；检修线路
磁力锁通电，但是红色LED灯微亮且吸不住	检查电压、电流是否满足电磁锁要求	更换电源供应器
铁板吸住后，感觉有微微振动，且吸力不足	检查磁力锁主体面与铁板是否平贴；检查铁板是否装导正插销；检查铁板是否装好橡皮垫	调整电磁锁铁板与主体平行
磁力锁使用一段时间后铁板吸不太住	检查电源供应器（电流安培数）输出是否减少；检查磁体表面是否有异物（生锈、灰尘等）	更换电源供应器；清除异物
磁力锁关门时声音极大	检查是否装吸振垫片；检查铁板端，螺钉是否太松动；检查磁力锁与铁板（间距）是否适当	安装吸振垫片；紧固螺钉；调整间距

2) 阳极锁常见故障及维护方法，见表5—7。

表 5—7　　阳极锁常见故障及维护方法

故障现象	检查内容	处理方法
阳极锁安装后没动作	检查正极、负极是否安装正确；检查阳极锁与控制单元是否独立供电；检查磁铁配件安装位置	更换正负接点；建议与控制单元隔离，单独供电；更换位置及调整间距
送电后锁心跳动很快，持续跳不停	检查电压、电流输出是否满足产品需求	更换电源供应器
阳极锁使用一段时间后，锁心无法动作	检查电源供应输出是否正常；检查电源供应器是否正常或故障（电压、电流）	更换电源供应器
阳极锁锁心跳动微弱	检查电压、电流安培数输出是否足够；检查锁心动作是否顺畅、有无异物	更换电源供应器；清除障碍物
阳极锁单独供电，磁铁感应后锁心无动作	检查控制单元输出信号是否正确	
阳极锁安装时，因锁心无法完全打出，造成锁体温度升高	检查阳极锁锁心动作是否到位	将锁体的延伸铁板增加垫高，使锁心能完全打出，锁体温度则不会再升高

2. 门禁前端附属设备的维护

（1）闭门器的维护

闭门器在使用过程中，可通过速度调节螺钉控制门的开关速度。顺时针旋转为慢，逆时针旋转为快。

闭门器使用 1 年后应加注防冻机油。加油时，拧出油孔螺钉，便可加油，油满后将螺钉拧紧。其余各处螺钉和密封零件不可随意拧动，以防漏油。

定期检查闭门器运转状况，发现问题及时维修更换。

（2）门禁系统电源的维护

电源是门禁系统的重要组成部分，门禁系统的故障，很多情况下是电源供应引起的，电源问题会引起整个系统的瘫痪。一定要定期检查门禁系统的电源供应，保证系统的各个设备供电正常。

第四节 安全防范系统的运行值机

学习目标

通过学习，能够熟练操作安全防范系统的主机设备，熟悉安全防范系统的各种报警信息，掌握运行值班记录填写的内容和方法。

相关知识

一、矩阵控制器

1. 矩阵控制器的分类

视频监控系统的矩阵控制器根据实现方法和功能不同，包括单纯型的云台、镜头及防护罩控制器，手动模拟开关切换器、矩阵切换控制主机、多媒体矩阵切换控制主机。

根据不同场合及不同用户的需求，矩阵系列分为以下几类：音频矩阵、视频矩阵、音视频矩阵、VGA 矩阵、DVI 矩阵等。

根据矩阵切换器的通道数量，常用的输入有 8、16、32、48、64、80、96、128 到 512 路，一般以 8 或 16 的倍数递增；输出有 2、4、5、8、16、24 到 32，一般以 2 或 4 的倍数递增。

2. 矩阵控制器的基本功能

矩阵控制器是系统的核心部件，其主要功能有：

(1) 分区控制功能。对键盘、监视器、摄像机进行授权。

键盘到监视器的分区：设定哪些键盘可以控制哪些监视器。

监视器到摄像机的分区：设定哪些监视器可显示哪些摄像机的图像。

键盘到摄像机的分区：设定哪些键盘可调用哪些摄像机的图像。

键盘到摄像机控制的分区：设定哪些键盘可控制哪些摄像机的动作。

(2) 图像切换。将输入的现场信号切换至输出的监视器上，实现用较少的监视器对多处信号的监视。包括分组同步切换、定时自动启动任意切换、报警自动切换。

(3) 控制现场。可控制现场摄像机、云台、镜头、辅助触点输出等。

(4) 报警状态自动输出系统。可将报警状态自动输出到打印机和监视器上。

(5) 可选的屏幕显示。在信号上叠加日期、时间、视频输入编号、用户定义的视频输入或目标的标题、报警标题等提示信息。

(6) 报警处理，报警显示。

(7) RS－232 通信。可通过 RS－232 标准端口与计算机等通信。

(8) 口令和优先等级。系统可设置多个用户编号，每个用户编号有自己的密码，根据用户的优先等级来限制用户使用一定的系统功能。

二、硬盘录像机

1. 硬盘录像机的分类

在视频监控系统中，录像机记录各个摄像机所拍摄的图像资料和监听资料，实现记录和重放功能。按记录方式分有磁带录像机（模拟记录）和硬盘录像机（数字记录）两大类。磁带录像机目前已经很少使用，数字硬盘录像机已经得到广泛的应用。硬盘录像机分为嵌入式硬盘录像机和 PC 式硬盘录像机。

2. 硬盘录像机的基本功能

数字硬盘录像机以硬盘为图像记录媒体，可以连续长时间记录，免去用磁带录像机录像频繁更换磁带的繁琐，检索方便快捷。数字硬盘录像机具有以下功能：

(1) 多种画面实时显示。可实现全双工 1、4、7、9、10、16、24、32 路画面分割，并可以自行设置和选择，画面可以任意切换，可多级放大。

(2) 云台镜头控制功能。支持 RS－485 通信协议或扩展多种协议，实现云台和球机的控制。

(3) 支持连续录像、定时录像、动态录像、事件录像、联动报警录像等录像方式。

(4) 视频录像图像质量等级可调，以改变存储文件大小。

(5) 视频移动报警录像功能。报警录像灵敏度、延迟时间可调。

(6) 智能检索功能。可按摄像镜头具体时间查找任意通道的录像回放，也可连续播放。自动检索报警录像，能区分录像事件。回放时可选不同的回放速度，可快进快退，也可单帧前进后退。回放时还可进行图片抓拍并保存打印。

(7) 网络传输。可通过网络进行远程监控，远程控制云镜、灯光等工作。远程设置，远程录像，可方便实现网络监控及分控。

(8) 自动创建日志文件，便于查询操作记录。

三、入侵报警主机

1. 入侵报警主机的分类

入侵报警主机又称为报警控制器，报警控制器根据使用要求和系统大小不同，有简有繁。报警控制器可有小型报警控制器、中型报警控制器和大型报警控制器之分。将各种不同类型的报警探测器或不同规格的报警控制器组合起来，就能构成适合于不同用途、不同警戒范围的报警系统网络。

就防范控制功能而言，报警控制器又可分为仅具有单一安全防范功能的报警控制器（防盗、防入侵报警控制器、防火报警控制器等）和集防盗、防入侵、防火、电视监控、监听等功能为一体的综合型的多功能报警控制器。

根据组成报警控制器电路的器件不同，可分为由晶体管或简单集成电路元器件组成的报警控制器（一般用于小型报警系统）和利用单片机控制的报警控制器（一般用于中型报警系统或联网报警系统）以及利用微机控制的报警控制器（一般用于大型联网报警系统）。

按照信号的传输方式不同来分，报警控制器可分为具有有线接口的报警控制器和具有无线接口的报警控制器以及有线接口和无线接口兼而有之的报警控制器。

依据报警控制器的安装方式不同，报警控制器又可分为台式、柜式和壁挂式。

按照报警控制器的联网方式不同，分为独立型报警主机和联网型报警主机。

2. 入侵报警主机的基本功能

在整个防盗系统中，报警控制主机就像人的大脑一样，是整个系统的处理部分。报警控制/通信主机安置于控制中心，接受探测器传来的探测信号，将探测器发出的信号按防区类型与主机的工作状态（布防/撤防）作出逻辑分析、判断、处理，进而在认为有非法入侵时发出警报，显示入侵位置。

（1）入侵报警主机的工作状态

报警主机主要有以下 5 种工作状态：布防（又称设防）状态、撤防状态、旁路状态、24 小时监控状态、系统自检测试状态。

1）布防状态。所谓布防（又称设防）状态，是指操作人员执行了布防指令后，使该系统的探测器已开始工作（俗称为开机），并进入正常警戒状态。

2）撤防状态。所谓撤防状态，是指操作人员执行了撤防指令后，该系统的探测器不能进入正常警戒工作状态，或从警戒状态下退出，使探测器无效（俗称为关机）。

3）旁路状态。所谓旁路状态，是指操作人员执行了旁路指令，防区的探测器就会从整个探测器的群体中被旁路掉（失效），而不能进入工作状态，当然它也就不会受到对整个报警系统布防、撤防操作的影响。

4）24 小时监控状态。所谓 24 小时监控状态，是指某些防区的探测器处于常布防的全天时工作状态，一天 24 小时始终担任着正常警戒（如火警、匪警、医务救护用的紧急报警按钮、感烟火灾探测器、感温火灾探测器等）。它不会受到布防、撤防操作的影响。这也需要对系统继行事先设定来决定。

5）系统自检、测试状态。这是在系统撤防时操作人员对报警系统进行自检或测试的工作状态。如可对各防区的探测器进行测试。当某一防区被触发时，系统就会发出报警声响。

（2）入侵报警主机的基本功能

1）防区功能（Zone）。防区是我们在报警系统中可以识别的最小单位，例如：一个防区内可以含有多个探测器，这些探测器中的任何一个报警，就认为这个防区报警了。一个报警主机通常可以连接多个防区，并可设定每个防区的防区类型。

2）操作功能。基本操作有布防、撤防、旁路、测试等。一般主机的操作都是通过键盘来进行的，更先进的主机有遥控布撤防、遥控开关、电子密码锁、自动控制等功能。

3）输出功能。现场警号/闪灯等声光报警输出，显示入侵位置；可继行电话联网报警、报警中心报警。

4）报警资料查询。配合计算机的使用，可以保存报警信息，方便日后查询统计。

四、门禁系统管理软件

完善的门禁控制系统最终将由系统的计算机来完成所有的管理工作，门禁管理软件一般包括如下部分的功能：

1. 系统管理

是对系统所有设备和数据进行管理的核心，它包括：

（1）设备配置管理。配置管理系统的控制器、读卡器、卡片和用户等。

（2）权限多级管理。实现多级管理功能，控制中心可通过电脑，设置进出权限、时间范围、节假日限制等。如：高级管理者可随时进出任何一扇门、部门管理者可进出本部门所有门、而一般职员只能在上班时间内进出本部门的门，各种权限可由用户自由设置。

（3）时间管理。设定控制器在什么时间段是否允许持卡人通过哪些门。

（4）数据库管理。对系统各种出入事件、异常事件及其处理方式进行记录、保存，以备日后查询。重要的数据要能进行转存、备份和读取处理。

2. 实时监控

通过控制中心计算机实时地反映各个出入口的工作状态。如，门的开关、人员进出门区、合法状态、防盗监视点状态等，从而实现楼宇的安全防范要求。

3. 查询报表的生成

能够根据要求定时或随机地生成各种查询报表。例如，可以查找某人在某段时间内的所有进出记录，某个门在某个时段内所有的开关情况等，生成报表，并可以用打印机打印出来。

4. 网络通信

系统不是作为一个单一设备存在的，它要向其他系统或上级管理部门传递信息。比如在有非法入侵时，要向视频监控或入侵报警系统发送信息，使摄像机能够监控此处的情况，并进行录像。

技能操作

一、安全防范系统主机设备的操作

1. 视频监控系统终端设备的基本操作

(1) 音视频矩阵切换器的基本操作

在视频监控系统中，需要将多个摄像机送来的设备由一台或多台监视器显示，这就需要用音视频信号切换器也叫做矩阵切换器进行切换。音视频矩阵切换器是能够将多路的视频和音频信号进行重新分配的交换设备。用于大、中、小型监控电视系统中，可实现多路输入、多路输出的视频切换。使用单片机或多媒体计算机控制，功能多样，切换灵活，便于扩展，每路输出均可实现定点、顺序等显示方式。具有远距离遥控，多键盘操作功能。以下以 AB80－30 矩阵切换系统为例，讲述音视频矩阵切换器的基本操作。如图 5—30 所示。

图 5—30　AB80－30 矩阵切换控制器

AB80－30 系统可通过前面板键盘进行系统操作，也可以通过 RS－232 端口连接 AB60 系列键盘或者 AB50 系列多媒体网络软件等进行操作和设置。AB80－30 前面板键盘是全功能系统操作键盘，可以进行系统设置和一般操作。AB80－30 矩阵切换控制器键盘一般操作功能包括：

1) 调一个监视器为受控监视器

①按键盘数字键区下部的“CLEAR”键清除显示屏数字显示区。

②在键盘数字区输入欲调用的监视器号，该号码将显示在显示屏数字区上。

③按键盘监视器区的“MON”键，这时数字显示区的号码被清除，

而输入的监视器号出现在显示屏的 MON 显示区上。选择的监视器为当前受控监视。

2）切换一个摄像机到受控监视器上

①按“CLEAR”键清除显示屏数字显示区的数字。

②输入需要调用的摄像机号（对应该号应有视频信号输入）。

③按键盘的“CAM 键”，此时数字显示区的数字消失，摄像机号出现在显示屏 CAM 显示区。此时，该摄像机的画面将切换至指定的监视器上，显示该摄像机的摄像机号和标题，并在监视器状态栏上显示为“HOLD”信息。

3）操纵杆的操作

操纵杆的运动控制着云台水平和垂直动作，当操作杆向右偏动时，摄像机也向右运动；同样的，当操作杆向左偏动时，摄像机也向左运动；当操作杆垂直方向偏动时，摄像机也跟着做垂直方向的动作。

4）镜头控制

键盘上的镜头功能键用于解码器和智能球的镜头操作。包括摄像机镜头的拉近和推远、聚焦调整、摄像机光圈调整等。

5）报警确认（清除）

当一个监视器设防用来响应报警时，一旦触点报警触发，报警画面将显示在该监视器上，如果监视器设定为手动清除方式，则需要输入键盘命令确认。前面板上的“ACK”键可以用来清除报警。

（2）画面处理器的基本操作

在有多个摄像机组成的电视监控系统中，通常采用视频切换器使多路图像在一台监视器上轮流显示。但有时为了让监控人员能同时看到所有监控点的情况，往往采用多画面处理器使得多路图像同时显示在一台监视器上。画面处理器是用于将一个或多个摄像机的视频信号同时显示在一台监视器上的设备。常用的画面处理方式为四画面、九画面和十六画面。

下面以 AB8816 画面处理器为例讲述画面处理器的基本操作。

1）选择监视器显示方式

画面处理器前面板上有相应的按键，可控制主监视器的显示方式。

主监视器的显示方式有：全屏显示、画中画显示、4 画面显示（2×

2)、9 画面显示（3×3)、16 画面显示（4×4)。

在 4 画面分割显示时，第一次按 4 画面显示键显示 1～4 路摄像机、再按一次显示 5～8 路摄像机，以此类推可循环切换。

重复按 16 画面显示键，监视器会在 16 画面显示方式、13 画面显示、10 画面显示和 8 画面显示之间循环切换。用户可自行选择得到想要的效果。

2）摄像机选择

画面处理器前面板的数字键 1～16 每一个按键分别与后面板上相应的物理通道对应，如直接按动数字键，主监视器上会全屏显示相应的摄像机画面。

用“SELECT”键可在不同的显示方式下，选择各分割区域内的摄像机。

3）2 倍显示图像

主监视器在全屏显示时，再按一次全屏显示键，监视器上的画面即数字放大 2 倍，以便于用户更加清楚的观察画面。此时前面板上的菜单选择组键，可用来移动图像。

4）摄像机自动切换序列

不论画面处理器在哪种分割状态下显示，都可通过前面板上的“SEQ”键进行摄像机自动切换。在全屏格式下，所有的有效摄像机通道都按固定的停留时间进行循环切换。在分割显示格式下，监视器先切换到单画面，然后再进行切换。

5）从监视器切换摄像机

按住“SELECT”键 2 秒以上，按键上的指示灯开始闪烁，表示此时所做的所有切换只对从监视器有效。用户可按照需要用数字键切换到想要的摄像机画面。选择好后再按一次“SELECT”键即可恢复对主监视器的操作。

6）画面冻结功能

长时间的观察一个画面，可用画面冻结功能将画面冻结。被冻结后画面将不再进行实时的刷新，直至画面冻结功能被取消。在画面分割状态下，可将其中的几个摄像机通道冻结，而不影响其他摄像机的状态。

具体操作方法如下：

①按“FREEZE”键，按键上方的指示灯点亮。

②可输入几个摄像机号将多个画面同时冻结。被冻结的摄像机画面上显示红色字母“F”。

③再按一次已被冻结的摄像机号，可取消这个通道的画面冻结。冻结被取消后，“F”也随之消失。

④按“FREEZE”键，即取消所有摄像机通道的画面冻结，按键上方的指示灯熄灭。

(3) 录像机的基本操作

下面以 DVR－4000 嵌入式硬盘录像机为例讲述嵌入式硬盘录像机的基本操作。

DVR－4000 嵌入式硬盘录像机前面板按键，如图 5—31 所示。

1）开机。开机前应先检查系统连接是否正确，确认输入和输出设备都已连接好，并已接通电源。检查无误，先启动其他设备；插上录像机电源线，电源指示灯点亮；液晶显示屏显示录像机型号及当前的系统时间；监视器显示录像机的开机画面。

2）关机。正常关机应使系统处于监控状态，即不要在播放状态、系统设置状态或录像状态下停机。

3）录像操作。录像前接通所有相关设备的电源，确定已有视频图像输入。

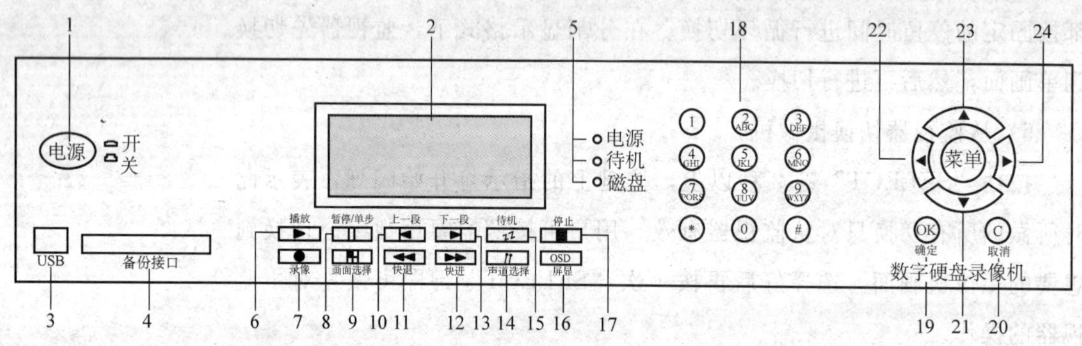

图 5—31　DVR－4000 嵌入式硬盘录像机前面板按键

1—电源开关　2—液晶显示屏　3—USB 备份接口　4—光盘备份接口　5—指示灯　6—播放键　7—录像键　8—暂停、单步键　9—画面选择键　10—上一段键　11—快退键　12—快进键　13—下一段键　14—声道选择键　15—待机键　16—屏幕显示键　17—停止键　18—数字键及“*”“#”键　19—确认键　20—取消键　21—向下键　22—向左键　23—向上键　24—向右键按画面选择操作键选择需要录像的视频图像（单路或四画面）。单路录像时系统参数中单路录像开关须设定为开，否则录像机会自动切换至四画面录像状态。

按“录像”键时屏显将显示录像设置的对话框，选择后，开始录像操作。

4）停止录像。按“停止”键将停止当前的录像操作。

5）放像操作。在监控状态下，按下“播放”键，录像机开始播放录像，该录像为最后一次的录像记录。

在播放状态下，按“上一段”键，录像机将开始播放前一段录像。按“下一段”键，录像机将播放下一段录像。

6）云台控制。在键盘上同时按下“*”“#”键，进入云台控制界面。进入云台控制，按面板提示操作控制云台。云台控制包括：镜头方向选择、镜头目标拉伸、镜头远近聚焦、镜头光圈大小、云台自动扫描、云台水平速度、云台垂直速度、设置预置点。在菜单中选择退出或同时按下“*”“#”键退出云台控制界面

2. 入侵报警系统的基本操作

入侵报警器的基本操作包括：布防（开启报警主机，使报警主机处于警戒状态）、撤防（关闭报警主机，使报警主机解除警戒）、旁路（不对某防区进行戒备。例如，探头监视区内有人活动等，或防区出现故障，可在布防之前将该防区旁路。被旁路的防区不受保护）。

DS7400XI 是一款大型的联网报警控制主机，可以与各种防盗探测器与防火探测器相连接，在使用 DS7400XI 报警控制主机时，需要使用 DS7447 编程键盘对其进行操作控制。

下面以 DS7400XI 报警主机为例讲述入侵报警控制器的基本操作。

（1）未分区系统

1）正常布防/撤防。在采用正常布防前要求键盘绿色状态灯“status”必须处于常亮状态。DS7447 键盘显示“Ready to Arm”，这时才可以正常布防。

正常布防方法：按“PIN（1234）＋On”键，PIN 为操作员口令，默认值为 1234，此时红色“Armed”灯将闪亮，液晶显示“Exit now”，若设有退出延时提示音，键盘将发出“哔哔声”音，延时时间结束后“Armed”灯将常亮，键盘显示“Armed”此时表示系统已布防。在延时

时间内触发系统防区系统不报警。

撤防/消除报警方法：按“PIN（1234）＋Off”键，此时“Armed”红灯将熄灭，如果发生报警还应按“PIN（1234）＋System reset”键来消除报警记忆。

2）强制布防。当系统有故障时，“Power”灯将闪烁，键盘显示“Control trouble Enter＃87”，表示有交流电未接、接地不正确或防区故障等现象，在未排除系统故障前可以用强制布防的方法来对系统进行强制布防。

强制布防方法：按“PIN＋On＋Bypass”键（按“PIN＋On”键时键盘会发出5 s的声音，在这期间立即按“Bypass”键）。

3）防区旁路及部分布防方法。若某个防区有故障（显示“Not ready xxx”）或某个防区暂时不用，此时要对系统布防必须对这些防区先进行旁路，然后再布防。

旁路方法是：按“PIN＋Bypass＋xxx”键（xxx为要旁路的防区的编号，防区编号必须是三位数如8防区必须输入008），若要旁路多个防区，需作同样的操作。恢复某一防区，命令也是“PIN＋Bypass＋xxx”，恢复所有防区，命令为“PIN＋Bypass＋＊”。

将防区旁路后可以用“PIN（1234）＋On”命令对系统正常布防，此时键盘显示“On partial Armed”，表示系统部分布防，撤防和消除报警与前相同。

（2）已分区系统，对某一分区进行布防/撤防

进入单一分区模式，使用命令“PIN＋＃＃”进入第一分区，再按“＃＃”键进入第二分区，依次类推直到找到所想操作的分区。如果，对某一分区进行操作就用这一模式进入该分区。如：要对第三分区进行布防就按“PIN＋＃＃＋＃＃＋＃＃”，此时键盘将显示“Armed Area 3”，紧接着按“On”键，此时键盘显示“Ready to Arm Area 3”，表示第三分区已被布防。

反之撤防也是一样，以单一分区模式进入某一分区后，按“PIN＋＃＃…＋Off”即可将该分区撤防。

如果用主键盘对所有分区同时进行布防/撤防则按“PIN＋On/PIN＋Off”即可。

如果对整个系统操作，必须按“＊”键退出单一分区模式。

3. 门禁系统主机的基本操作

一般情况下，门禁控制主机在运行时不需要太多的操作，其操作和编程设置均可以在与门禁控制主机相连接的计算机上通过门禁控制软件来完成。

下面以 SYRIS－NT4 门禁控制器为例介绍其简单操作。

（1）登录门禁控制器

按门禁控制器键盘上的“MENU”键，显示屏出现“System”，按“EN”键，显示屏出现“Login”，按“EN”键，显示屏出现“Password”，输入控制器管理密码（初始为 1234），按“EN”键，显示屏出现“Master OK”，表示已经进入系统设定程序。

系统登录成功后，按“CLR”键两次回到 System 主画面。

（2）增加感应卡到控制器

1）首先进入控制器设定程序。

2）在系统主界面，按向下键，显示屏显示“Card”，然后按“EN”键，进入卡片操作菜单。

3）卡片操作菜单包括：Add Card Process（增加卡片）、Modify Card Process（修改卡片）、Del Card Process（删除卡片）、Show Card Process（显示卡片）操作。重复按“EN”键可选择相应菜单。选择 Add Card Process，按“EN”键，进入增加卡片操作菜单。

4）按“EN”键，然后按“向上/向下”键，直至 LED 显示出现“Add Card BySerial”，按“EN”键，显示屏显示“Ins Card”。

5）在读卡器上刷卡，控制器显示屏显示“Ins Card XXXX”，其中“XXXX”为系统自动增加卡片的序号。可连续刷卡，将卡片输入控制器中。

（3）设定控制器的日期时间

1）首先进入控制器设定程序。

2）在系统主界面，按向下键，直至显示屏显示“Change Time”，然后按“EN”键，进入时间设定操作。

3）按数字键以“HH：MM：SS”的格式输入时间，按“EN”键完成输入。

4）在系统主界面，按向下键，直至显示屏显示“Change Date”，然后按“EN”键，进入日期设定操作。

5）按数字键以“YY：MM：DD”的格式输入日期，按“EN”键完成输入。

4. 门禁系统管理软件的基本操作

下面以 SYRIS 门禁管理系统为例讲述门禁系统管理软件的基本操作，门禁软件基本操作界面，如图 5—32 所示。

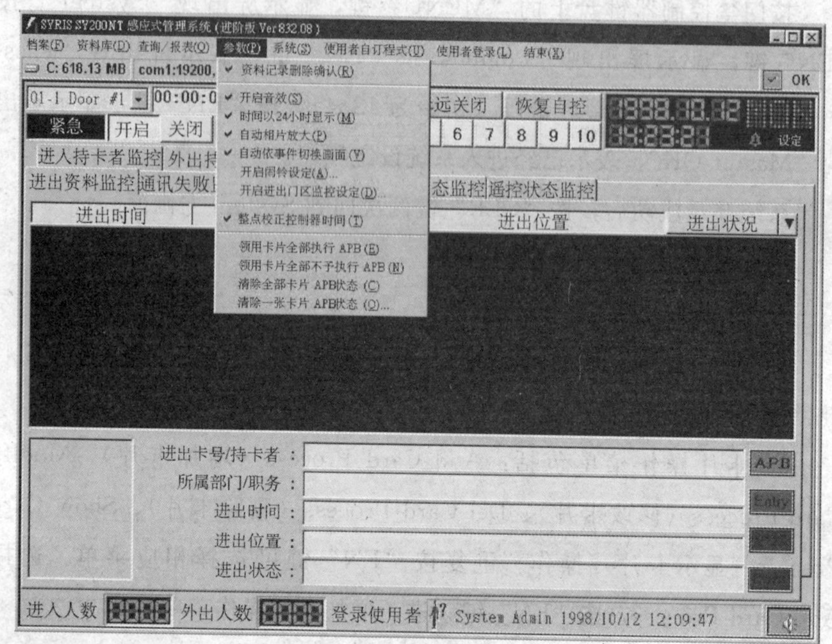

图 5—32　SYRIS 门禁软件基本界面

（1）门禁管理软件的登陆和进入。在运行门禁管理软件后，将会出现系统的登陆界面，输入用户名和密码，系统进入后显示主操作界面。

（2）计算机与控制器的联机。进入主操作界面，选择“控制器资料异动”，选择相应的控制器，点选“控制器联线使用”进入控制器联机操作状态。

（3）控制器资料设定。对控制器的设定包括：模块配置设定、卡片读卡器（门区）设定、时段时区设定、假日管理设定、应用群组设定等。

（4）控制器数据处理。选择“控制器资料处理”菜单，可以复制或将资料传送到相应的控制器。

（5）增加卡片到计算机。可以以卡片阅读机读入或以卡片内码直接输入、档案直接导入等方式将新增加的卡片信息输入到计算机中。注意在卡片增加完毕后，要将资料传送到控制器后才能生效。

(6) 用户部门资料设定。增加或修改使用门禁系统的部门资料。

(7) 卡片领用、暂停使用和归还。进入“卡片持有者资料异动”菜单，输入卡片持有者资料信息，进行领用卡片、卡片暂停使用或将暂停使用的卡片归还操作。在完成本操作后，要将资料传送到控制器后才能生效。

(8) 卡片资料传送至控制器。选择“系统”中的“卡片资料传送至控制器”菜单，将修改后的卡片资料信息传送到控制器主机中并生效。

(9) 实时监控操作。在进入系统主画面后，可以实时监控所有联机的控制器的设备状况，实时显示各个门区的进出门记录等相关事件，另外还可以完成对门区的开关、常开、常闭等操作。

二、识别安全防范系统的报警信息

1. 视频监控系统的报警信息

视频监控系统的报警信息包括外部报警、移动检测报警和视频丢失报警等。报警时，监控系统的主机在其相应的画面上叠加有报警信息，并将报警信息存储起来以便日后查阅。

下面以 AB8816 画面处理器为例介绍如何查看画面处理器的报警信息。

通过画面处理器主菜单下的“VIEW EVEVT LOG ”菜单项可以查看到所有发生过的报警，包括外部报警、移动检测报警和视频丢失报警。具体操作如下：

用“FUNC”＋“M”键进入主菜单后，用“上箭头”和“下箭头”键选择不同的菜单项，当“VIEW EVENT LOG”菜单项为当前菜单项（蓝色色带显示）时，再按下“M”键。屏幕显示处理器记录的曾经触发的外部的报警信息，包括报警的通道号和报警日期及时间。

用上、下箭头键可在外部报警列表、移动检测报警列表和视频丢失报警列表之间进行切换。查看完毕后可按“M”键返回主菜单。用“左箭头”键或“右箭头”键可清除当前列表的报警信息。

2. 入侵报警系统的报警信息

(1) 报警器主机的报警信息

1）报警主机键盘指示灯含义（以 DS7447 键盘为例）

布/撤防指示灯（Armed，红色）　“Armed”灯灭时，表示系统所有分区处于撤防状态；闪烁时表示一个或多个分区布防或报警；亮时表示系统已经布防，但系统未报警。

状态指示灯（Status，绿色）　“Status”灯灭时，表示系统没有做好布防准备。如果“Status”灯闪亮则分区被布防；闪烁表示布防后有防区被旁路；亮时表示系统已经做好准备布防。

电源指示灯（Power，绿色）　“Power”灯灭时，表示交/直流均中断；闪烁表示系统有故障；亮时表示交流电正常工作。

2）在报警主机上查阅报警信息。DS7400 报警主机可储存 400 条事件记录，即使断开电源后也有 100 条事件记录。查询事件记录方法如下：在键盘上输入“PIN＋＃89”，按下“9”键会按逆时针顺序显示事件记录，按下“6”键会按顺时针顺序显示事件记录，每条事件有两行，按“＃”键会逐行显示。

（2）报警中心的报警信息

报警信号传送到报警主机后，报警主机根据预先设定的参数判断报警类型并做出相应报警和控制动作（包括声光报警等），同时将报警事件通过串行通信接口传送到报警中心运行报警管理软件的计算机上。

当报警主机向报警中心报告报警事件时，报警管理软件能根据预先设定的报警触发条件将报警主机的报警事件转换成用户定义的逻辑报警类型，并根据用户设定的逻辑防区参数决定是否在计算机上对相应事件进行事件记录、报警显示、实时打印、外部设备联动。同时通过预先定义的音频文件在监控计算机上报警，也可以通过电子邮件的方式，自动通知用户报警发生。并且可以显示报警点在用户地图中的位置，以及报警发生区域的防区地图。

3. 门禁系统的报警信息

门禁系统主机与管理中心安装门禁管理软件的计算机相连接，可以将门禁主机的数据上传到管理中心。门禁管理软件通信具有实时的图文显示功能，能够以图形或文字的方式直观地向系统管理员实时报告所监控的门或通道的状态、通过人员的身份信息和行为信息、系统的报警信息等。各种信息可以以文字方式显示、存储，便于以后的查询。

三、安全防范系统运行值班

1. 安全防范系统运行值班守则

视频监控系统、入侵报警系统和门禁系统在整个安全防范体系中起报警和监视等作用，但不能完全达到安全防范的目的。一个完整的安全防范系统应包括：技术系统、实体防范和人员防范，即“技防、物防、人防”。只有将这三者有机地结合在一起，才能充分发挥安全防范系统的作用。安全防范系统的值班人员在安防系统中具有重要作用。

安全防范系统运行值班人员守则包括：

（1）热爱本职工作，具有良好的心理素质。

（2）本人无犯罪历史。

（3）认真钻研业务、熟练掌握系统操作程序，按时开关机，不准私自关机。

（4）严守保密制度，不准私自将无关人员带进中控室；不准将录像带、录音带等转借他人。

（5）按时上岗，坚守岗位，做到接班人员不到位，在班人员不下岗，严防脱岗。

（6）认真做好值班记录。

（7）爱护仪器设备，保持仪器设备整洁良好的工作状态，仪器设备遇下列情况应及时报告：

1）异常发热。

2）发出异味。

3）有异常噪声。

4）有引线脱落。

5）其他工作异常情况。

（8）在系统检修期间，应积极配合检修人员工作。

（9）在任何时候、任何情况下值机人员不得擅自离开中心控制室。

（10）遇警不慌，积极协助保安、公安人员抓获犯罪嫌疑人。

2. 运行值班记录的填写

安防系统的运行值班记录是安防系统运行情况、处理问题和查询运行值班工作的重要依据，运行值班人员应该认真填写运行值班记录。

安全防范系统的值班记录包括：值班日期/时间、值班人员姓名，安防系统报警记录、系统设备故障/状况记录、报警/故障处理记录、维修记录。

填写完的值班记录资料应妥善保管、存档。

参 考 文 献

1. 胡崇岳编著．智能建筑自动化技术．北京：机械工业出版社，1999

2. 吕景泉主编．楼宇智能化技术．北京：机械工业出版社，2002

3. 梁华编著．建筑弱电工程设计手册．北京：机械工业出版社，2000

4. 梁华编著．实用建筑弱电工程设计资料集．北京：中国建筑工业出版社，1999

5. 芮静康编著．电工技术百问．北京：中国建筑工业出版社，2000

6. 中国建筑标准设计研究所．智能建筑弱电工程设计施工图集．北京：中国建筑标准设计研究所，1998

7. 李东明编著．建筑弱电工程安装调度手册．北京：中国物价出版社，1993

8. 花铁森编著．建筑弱电工程安装施工手册．北京：中国建筑工业出版社，1999

9. 李英姿主编．建筑电气施工技术．北京：机械工业出版社，2003

10. 李英姿主编．建筑智能化施工技术．北京：机械工业出版社，2004

11. 宋建峰编著．综合布线工程实用设计施工手册．北京：中国建筑工业出版社，2000

12. 吴达金编著．综合布线系统工程设计和施工．北京：人民邮电出版社，2000

13. 张新，李炎峰，刘玉福，武学东，等编著．智能建筑综合布线系统的安装、调试和运行．北京：国防工业出版社，2005

14. 岳经伟主编．综合布线技术与施工．北京：中国水利水电出版社，2005

15. 赵藤任，孙江宏编著．网络工程与综合布线培训教程．北京：清华大学出版社，2003

16. 杨绍胤主编．智能建筑实用技术．北京：机械工业出版社，2003

17. 朱立彤，孙兰主编．智能建筑设计与施工系列图集．北京：中国建筑工业出版社，2003

18. 王学谦主编．建筑消防百问．北京：中国建筑工业出版社，2000

19. 龚延风，陈卫主编．建筑消防技术．北京：科学技术出版社，2002

20. 赵英然，陈南主编．智能建筑火灾自动报警系统设计与实施，北京：知识产权出版社，2005

21. 李林主编，智能大厦系统工程．北京：电子工业出版社，1998

22. 张言荣，王殿春，袁萍，张宏庆编著．智能建筑安全防范自动化技术．北京：中国建筑工业出版社，2002

23. 周遐主编．安防系统工程．北京：机械工业出版社，2003

24. 程大章主编．智能建筑工程设计与实施．上海：同济大学出版社，2003